D1340544

voglia di
CUCINARE
PASTA

Realizzazione editoriale a cura di
EDIMEDIA SAS, via Orcagna 66, Firenze

Le ricette e i testi sono parzialmente tratti dai seguenti volumi:
Congelare e surgelare; Cucina italiana; Cucina montanara; Cucina rapida; Formaggi. Un mondo di sapori; Funghi. Come riconoscerli e usarli in cucina; Il grande libro della pasta; Il libro del pesce; Il libro della pasta e dei risotti; Microonde; Microonde. Manuale pratico; Picnic. 100 ricette all'aperto; Salse e sughi; Spaghetti e fantasia; Wok. 100 ricette di cucina italiana.

Si ringrazia lo *Chef de cuisine* Carla Marchetti
per la preparazione dei piatti fotografati da G.Valsecchi.

www.giunti.it

© 2007, 2010 Giunti Editore S.p.A.
Via Bolognese 165 - 50139 Firenze - Italia
Via Dante 4 - 20121 Milano - Italia
Prima edizione: febbraio 2007

Ristampa	Anno
6 5 4 3 2 1 0	2014 2013 2012 2011 2010

Stampato presso Giunti Industrie Grafiche S.p.A. - Stabilimento di Prato

voglia di CUCINARE

PASTA

fresca, secca, ripiena e...

G GIUNTI DEMETRA

S O M M A R I O

Tutti i segreti della pasta

Ricettario

Tutti i segreti della pasta

Un po' di storia

Le origini della pasta, intesa come mescolanza di cereale frantumato e acqua, risalgono addirittura a settemila anni fa, quando l'uomo passò dalla vita nomade a quella seminomade o stanziale, e a un'economia basata soprattutto sull'allevamento si affiancò un'organizzazione produttiva e sociale che iniziò a privilegiare l'agricoltura.

La coltivazione dei cereali consentì ben presto di preparare "l'antenato" della nostra pasta: i chicchi dei cereali, una volta raccolti, venivano prima frantumati e poi macinati, e la farina così ottenuta veniva impastata con l'acqua per ottenere sottili sfoglie da cuocere su pietre roventi. La presenza della pasta è documentata in bassorilievi etruschi e in testi greci e romani, e certo è pure il consumo di pasta secca presso alcune popolazioni arabe: il confezionamento della pasta essiccata, infatti, si deve proprio ai nomadi del deserto, che avevano bisogno di un cibo di cui disporre anche in assenza di acqua. Furono sempre gli arabi, all'epoca in cui dominarono sull'Italia meridionale, a farla conoscere al popolo che ne avrebbe fatto, secoli dopo, il piatto nazionale per eccellenza.

Inizialmente la pasta aveva una foggia semplice: vermicelli e maccheroni, spaghetti e tagliatelle. In seguito si è notevolmente differenziata in fantasiosi formati e si è inoltre cominciato a farcire la sfoglia per trasformarla in tortellini, ravioli e agnolotti. Con il tempo anche l'impasto è stato oggetto di modifiche e varianti, locali e regionali. Nel XVII secolo l'invenzione del torchio idraulico e l'introduzione della gramola nelle fasi di lavorazione della pasta contribuirono ad aumentarne la produzione, soprattutto in Campania, in Sicilia e in Liguria, terre baciate da un clima caldo e ventilato che permetteva l'essiccazione "naturale" del prodotto. Il consumo della pasta, però, divenne comune solo a partire dall'Ottocento. È infatti agli inizi di quel secolo che vennero fondate le prime industrie pastaie, che l'essiccazione in ambienti riscaldati ne consentì la lavorazione in tutte le regioni e che i "pastai" si ingegnarono a inventare nuove trafile (gli stampi in bronzo) per creare sempre più numerosi formati.

La produzione di pasta su larga scala ebbe tuttavia inizio solo a partire dal Novecento, quando, grazie alle innovazioni tecnologiche, l'esportazione, soprattutto verso gli Stati Uniti, raggiunse cifre record. La pasta divenne simbolo di italianità in tutto il mondo, e il "tricolore" di un piatto di spaghetti, pomodoro e basilico oggi viene riconosciuto ovunque come simbolo di allegria e buona tavola.

SECCA, FRESCA O INTEGRALE?

Il frumento (o grano) viene generalmente distinto in tenero e duro. Il grano tenero è il più diffuso e costituisce la maggior parte del cereale utilizzato per la panificazione; nel nostro Paese si coltiva soprattutto al Centro e al Nord. Il grano duro, meno diffuso perché necessita di climi caldi e asciutti, si coltiva nell'Italia meridionale e insulare e viene impiegato nella preparazione delle paste alimentari.

Il chicco di frumento da cui, dopo opportuna macinazione, si ricava la farina, è costituito da diversi strati: la crusca, l'endosperma e il germe. La crusca è una sorta di involucro fibroso, digeribile solo in parte, che ha un ruolo molto importante nel veicolare le sostanze nutritive. L'endosperma, povero di vitamine e sali minerali, è ricco di amidi e di glutine. Il germe, infine, contiene molti enzimi, proteine e sali minerali. Il germe e la crusca vengono eliminati con la raffinazione e, a seconda del tipo di molitura, si ha un'asportazione differenziata delle varie parti del seme. Nel caso della farina, si ottiene un prodotto più o meno raffinato, tanto che si distinguono farine di tipo 00, 0, 1, 2 e integrale. Nelle qualità meno raffinate (le farine integrali) si ha una maggior percentuale di fibra grezza rispetto a quelle più raffinate, oltre a una quantità maggiore di altre componenti come oligoelementi e vitamine, che si trovano in prevalenza nello strato esterno del chicco.

La pasta secca prodotta industrialmente viene di solito fatta con farina di semola e ciò ne garantisce la conservabilità, la resistenza alla cottura e il sapore. Quella di buona qualità si riconosce per il colore giallo chiaro, il sapore lievemente dolce, la mancanza assoluta di odore e si conserva a lungo se mantenuta in luoghi bui e asciutti.

Le paste fresche hanno invece una conservabilità più ridotta (pochi giorni) e vanno tenute in frigorifero. Le confezioni di pasta (sia secca che fresca) vanno accuratamente richiuse dopo l'uso per evitare la contaminazione da fattori esterni.

Un accenno particolare merita la pasta integrale, che si ottiene da farine non trattate mediante processi di raffinazione che privano la farina delle proprietà naturali del chicco di frumento, ovvero dell'equilibrio che caratterizza i suoi elementi costitutivi: proteine, zuccheri, grassi, sali minerali, vitamine ed enzimi. Nella scelta della pasta integrale vanno seguiti alcuni criteri fondamentali. Innanzitutto va acquistata quella prodotta con frumento colti-

100 g di Farina bianca	100 g di Farina integrale
proteine 9 g	proteine 13 g
sali minerali 0,5%	sali minerali 2,2%
calcio 14 mg	calcio 50 mg
magnesio 50 mg	magnesio 150 mg
fosforo 90 mg	fosforo 450 mg
Kcalorie 343	Kcalorie 321
vit. B1 0,1 mg	vit. B1 0,6 mg
vit. B2 0,04 mg	vit. B2 0,3 mg
vit. B6 0,2 mg	vit. B6 0,7 mg

vato senza l'impiego di anticrittogamici e di altri prodotti tossici, i cui residui rimangono sulla parte esterna del chicco di grano. Poi bisogna distinguere le paste prodotte realmente con farina integrale da quelle lavorate con normale farina addizionata a crusca o cruschello. In quest'ultimo caso la pasta non presenterà il tipico colore ambrato uniforme, ma piuttosto un fondo puntinato indicativo della crusca aggiunta.

OCCHIO ALL'ETICHETTA!

La pasta in commercio presenta diverse caratteristiche che vengono riportate sulle etichette delle varie confezioni.

Paste normali secche: prodotte con sola farina di semola e semolato duro. Sono ottenute mediante trafilazione, laminazione ed essiccamento di impasti preparati esclusivamente con semola o semolata di grano duro e acqua.

Paste all'uovo secche: sono preparate con sola semola di grano duro e almeno quattro uova intere di gallina senza guscio (200 g) per ogni kg di farina.

Paste speciali fresche o secche: vengono lavorate con farina di semola e percentuali variabili di spinaci e pomodori disidratati e in polvere, concentrato di pomodoro e uova (200 g per 1 kg di semola).

Pasta speciale secca: prodotta con semola a cui viene aggiunta una percentuale di malto o glutine in modo da aumentarne l'apporto proteico del 15-20%.

Pasta fresca: può essere prodotta con sola semola, con sola farina oppure con una miscela di farina e semola, e lavorata con uova rigorosamente fresche e/o altri ingredienti. La pasta fresca può avere un'umidità pari al 30%, contro il 12,5% consentito per quella secca.

Pasta integrale: fino a qualche anno fa la legislazione italiana ammetteva l'uso del termine "pasta" solo per il prodotto confezionato con semola o semolato di grano duro, escludendo l'impiego di semola integrale. Nel maggio del 2001, la Gazzetta Ufficiale ha pubblicato una serie di norme fra cui l'articolo 6 che recita, tra l'altro: "È denominata pasta di semola integrale di grano duro il prodotto ottenuto dalla trafilazione, laminazione e conseguente essiccamento di impasto preparato esclusivamente con semola integrale di grano duro e acqua". Leggendo con attenzione l'etichetta, il consumatore può quindi distinguere tra i vari formati di pasta integrale e le preparazioni prodotte con semola di grano duro raffinata a cui è stata aggiunta una certa quantità di cruschello e fibre.

LA PASTA SECCA

Quasi il 90% della pasta acquistata in Italia è del tipo secco: per lo più si tratta della classica pasta di semola di grano duro, ma il mercato al giorno d'oggi offre, anche a livello industriale, paste speciali, per esempio all'uovo o quelle addizionate con spinaci.

Oltre alle materie prime utilizzate (ottima semola di grano duro miscelata con acqua purissima), sono determinanti i metodi di lavorazione, e in particolare le fasi più delicate, come quella dell'essiccazione. Essiccare la pasta, infatti, non significa semplicemente far evaporare l'acqua innalzando la temperatura dell'impasto: è fondamentale che la perdita di umidità avvenga in modo omogeneo e che la struttura fisico-chimica del prodotto resti inalterata. Solo così possiamo gustare una pasta che "tiene la cottura" e che, una volta scolata, non risulti collosa.

Un ruolo fondamentale è inoltre quello svolto dalla combinazione amido-glutine. Nelle paste secche l'amido si trova in forma di granuli, e le proteine sono disposte in modo abbastanza regolare fra granulo e granulo, formando il glutine.

Quando la pasta cuoce, i granuli di amido tendono a gonfiarsi e a diventare solubili, mentre le proteine diventano insolubili e formano una sorta di rete che contiene e intrappola l'amido, garantendo così alla pasta una buona "tenuta in cottura". La qualità della pasta è quindi correlata alla quantità di glutine.

Per quanto riguarda i vari formati, non c'è che l'imbarazzo della scelta: pare che alcuni pastifici ne vantino addirittura centoventi, tutti differenti tra loro. Al di là delle varianti regionali, o addirittura locali, che spesso riguardano il nome e non la forma, i numerosi tipi di pasta in commercio possono comunque rientrare in uno dei seguenti tipi:

Pasta lunga a sezione tonda e compatta: può avere diversi diametri, come vermicelli, spaghetti, spaghettini ecc.

Pasta lunga a sezione tonda e forata: bucatini, zite ecc.

Pasta lunga a sezione rettangolare o a lente: trenette, linguine, bavette ecc.

Pasta lunga a spessore largo: pappardelle, reginette ecc.

Pasta in nidi o matasse: fettuccine, tagliolini, tagliatelle ecc.

Pasta corta liscia: penne lisce, eliche, fusilli, farfalle ecc.

Pasta corta rigata: sedanini, tortiglioni, rigatoni, penne e mezze penne rigate ecc.

LA PASTA FRESCA

Le paste fresche si dividono in diverse famiglie: paste fresche all'uovo, paste fresche e paste ripiene con sfoglia all'uovo; a loro volta queste ultime possono contenere ripieni di carne, verdura, formaggio, pesce o alcuni di questi ingredienti combinati tra loro. La tradizione gastronomica italiana si è caratterizzata nelle varie regioni esaltando i prodotti tipici del luogo. Al di là di alcune varianti regionali la pasta fresca si prepara con uova e farina. Talvolta si possono adoperare esclusivamente i tuorli, oppure aggiungere all'impasto dell'olio extravergine d'oliva.

Vi forniamo di seguito nel dettaglio le ricette dei principali tipi di pasta fresca.

LA PASTA SENZA UOVA

Cavatelli

400 g di farina 00, 80 g di farina di semola, acqua, sale.

Mischiate le due farine e disponetele a fontana su un piano di lavoro infarinato, quindi impastatele con un po' di acqua tiepida in cui avrete sciolto un pizzico di sale. Lavorate fino a ottenere un impasto omogeneo e morbido che suddividerete prima in lunghi cilindri grossi 1/2 cm e quindi in pezzettini grandi come dei cannellini. Striscate ogni cilindretto con la punta arrotondata del coltello, in modo da ottenere delle piccole conchigliette allungate che farete asciugare su un canovaccio infarinato.

Fettuccine

400 g di semola di grano duro, 10 g di olio extravergine d'oliva, acqua, sale.

Disponete la semola sulla spianatoia a fontana e nell'incavo mettete un pizzico di sale, l'olio e un po' di acqua tiepida. Impastate, unendo man mano altra acqua, e lasciate riposare per mezzora. Tirate la sfoglia il più sottile possibile, lasciatela asciugare coperta, poi tagliate le fettuccine dell'altezza di 1 cm.

Malloreddus

400 g di farina di semola, farina bianca q.b., 1 pizzico di zafferano, acqua, sale.

Sul piano di lavoro infarinato lavorate la farina di semola con una tazza di acqua in cui avrete sciolto lo zafferano e il sale. Manipolate l'impasto aiutandovi con un po' di farina bianca fino a ottenere un impasto soffice e omogeneo. Suddividete poi l'impasto in lunghi cilindretti di circa 1/2 cm di spessore da cui taglierete tanti tocchettini lunghi un paio di centimetri. I malloreddus vanno striati esternamente e, allo scopo, tradizionalmente viene utilizzato un apposito attrezzo in giunco. Se non lo avete a disposizione sarà sufficiente passarli sul retro di una grattugia a mo' di gnocchi. Lasciateli quindi asciugare in luogo non troppo caldo, distesi su canovacci infarinati.

Orecchiette
160 g di farina 00, 240 g di farina di semola, acqua, sale.
Miscelate le farine sulla spianatoia, unite un pizzico di sale e aggiungete acqua quanto basta. Lavorate con cura fino a ottenere un impasto omogeneo ed elastico. Dopo circa 10 minuti di lavoro suddividete la pasta in pezzetti, che distenderete a formare un lungo cilindro da cui staccherete tanti pezzettini della lunghezza di 1 cm.
Aiutandovi con la punta del coltello, trascinate ogni pezzetto di pasta sul piano di lavoro infarinato in modo da dare loro la forma di conchiglia, quindi appoggiate ciascuna conchiglia sulla punta del pollice e rovesciatela all'indietro così da formare le orecchiette con la loro tipica forma. A questo punto mettetele ad asciugare su dei canovacci leggermente infarinati.

Pici

400 g di farina 00, 1 cucchiaio di olio extravergine d'oliva, acqua, sale.

Mettete la farina a fontana sulla spianatoia, aggiungete un cucchiaio di olio extravergine d'oliva, un pizzico di sale e acqua quanto basta; lavorate la pasta energicamente, aggiungendo gradualmente poca acqua tiepida se occorre. Quando sarà soda e omogenea, fate un panetto, ungetene la superficie con olio e lasciatelo riposare sotto un canovaccio per mezzora.

Trascorso questo tempo, stendete una sfoglia dello spessore di circa 1,5 cm e tagliatela a strisciline della larghezza di 3 mm che arrotolerete con le mani infarinate, dando a ciascuna la forma cilindrica di uno spaghetto. Man mano che li preparate, mettete i pici ad asciugare su un canovaccio infarinato o cosparso leggermente di semolino, in modo che non si appiccichino.

Pisarei

300 g di farina 00, 100 g di pangrattato, acqua, sale.

Scottate il pangrattato in pochissima acqua bollente. Miscelate sulla spianatoia la farina di tipo 00 e il pangrattato, unendo un pizzico di sale e acqua quanto basta.

Impastate a lungo con le mani fino a ottenere un impasto sodo, omogeneo ed elastico. Dividete a pezzi il preparato e arrotolateli a bastoncino con un diametro di circa 1/2 cm. Tagliate i bastoncini a tocchetti della lunghezza di circa 1,5 cm, infine, con il pollice, premete leggermente sui pezzetti di pasta in modo di formare delle conchigliette.

Pizzoccheri

300 g di farina di grano saraceno, 150 g di farina 00, acqua, sale.
Miscelate le due farine sulla spianatoia, quindi aggiungete acqua quanto basta e un pizzico di sale. Impastate bene con le mani fino a ottenere un impasto consistente ed elastico. Con il matterello tirate una sfoglia dello spessore di circa 1,5 mm che taglierete a fettucce larghe 1 cm e lunghe circa 7 cm.

Spaghetti alla chitarra

400 g di farina 00, 2 cucchiai di strutto, acqua, sale.
Impastate la farina con un po' di strutto, sale e tanta acqua quanta ne sarà necessaria a ottenere un impasto elastico ma piuttosto sodo.
Manipolate a lungo, quindi tagliatelo a pezzi e tiratelo nell'apposita macchinetta per ottenere una sfoglia spessa quanta è la distanza che intercorre tra un filo e l'altro della "chitarra".
Se non avete l'apposito attrezzo a fili su cui la sfoglia viene adagiata e premuta con il matterello per tagliarne gli spaghetti, usate la trafila della macchinetta per la pasta,

normalmente utilizzata per i tagliolini. Lasciate poi asciugare gli spaghetti su un canovaccio infarinato.

Trofie
400 g di farina 00, acqua, sale.
Disponete la farina sulla spianatoia, aggiungete acqua quanto basta e un pizzico di sale. Impastate molto bene con le mani fino a ottenere un impasto denso, omogeneo ed elastico.
Staccate dei pezzetti di pasta della grandezza di un fagiolo, formate dei bastoncini, quindi, con le dita infarinate, date alla pasta la tipica forma a cavatappo. Lasciate riposare le trofie per 4 ore prima di cuocerle.

LA PASTA CON LE UOVA

Bigoli
250 g di farina 00, 200 g di semola, 4 uova, acqua, sale.
Miscelate le farine sulla spianatoia; aggiungete le uova, un pizzico di sale e, se l'impasto è troppo asciutto, aggiungete un po' d'acqua.
Lavorate bene finché l'impasto sarà omogeneo ed elastico. Passate quindi il preparato nel torchio da pasta, usando una rotella con i fori da 3 mm di diametro.
Tagliate con un coltello i bigoli di una lunghezza di 20 cm, disponete la pasta su un canovaccio e lasciatela essiccare per alcune ore.

Filatieddi

400 g di farina 00, 4 uova, 1 cucchiaino di olio extravergine d'oliva, sale.

Versate la farina a fontana e nel centro rompetevi le uova, unite un pizzico di sale e l'olio e sbattetele con una forchetta. Impastate con le dita e lavorate la pasta fino a ottenere un impasto solido.

Formate una palla, avvolgetela in un canovaccio bagnato con acqua tiepida e ben strizzato, e lasciate riposare per circa 30 minuti. Stendete la pasta con il matterello in due sfoglie che taglierete a quadratini e, con le dita, formate con la pasta dei rotolini.

A mano a mano che sono pronti allineateli su un vassoio e lasciateli riposare per alcuni minuti.

Garganelli

250 g di farina 00, 150 g di semola, 2 uova, 1 tuorlo, sale.

Miscelate le farine sulla spianatoia, aggiungete 2 uova, un tuorlo e un pizzico di sale, impastate bene finché il composto diventerà liscio ed elastico.

Stendete con il matterello una sfoglia dello spessore di circa 1 mm e tagliatela a quadri di 6 cm di lato che arrotolerete in diagonale, schiacciandoli con le dita, su un bastoncino di legno grande come una matita. Poi rigate i garganelli sull'apposito attrezzo chiamato pettine, estraeteli e poneteli ad asciugare.

Lasagne e cannelloni

500 g di farina 00, 4 uova, 1 cucchiaio di olio extravergine d'oliva, sale.

Disponete la farina sulla spianatoia, unite le uova, un pizzico di sale e un cucchiaio di olio extravergine d'oliva. Impastate bene con le mani fino a ottenere un impasto omogeneo ed elastico. Coprite con un canovaccio, poi impastate di nuovo e con il matterello stendete delle sfoglie spesse circa 1-1,5 mm di spessore e lasciate riposare ancora per 15 minuti. Nel caso vogliate preparare delle lasagne tagliate la sfoglia a rettangoli di circa 8x16 cm. Fate essiccare almeno per un paio d'ore prima della cottura. Se invece volete realizzare dei cannelloni, dividete l'impasto in rettangoli di circa 12x16 cm. Scottate in abbondante acqua salata i rettangoli, poi scolateli e passateli in una pentola d'acqua fredda così da fermare immediatamente la cottura. Stendeteli ad asciugare su dei canovacci. Disponete il ripieno su un lato lungo del rettangolo di pasta e, partendo da questo lato, arrotolate con delicatezza la pasta (senza schiacciare), così da formare dei cannelloni ben chiusi.

Ravioli, tortelli e agnolotti

500 g di farina 00, 4 uova, 1 cucchiaio di olio extravergine d'oliva, sale.

Disponete la farina sulla spianatoia, unite le uova, un pizzico di sale e un cucchiaio di olio extravergine d'oliva. Impastate bene con le mani fino a ottenere un impasto omogeneo ed elastico. Coprite con un canovaccio, poi impastate di nuovo e con il matterello stendete una striscia di pasta sul piano di lavoro. Quindi, esercitando una lievissima pressione, incidete (ma non tagliate) la sfoglia con uno stampino (tondo o quadrato a vostra preferenza), in modo da sapere dove disporre i mucchietti di impasto.

Distribuite con un cucchiaio un po' di ripieno al centro di ogni raviolo appena inciso. Con un dito bagnato d'acqua, inumidite la pasta intorno a ciascun mucchietto di ripieno. Passate adesso a coprire la sfoglia con un'altra striscia di pasta. Con le dita, facendo pressione vicino ai mucchietti di ripieno, eliminate l'aria presente tra le due sfoglie, e sigillate tutto intorno ai mucchietti.

Con lo stampino usato in precedenza per incidere la prima striscia, tagliate i ravioli, mucchietto per mucchietto.

Strozzapreti
200 g di farina 00, 200 g di farina integrale, 2 uova, 300 g di spinaci, sale.

Miscelate le farine sulla spianatoia. Unite le uova con un pizzico di sale e gli spinaci lessati, molto ben strizzati e passati al frullatore.

Impastate bene e a lungo con le mani, fino a ottenere una pasta liscia ed elastica. Coprite con un canovaccio umido e lasciate riposare per 15 minuti.

Tagliatelle, tagliolini, fettuccine, pappardelle e maltagliati

500 g di farina 00, 4 uova, 1 cucchiaio di olio extravergine d'oliva, 1 manciata di farina di mais, sale.

Unite alla farina disposta a fontana le uova con un pizzico di sale e l'olio, lavorate bene e a lungo con le mani finché la pasta non diventa liscia ed elastica. Coprite con un canovaccio umido per mezzora, poi impastate nuovamente e stendete con il mattarello delle sfoglie sottili. Lasciatele riposate alcuni minuti cospargendole con la farina di mais, quindi avvolgetele su se stesse e tagliatele a fettucce della larghezza desiderata. Le tagliatelle saranno alte 2 cm, le fettuccine 1 cm, i tagliolini qualche millimetro, le pappardelle 3 o 4 cm. Per i maltagliati, tagliate la pasta a zig-zag formando piccoli triangoli che, aprendosi, formeranno dei rombi.

Tortellini e cappelletti

500 g di farina 00, 4 uova, 1 cucchiaio di olio extravergine d'oliva, sale.

Disponete la farina sulla spianatoia, unite le uova, un pizzico di sale e un cucchiaio di olio extravergine d'oliva. Impastate bene con le mani fino a ottenere un impasto omogeneo ed elastico. La differenza fondamentale tra tortellini (o anche cappelletti) e agnolini riguarda lo spessore della pasta, minore per gli agnolini, cosa che permette di conferire loro anche minori dimensioni allorché si tagliano e si chiudono; appena diversi nella forma i tortellini. Vediamo allora quali sono le procedure da seguire per preparare i tortellini. Dopo aver tirato la pasta a uno spessore sottile (1 mm), tagliatela con uno stampino rotondo in dischetti di un diametro massimo di 4 cm. Distribuite adesso, con un cucchiaino, il ripieno in ciascun dischetto; calcolate come dose 1/2 cucchiaino. Ripiegate il disco in un semicerchio e, premendo con le dita, sigillate l'esterno. Tenendo il tortellino con la base rivolta in basso e la semicirconferenza in alto, avvolgetelo intorno alla punta del dito indice, riunite e sigillate tra loro le due estremità del tortellino.

■ E per cambiare, gnocchi! ■

Gli gnocchi sono considerati un tipo di pasta fresca. Si possono suddividere fondamentalmente in tre tipi principali: gnocchi a base di patate, gnocchi a base di semolino (gnocchi alla romana), a base di farina gialla (gnocchi di polenta). Ma esiste una grande varietà di gnocchi, fatti con altri tipi di farina, come quelli al grano saraceno, con verdure, come gli gnocchi di spinaci, quelli di zucca e tanti altri. Se consideriamo le nostre tradizioni gastronomiche, ci accorgiamo che i loro antenati erano dei pezzi di pasta fatti con acqua e farina chiamati... "mackaroni"! Ancora più indietro nel tempo, quasi un secolo prima di Cristo, Varrone cita le lixulae, focaccine simili a gnocchi ottenute impastando acqua, farina e formaggio.

LE DIECI REGOLE D'ORO

Vi diamo ora alcune semplici regole per la preparazione di un buon piatto di pasta; seguendole sarete sulla buona strada per diventare degli ottimi chef!

❶ Il formato della pasta va scelto innanzitutto a seconda del sugo con il quale avete intenzione di accompagnarla: più la pasta è grossa più il condimento può essere ricco. Mentre gli spaghetti, per esempio, saranno ottimi conditi con olio (o burro) e formaggio, le zite si potranno servire con un ragù di carne, panna, funghi ecc. e la pasta corta grossa sarà l'ideale per una preparazione al forno.

❷ La pasta deve essere cotta in acqua abbondante (circa 1 litro ogni 100 g). Il rapporto pasta/acqua cambia se si usa meno di 500 g di pasta: in questo caso è bene calcolare fino a 4 l di acqua ogni 100 g. L'acqua va portata a ebollizione in una pentola bassa e larga in modo che il calore si irradi uniformemente alla pasta. Il liquido non deve mai raggiungere l'orlo della pentola perché la pasta, cuocendo, può aumentare fino a tre volte il suo volume.

❸ L'acqua va salata soltanto quando ha raggiunto il bollore, calcolando circa 10 g di sale ogni litro di acqua. L'acqua salata bolle infatti a temperature inferiori rispetto a quella non salata.

❹ La pasta va messa in pentola con l'acqua bollente, versandola poco per volta. Non appena l'acqua riprende l'ebollizione abbassate la fiamma mantenendo il liquido in leggero fremito. A questa regola fanno eccezione le paste ripiene, che vanno invece poste a cottura qualche minuto prima dell'ebollizione per evitare che il movimento dell'acqua le rompa.

❺ Perché cuocia in modo uniforme e non si attacchi, la pasta va mescolata per tutto il tempo di cottura. Un accorgimento utile, specialmente se si tratta di pasta all'uovo o ripiena, è quello di versare un po' di olio nell'acqua prima della pasta.

❻ La pasta va scolata al dente per due motivi: essendo infatti minore la quantità di acqua assorbita, risulterà più digeribile e più saporita. Qualora venga poi spadellata o passata a gratinare in forno, è bene scolarla un po' indietro di cottura. Per il tempo di cottura, oltre alle indicazioni riportate sulle singole confezioni, fidatevi soprattutto della vecchia "prova di assaggio" (se lo spaghetto assaggiato presenta ancora un puntolino bianco nel centro, manca circa 1 minuto alla giusta cottura).

❼ Dopo aver spento la fiamma, fermate subito la cottura versando nella pentola un bicchiere di acqua fredda, poi scolate la pasta in uno scolapasta. Se si tratta di gnocchi, o di pasta delicata, aiutatevi con una schiumarola o un forchettone, passate poi in un piatto fondo e scolate dall'acqua in eccesso aiutandovi con un coperchio.

❽ Se la pasta va spadellata o se la ricetta lo richiede, lasciate che un po' dell'acqua di cottura rimanga con la pasta in modo da amalgamarla meglio al condimento.

❾ Per mescolare la pasta, cucinare il condimento e rimescolare il tutto nella zuppiera, adoperate utensili in legno per non rischiare che elementi tossici e sapori sgradevoli si trasmettano al cibo e per evitare di spezzare la pasta.

❿ La tradizione vuole che la sequenza di condimento sia la seguente: scolate la pasta, versatela calda in una zuppiera, spolverate con il formaggio grattugiato e conditela con il sugo, mescolando per amalgamare gli ingredienti.

▨ In linea con la tradizione ▨

Un piatto di pasta ha una limitata incidenza dal punto di vista calorico (100 g di pasta corrisponde a 360 calorie). Per mantenere la forma fisica ottimale e nel contempo rispettare le esigenze nutrizionali dell'organismo basterà, quindi, fare attenzione alle porzioni di pasta, al condimento e ai cibi con cui proseguiamo il pasto.

31

Pasta e tradizione

☞ Sommario ☜

Spaghetti alla Norma

Lavate i pomodori, sbollentateli, pelateli e tagliateli a pezzetti dopo averli privati dei semi; quindi metteteli in un tegame con poco olio, la cipolla affettata sottilmente, il sale e il pepe e fate cuocere a fuoco moderato per 20 minuti. ♦ Intanto lavate le melanzane, spuntatele alle estremità e tagliatele a fettine sottili, che lascerete per un'ora su un setaccio cosparse di sale, in modo che perdano il liquido amarognolo. ♦ Trascorso questo tempo friggetele nell'olio bollente e poi asciugatele su carta assorbente da cucina. ♦ Lessate la pasta in abbondante acqua salata e scolatela molto al dente, conditela con la salsa di pomodoro e con la ricotta salata. ♦ Ricoprite le singole porzioni con due o tre fettine di melanzane fritte e servite subito (*foto della ricetta alle pagine precedenti*).

INGREDIENTI

Spaghetti, 380 g
Pomodori, 500 g
Melanzane, 4
Ricotta salata grattugiata, 100 g
Cipolla, 1
Olio extravergine d'oliva
Sale, pepe

Preparazione:
1 H E 30 MIN.

Difficoltà: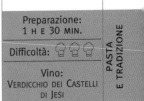

Vino:
VERDICCHIO DEI CASTELLI DI JESI

PASTA E TRADIZIONE

Bucatini, 350 g

Funghi, 500 g

Polpa di pomodoro, 300 g

Speck a fette spesse, 70 g

Aglio, 1 spicchio

Pinoli, 1 cucchiaio

Prezzemolo, 1 mazzetto

Vino bianco secco, 1/2 bicchiere

Olio extravergine d'oliva

Sale, pepe

Bucatini alla boscaiola

A seconda dei funghi utilizzati pulite i soli cappelli o anche i gambi, eventualmente tagliando quelli grossi a fette sottili, quindi passateli in un tegame con un po' d'olio e l'aglio tritato. ◆ Lasciateli rosolare, bagnate con il vino e, non appena questo sarà evaporato, aggiungete il pomodoro e condite con sale e pepe. Abbassate la fiamma e proseguite la cottura a tegame coperto per circa 15 minuti. ◆ Tagliate lo speck a dadini e fatelo rosolare con i pinoli in un po' d'olio, quindi aggiungetelo al sugo quasi pronto insieme al prezzemolo tritato. ◆ Fate insaporire qualche istante, poi utilizzate il sugo per condire la pasta che nel frattempo avrete lessato in acqua salata e scolato al dente.

PASTA E TRADIZIONE

Preparazione: 40 MIN.

Difficoltà:

Vino: VALPOLICELLA

Spaghetti al sugo di pomodoro

INGREDIENTI

Spaghetti, 400 g

Pomodori maturi e sodi, 800 g

Basilico, alcune foglie

Parmigiano o pecorino grattugiato

Peperoncino rosso in polvere

Olio extravergine d'oliva

Sale

Mettete sul fuoco una pentola con dell'acqua e, quando bolle, tuffatevi i pomodori per un attimo, in modo che la buccia cominci a screpolarsi e sia facile pelarli. ♦ Dopo averli pelati, privateli dei semi e passateli al passaverdure. Se sono molto acquosi, dopo averli sbucciati tagliateli a metà e lasciateli colare su un piano inclinato per almeno un quarto d'ora prima di passarli al passaverdure. ♦ Dopo aver portato a termine queste operazioni, mettete sul fuoco un tegame, versatevi la passata di pomodoro e l'olio e, dopo circa un quarto d'ora di cottura a fuoco moderato, aggiungete del sale e del peperoncino rosso a vostra discrezione. Continuate la cottura fino a quando vi sembrerà necessario. ♦ A cottura ultimata, aggiungete le foglie di basilico sminuzzate. ♦ Mettete sul fuoco una pentola con l'acqua per la pasta e, quando bolle, salatela e versatevi gli spaghetti. ♦ Lessateli al dente, scolateli, trasferiteli in una zuppiera, conditeli con il sugo di pomodoro e mescolateli adeguatamente. ♦ Infine portateli in tavola, servendo a parte il formaggio grattugiato.

Preparazione: 1 H

Difficoltà: 👨‍🍳👨‍🍳

Vino: ISONZO DEL FRIULI RIESLING

PASTA E TRADIZIONE

Trofie, 380 g
Basilico, 50 g
Aglio, 1 spicchio
Pinoli, 30 g
Pecorino
    grattugiato, 20 g
Parmigiano
    grattugiato, 20 g
Olio extravergine
    d'oliva
Sale

Trofie al pesto

Lavate le foglie di basilico, asciugatele e mettetele in un mortaio di pietra insieme con l'aglio e i pinoli, quindi schiacciate con il pestello gli ingredienti contro le pareti con un movimento circolare; dopo un po' unite anche i formaggi grattugiati e una presa abbondante di sale. ◆ Non appena ottenete un composto omogeneo, diluitelo, utilizzando il pestello a mo' di cucchiaio, con tanto olio quanto sarà necessario per ottenere una crema non eccessivamente fluida. ◆ Lessate le trofie in abbondante acqua salata, scolatele al dente e trasferitele in una zuppiera calda insieme con il pesto che avrete diluito con 2 cucchiai d'acqua della pasta. ◆ Rimestate accuratamente il tutto e portate in tavola, accompagnando a piacere con pecorino o parmigiano grattugiato servito a parte.

PASTA
E TRADIZIONE

Preparazione:
20 MIN.

Difficoltà:

Vino:
CINQUE TERRE

Spaghetti, 350 g

Polpa di cinghiale,
500 g

Funghi secchi, 30 g

Conserva
di pomodoro, 50 g

Aglio, 2 spicchi

Rosmarino,
1 rametto

Farina di frumento

Vino rosso,
1 bicchiere

Olio extravergine
d'oliva,
1/2 bicchiere

Sale, pepe in grani

Preparazione:
2 H E 20 MIN.

Difficoltà: 😋 😋 😋

Vino:
CARSO CABERNET
SAUVIGNON

Spaghetti alla cacciatora

Tagliate la polpa di cinghiale a dadi e passatela nella farina. ◆ Mettete poi gli spicchi di aglio sbucciati e schiacciati in un tegame con un po' d'olio, lasciate che prendano colore ed eliminateli, sostituendoli con il rametto di rosmarino e aggiungendo la polpa di cinghiale. ◆ Regolate di sale, insaporite con un po' di pepe macinato al momento e fate rosolare la carne, controllando che non si attacchi al fondo. ◆ Unite quindi alla polpa di cinghiale i funghi fatti preventivamente rinvenire in un po' d'acqua tiepida e tagliati a pezzetti. ◆ Lasciate cuocere il tutto per qualche minuto e, quando anche i funghi sono insaporiti, bagnate con il vino; lasciate che questo evapori e poi aggiungete la conserva di pomodoro, diluita con un po' d'acqua tiepida. ◆ Infine fate cuocere a fuoco moderato per circa un'ora e mezza, allungando ancora il fondo di cottura, se necessario, con un po' d'acqua calda leggermente salata. ◆ Lessate gli spaghetti in abbondante acqua salata, scolateli al dente, trasferiteli in una zuppiera e conditeli infine con l'intingolo di cinghiale. Quindi portateli subito in tavola ben caldi.

Fettuccine
alla papalina

Fate rosolare la cipolla tritata in qualche cucchiaio d'olio, quindi mettete a cottura i piselli, salate e pepate; abbassate la fiamma, coprite e portate a cottura, aiutandovi eventualmente con un po' d'acqua calda. ◆ Tagliate il prosciutto a listarelle e unitelo ai piselli poco prima di spegnere. ◆ In una zuppiera tiepida amalgamate con cura le uova con il parmigiano, un pizzico di sale e una macinata di pepe fresco. ◆ Mettete a cuocere la pasta e non appena sarà al dente scolatela, versatela nella zuppiera con le uova, conditela con il sugo di piselli e amalgamatela con cura prima di servire.

INGREDIENTI

Fettuccine, 400 g
Prosciutto cotto
 a fette sottili, 100 g
Piselli piccoli, 200 g
Cipolla, 1/2
Uova, 2
Parmigiano
 grattugiato,
 4 cucchiai
Olio extravergine
 d'oliva
Sale, pepe in grani

Preparazione:
40 MIN.

Difficoltà: ♙ ♙

Vino:
TREBBIANO DI ROMAGNA

PASTA
E TRADIZIONE

Farfalle, 400 g

Pomodori, 1 kg

Tonno al naturale,
300 g

Funghi secchi, 80 g

Acciughe sottolio,
3-4 filetti

Prezzemolo

Aglio, 1 spicchio

Peperoncino
(facoltativo)

Olio extravergine
d'oliva

Sale, pepe

Farfalle
mare e monti

Fate ammollare i funghi, sciacquateli e tagliateli a piccoli pezzi. ◆ In una capace casseruola scaldate l'olio con l'aglio schiacciato (poi levatelo) e, se vi piace, il peperoncino. Unite poi i funghi e i pomodori pelati e tritati. ◆ Lasciate cuocere per mezzora circa, quindi spezzettate il tonno, unitelo al resto con le acciughe fatte sciogliere a parte sul fuoco con un cucchiaio d'olio extravergine d'oliva. Aggiustate di sale e pepe. ◆ Mettete sul fuoco una pentola con l'acqua necessaria alla cottura delle farfalle, portate a bollore, salate e versate la pasta; scolatela quando è cotta al dente, conditela con il sugo e aggiungete il prezzemolo.

PASTA
E TRADIZIONE

Preparazione:
50 MIN.

Difficoltà:

Vino:
ISCHIA BIANCO SUPERIORE

42

INGREDIENTI

Penne, 400 g

Tartufi neri
  di Norcia freschi,
  150 g

Acciughe
  sotto sale, 2

Aglio, 1 spicchio

Olio extravergine
  d'oliva

Sale

Penne alla norcina

Lavate i tartufi in acqua tiepida strofinandoli con uno spazzolino, asciugateli e grattugiateli finemente. ◆ In un piccolo tegame fate intiepidire un po' d'olio, poi toglietelo dal fuoco e unite i tartufi, mescolando molto bene fino ad avere una salsa omogenea. ◆ Rimettete sul fornello a fiamma molto bassa e aggiungete lo spicchio d'aglio tritato e le acciughe pulite e diliscate. ◆ Con una forchetta schiacciate bene le acciughe, regolate di sale, se necessario, e mescolate bene, facendo attenzione a non far alzare mai il bollore. Quando gli ingredienti saranno ben amalgamati, togliete dal fuoco. ◆ Cuocete le penne in abbondante acqua salata, scolatele e conditeli con la salsa preparata: mescolate bene e servite subito.

Preparazione:
20 MIN.

Difficoltà: ♟

Vino:
ASSISI GRECHETTO

Spaghetti all'ammiraglia

Scaldate l'olio in un tegame, aggiunge-tevi gli spicchi di aglio tritati e, appena imbiondiscono, unite il peperoncino a pezzetti e la polpa sbriciolata delle aringhe, dopo averle ben sgocciolate. ◆ Allungate il tutto con un paio di cucchiai d'acqua calda, in modo che resti fluido, e aggiungete un pizzico di pepe. Fate cuocere per 5 minuti circa. ◆ Lessate gli spaghetti in acqua non troppo salata e scolateli quando sono cotti al dente; quindi riversateli in una zuppiera e conditeli con la salsa all'aringa.

■ Aringa ■

È un pesce molto comune nei mari del Nord. Ha corpo fusiforme e allungato, coperto di squame, il dorso verdastro e il ventre argenteo. Le dimensioni sono generalmente attorno ai 30 cm. Ha una carne buona, dal sapore molto caratteristico, ricca di sali minerali, quali potassio, calcio e fosforo e vitamina A, e può essere consumata fresca, sotto sale o affumicata.

INGREDIENTI

Spaghetti, 400 g
Aringhe sottolio, 100 g
Aglio, 3 spicchi
Peperoncino rosso, 1 pezzetto
Olio extravergine d'oliva, 1/2 bicchiere
Sale, pepe

Preparazione: 20 MIN.

Difficoltà: 🍳 🍳

Vino: SPUMANTE FRIULI LATISANA

PASTA E TRADIZIONE

INGREDIENTI

Spaghetti, 350 g

Funghi porcini
  freschi, 250 g

Tonno sottolio, 80 g

Pancetta a fette
  spesse, 60 g

Aglio, 2 spicchi

Sugo di carne, 3 dl

Parmigiano
  grattugiato, 100 g

Olio extravergine
  d'oliva,
  1/2 bicchiere

Sale, pepe

Spaghetti
alla carrettiera

Sbucciate l'aglio, tritatelo e rosolatelo nel-
l'olio caldo. Appena prende colore toglietelo, mettete nel tegame la pancetta
tagliata a dadini e i funghi porcini precedentemente puliti dal terriccio, passati con
un canovaccio pulito e umido e affettati.
♦ Aggiustate di sale e di pepe, proseguite-
te la cottura per qualche minuto, mescolate. Quindi unite anche il tonno sgocciolato e spezzettato e proseguite la cottura
a fiamma moderata, fino a quando il tutto risulta ben legato. ♦ Cuocete gli spaghetti in abbondante acqua salata, scolateli al dente e versateli in una zuppiera.
Poi conditeli con l'intingolo preparato precedentemente e aggiungete anche il sugo
di carne, servendo il parmigiano a parte.
♦ Per quanto riguarda il sugo di carne, potete utilizzarne uno già pronto se lo avete a disposizione, oppure potete prepa-
rarlo appositamente con un pezzo di manzo cotto a lungo in un soffritto di aglio, cipolla e altri odori.

Preparazione:
40 MIN.

Difficoltà: 🍳 🍳 🍳

Vino:
TERRE DI FRANCIACORTA
ROSSO

PASTA
E TRADIZIONE

INGREDIENTI

Tagliatelle, 400 g

Pomodori pelati,
250 g

Macinato di manzo,
200 g

Salsiccia fresca, 1

Cipolla, 1

Carota, 1

Sedano, 1 gambo

Vino rosso

Olio extravergine
d'oliva

Sale, pepe

Preparazione:
1 H

Difficoltà: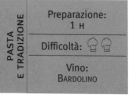

Vino:
BARDOLINO

PASTA
E TRADIZIONE

Tagliatelle
con ragù di carne

In una casseruola con qualche cucchiaio d'olio fate soffriggere la cipolla, la carota e il sedano tritati finemente. Quando gli odori risulteranno dorati, aggiungete la carne macinata e la salsiccia sbriciolata. ♦ Dopo qualche minuto bagnate con un po' di vino rosso, fatelo evaporare a fuoco vivace e unite i pomodori pelati ridotti a pezzetti. Regolate di sale, pepate e cuocete a fuoco moderato. ♦ Nel frattempo fate cuocere le tagliatelle in abbondante acqua salata; scolatele al dente, conditele con il sugo di carne e portate in tavola.

Alcune varianti

Le versioni del ragù di carne possono variare da regione a regione: al posto dell'olio di oliva si può impiegare strutto di maiale, o burro e olio di semi. La carne macinata può essere di maiale, di manzo o di vitello, dipende dalla disponibilità e dall'abitudine all'uso. Oltre agli ingredienti, ci sono poi vari tipi di cottura: una rosolatura più spinta degli odori formerà una base più saporita. Per insaporire la carne si possono aggiungere anche cubetti di pancetta o addirittura funghi, freschi o secchi. Il ragù di carne è perfetto per condire tagliatelle, spaghetti, formati di pasta grossi e lasagne.

48

Penne all'arrabbiata

Fate rosolare in un tegame gli spicchi di aglio con alcune cucchiaiate d'olio; toglieteli appena diventano dorati, poi aggiungete i pomodori precedentemente pelati (tuffateli per un attimo in acqua bollente), privati dei semi e tagliati a pezzetti. ◆ Lasciate restringere lentamente il sugo a fiamma dolce, quindi condite con una presa di sale e il peperoncino spezzettato e portate a giusta cottura a fiamma moderata per circa 20 minuti, mescolando di tanto in tanto. ◆ Lessate nel frattempo la pasta in abbondante acqua bollente salata e scolatela al dente. ◆ Spadellatela a fiamma vivace con il sugo piccante, aggiungete una generosa spolverata di pecorino, rimestate con cura e portate in tavola in una zuppiera calda.

INGREDIENTI

Penne, 400 g
Pomodori maturi
  e sodi, 500 g
Aglio, 2 spicchi
Pecorino grattugiato
Peperoncino, 1
Olio extravergine
  d'oliva
Sale

Preparazione:
35 MIN.

Difficoltà:

Vino:
MONTESCUDAIO ROSSO

PASTA E TRADIZIONE

INGREDIENTI

Bigoli, 400 g

Polpa di pomodoro, 500 g

Olive nere, 100 g

Capperi sotto sale, 2 cucchiai

Acciughe sotto sale, 2

Aglio, 2 spicchi

Prezzemolo, 1 mazzetto

Peperoncino in polvere

Olio extravergine d'oliva

Sale

Bigoli alla puttanesca

In un tegame lasciate insaporire l'olio con gli spicchi di aglio schiacciati; togliete l'aglio non appena prende colore e mettete a cottura la polpa di pomodoro, i capperi, precedentemente sciacquati sotto acqua corrente e asciugati, le olive snocciolate e le acciughe dissalate, diliscate e tagliate a pezzetti. ♦ Fate cuocere a fiamma abbastanza vivace per circa 10-15 minuti, avendo cura di mescolare spesso. ♦ Poco prima di spegnere il fuoco regolate di sale, insaporite con un pizzico di peperoncino e spolverate con il prezzemolo tritato finemente. ♦ Lessate i bigoli in abbondante acqua salata, scolateli al dente e conditeli con la salsa mescolando bene prima di servire.

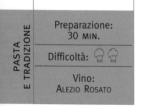

PASTA E TRADIZIONE

Preparazione: 30 MIN.

Difficoltà: ♟ ♟

Vino: ALEZIO ROSATO

INGREDIENTI

Bucatini, 400 g

Guanciale magro
di maiale
o pancetta tesa,
200 g

Pomodorini maturi
e sodi, 300 g

Cipolla, 1/2

Pecorino grattugiato

Peperoncino rosso
in polvere

Olio extravergine
d'oliva

Sale

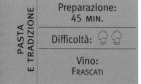

Preparazione:
45 MIN.

Difficoltà: 🍷🍷

Vino:
FRASCATI

PASTA
E TRADIZIONE

Bucatini all'amatriciana

Tagliate il guanciale a dadini e rosolatelo
in alcuni cucchiai d'olio: non appena il grasso si sarà sciolto, prelevatelo dal tegame e
tenetelo da parte. ♦ Nel fondo di cottura
fate imbiondire la cipolla finemente tritata, unite i pomodori (che avrete prima sbollentato in acqua in modo da pelarli) privati dei semi e tagliati a filettini. ♦ Salate
e lasciate asciugare il sugo per 10 minuti,
quindi rimettete a cottura il guanciale e
insaporite con il peperoncino. ♦ Condite
con il sugo i bucatini lessati e scolati al dente, completando con una spolverata di pecorino grattugiato.

▨ All'amatriciana ▨

*Il nome deriva dalla cittadina di Amatrice, in
provincia di Rieti. Contraddittorie sono le versioni sulle sue origini: alcuni sostengono che
siano laziali, altri abruzzesi. Probabilmente al-
l'inizio l'amatriciana era in bianco ed era alla
base della gastronomia pastorizia, grazie alla
sua semplicità nella preparazione, soltanto in
seguito è stato aggiunto il pomodoro.*

52

Spaghetti aglio, olio e peperoncino

Lessate la pasta in abbondante acqua salata. ♦ Nel frattempo scaldate in un tegamino l'olio con il peperoncino spezzettato, unite l'aglio sottilmente affettato e lasciatelo appena imbiondire. ♦ Scolate la pasta al dente e conditela con l'olio insaporito e servitela bollente. ♦ Se desiderate un sugo meno piccante levate il peperoncino dall'olio prima di aggiungere l'aglio; se invece lo volete meno "agliato", lasciate riposare gli spicchi d'aglio schiacciato nell'olio, quindi toglieteli e scaldate l'olio con il peperoncino rosso.

INGREDIENTI

Spaghetti, 400 g
Aglio, 4 spicchi
Peperoncino
  rosso, 1
Olio extravergine
  d'oliva, 1 bicchiere
Sale

Preparazione:
15 MIN.

Difficoltà: ☺

Vino:
FRASCATI SUPERIORE

PASTA
E TRADIZIONE

53

INGREDIENTI

Pappardelle, 400 g

Schienale di lepre disossato, 1

Prosciutto, 50 g

Conserva di pomodoro, 100 g

Cipolla, 1

Carota, 1

Sedano, 1 gambo

Alloro, 1 foglia

Prezzemolo, 1 cucchiaio

Timo e rosmarino tritati assieme

Ginepro, 4 bacche

Vino rosso, 1 bicchiere

Brodo di carne

Olio extravergine d'oliva

Sale, pepe

Pappardelle con la lepre

Mettete a soffriggere tutti gli aromi e le verdure tritate finemente e, quando la cipolla inizia a prendere colore, unite il prosciutto tagliuzzato e la carne a pezzi. ♦ Rigirate un po' per far insaporire, quindi irrorate con il vino rosso che lascerete evaporare. ♦ Quando la carne comincia ad asciugarsi, versate il passato di pomodori e proseguite la cottura a fuoco basso per circa un'ora e mezza, tenendo morbido il sugo con un po' di brodo caldo. ♦ Lessate intanto le pappardelle, scolatele al dente e servitele in una zuppiera riscaldata in precedenza, condite con il sugo e decorate con i pezzi di carne appoggiati in superficie.

INGREDIENTI

Fettuccine, 400 g

Pomodori
maturi, 350 g

Rigaglie
di pollo, 250 g

Grasso
di prosciutto, 50 g

Funghi secchi, 15 g

Grana
grattugiato, 60 g

Cipolla, 1

Aglio, 1 spicchio

Vino bianco secco,
3 cucchiai

Brodo, 0,5 dl

Olio extravergine
d'oliva

Sale, pepe

Fettuccine
alla romana

Spezzettate il grasso di prosciutto e fatelo soffriggere in un tegamino insieme alla cipolla tritata finemente e allo spicchio d'aglio schiacciato. ♦ Non appena avranno preso colore eliminate l'aglio e aggiungete i pomodori spellati, privati dei semi e spezzettati, e i funghi precedentemente ammorbiditi in acqua tiepida, anch'essi spezzettati. Salate e pepate. ♦ In un secondo tegamino cuocete in un po' d'olio le rigaglie di pollo ben pulite e tagliate a pezzetti. ♦ Appena saranno rosolate spruzzatele con il vino bianco, lasciatelo evaporare, poi bagnate con il brodo, incoperchiate e proseguite la cottura a fiamma molto bassa. ♦ Cuocete al dente le fettuccine in abbondante acqua salata, scolatele e versatele in una zuppiera calda. ♦ Conditele con le rigaglie di pollo e il sugo di pomodoro. ♦ Mescolate bene, spolverizzate di grana grattugiato e servite.

PASTA
E TRADIZIONE

Preparazione:
45 MIN.

Difficoltà: ☺ ☺

Vino:
CASTELLI ROMANI ROSSO

56

Spaghetti alle vongole

Pulite le vongole sotto acqua fredda corrente, quindi lasciatele a bagno per almeno mezzora in acqua salata, in modo che perdano l'eventuale sabbia racchiusa tra le valve. ♦ Sbucciate l'aglio e fatelo rosolare in una padella capiente con l'olio, aggiungete le vongole ben lavate in acqua fredda leggermente salata e un'abbondante macinata di pepe. ♦ Non appena i gusci si saranno aperti, sgocciolateli e staccate i molluschi. Eliminate tutte le vongole rimaste chiuse. ♦ Filtrate il fondo di cottura delle vongole e rimettetelo nella padella con i molluschi. Aggiungete il peperoncino, bagnate con un po' di vino bianco e fate evaporare ♦ Nel frattempo cuocete la pasta in acqua bollente poco salata e scolatela al dente. ♦ Trasferite gli spaghetti nella padella, unite abbondante prezzemolo tritato, mescolate, lasciate sul fuoco per un minuto e servite.

INGREDIENTI

Spaghetti, 400 g
Vongole, 1 kg
Aglio, 2 spicchi
Prezzemolo,
 1 mazzetto
Vino bianco secco,
 1/2 bicchiere
Peperoncino, 1
Olio extravergine
 d'oliva
Sale, pepe

Preparazione:
20 min. + 30 min.

Difficoltà:

Vino:
Alto Adige
Pinot Bianco

PASTA
E TRADIZIONE

Spaghetti, 400 g

Guanciale magro o pancetta tesa, 200 g

Uova, 4

Aglio, 1 spicchio

Parmigiano grattugiato, 3 cucchiai

Pecorino grattugiato, 3 cucchiai

Olio extravergine di oliva

Sale, pepe

Spaghetti alla carbonara

Tagliate il guanciale a dadini di circa 5 mm di lato e fatelo rosolare in un tegame insieme con alcuni cucchiai d'olio e uno spicchio d'aglio, che toglierete non appena prende colore. ♦ In una zuppiera calda amalgamate accuratamente le uova (2 intere e 2 soli tuorli) a temperatura ambiente con i formaggi grattugiati, condendo con sale e abbondante pepe macinato di fresco; dovete ottenere una crema omogenea. ♦ Le operazioni per la preparazione del condimento devono essere eseguite con la pasta quasi sul punto di essere scolata, in modo che questa venga versata immediatamente nella zuppiera, e quindi mescolata all'uovo e alla pancetta croccante e calda. ♦ Servite la pasta quando è ancora bollente.

PASTA E TRADIZIONE

Preparazione: 20 MIN.

Difficoltà: 🍳🍳

Vino: CESANESE DI AFFILE

INGREDIENTI

Bigoli, 380 g

Gherigli di noce,
100 g

Panna da cucina,
2,5 dl

Aglio, 1 spicchio

Salvia, qualche
foglia

Noce moscata

Parmigiano
grattugiato

Burro, 50 g

Sale, pepe in grani

Bigoli
con panna e noci

Tostate in forno per un paio di minuti i gherigli di noce, quindi liberateli della pellicina e pestateli in un mortaio. ♦ Fate sciogliere e dorare il burro in un pentolino, insaporendolo con la salvia e l'aglio che poi eliminerete. ♦ Cuocete la pasta in abbondante acqua salata, scolatela e versatela nella padella con il burro aromatizzato. ♦ Aggiungete le noci pestate, la panna, un pizzico di noce moscata grattugiata, uno di pepe macinato al momento e mescolate bene il tutto. ♦ Spolverate con abbondante parmigiano e portate subito in tavola, accompagnando con altro parmigiano servito a parte.

Preparazione:
30 MIN.

Difficoltà: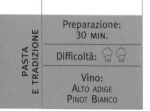

Vino:
ALTO ADIGE
PINOT BIANCO

PASTA
E TRADIZIONE

Spaghetti alla napoletana

INGREDIENTI

Spaghetti, 400 g

Pomodori maturi, 800 g

Cipolla di media grandezza, 1

Basilico, qualche foglia

Caciocavallo grattugiato, 30 g

Burro, 80 g

Peperoncino in polvere

Olio extravergine d'oliva

Sale

Scottate i pomodori in acqua bollente, pelateli, privateli dei semi e poi tagliateli a pezzetti. ♦ In una casseruola fate scaldare l'olio e metà del burro, unitevi la cipolla tagliata a fette piuttosto spesse e fatela soffriggere. Poi eliminatela e sostituitela con i pomodori tritati, unitevi le foglie di basilico, salate, insaporite con un pizzico di peperoncino e fate cuocere a fiamma vivace per 10 minuti, in modo che il sugo si restringa. ♦ Nel frattempo lessate gli spaghetti in abbondante acqua salata, scolateli e versateli in una zuppiera preriscaldata. ♦ Infine conditeli con il burro rimasto, con il sugo e cospargeteli di formaggio grattugiato; mescolateli bene e portateli in tavola.

Preparazione: 25 MIN.

Difficoltà: 🍳 🍳

Vino: FALERNO DEL MASSICO PRIMITIVO

PASTA E TRADIZIONE

Orecchiette, 400 g

Cime di rapa, 300 g

Acciughe
  sotto sale, 2

Aglio, 2 spicchi

Uva passa,
  1 cucchiaio
  (facoltativa)

Pinoli, 1 cucchiaio
  (facoltativi)

Peperoncino rosso

Pecorino grattugiato

Olio extravergine
  d'oliva

Sale

Orecchiette con le cime di rapa

Lavate con cura le cime di rapa e lessatele al dente in abbondante acqua salata, che poi non getterete ma utilizzerete per cuocere la pasta. ♦ Rosolate l'aglio tritato con alcuni cucchiai d'olio, quindi unite le acciughe pulite dal sale e stemperatele nel condimento. ♦ Aggiungete le cime di rapa e portate a cottura (aiutatevi con dell'acqua calda salata se fosse necessario); poco prima di spegnere controllate il sale, insaporite con peperoncino e unite, se graditi, i pinoli e l'uva passa prima lasciata ammorbidire in acqua tiepida e asciugata. ♦ Lessate le orecchiette in abbondante acqua salata, scolatele al dente e spadellatele nel tegame delle cime di rapa, condendole con pecorino grattugiato o, se fresco, tagliato a dadini.

PASTA
E TRADIZIONE

Preparazione:
40 MIN.

Difficoltà: 😊 😊

Vino:
ROSATO DI SQUINZANO

Pappardelle, 400 g

Polpa magra
di cinghiale
macinata grossa,
400 g

Polpa di pomodoro,
350 g

Cipolla, 1

Carota piccola, 1

Sedano, 1 gambo

Aglio, 1 spicchio

Alloro, 2 foglie

Concentrato
di pomodoro,
1 cucchiaio

Vino rosso

Peperoncino rosso

Olio extravergine
d'oliva

Sale

Pappardelle
al ragù di cinghiale

Mettete a scaldare in un tegame con un po' d'olio, l'aglio tritato, un battuto di cipolla, carota e sedano, quindi unite la carne di cinghiale macinata e lasciatela rosolare bene. ♦ Bagnate con il vino rosso e fatelo evaporare a fiamma moderata, poi unite la polpa e il concentrato di pomodoro diluito in poca acqua calda. ♦ Salate, insaporite con il peperoncino e con l'alloro e cuocete a fiamma bassa per circa un'ora e mezza. ♦ Lessate le pappardelle in abbondante acqua salata, scolatele al dente e spadellatele nel sugo di cinghiale prima di servirle.

PASTA
E TRADIZIONE

Preparazione:
2 H

Difficoltà:

Vino:
BRUNELLO DI MONTALCINO

Spaghetti al nero di seppia

Pulite e lavate le seppie, poi tritatele grossolanamente. ◆ Soffriggete un trito di aglio in poco olio, unite le seppie e un mestolo d'acqua calda e fate cuocere 15 minuti. ◆ Aggiungete i pomodori, pelati, privati dei semi e tagliati a pezzi; quando il sugo si sarà ristretto, rompete nel tegame i sacchetti dell'inchiostro. ◆ Condite con una manciata di prezzemolo tritato, sale e peperoncino e lasciate insaporire alcuni minuti. ◆ Lessate gli spaghetti in abbondante acqua salata e scolateli al dente, quindi spadellateli a fiamma vivace insieme al sugo di seppie. ◆ Servite in tavola in una zuppiera calda.

INGREDIENTI

Spaghetti, 380 g

Seppie piccole, 400 g

Sacchetti d'inchiostro, 2

Pomodori maturi, 5

Aglio, 1 spicchio

Prezzemolo, 1 mazzetto

Peperoncino in polvere

Olio extravergine d'oliva

Sale

▨ Nero di seppia ▨

Così si chiama il liquido color marrone scuro, quasi nero, secreto da molti molluschi e cefalopodi con funzione di "dispositivo di protezione". Si ottiene dalle sacche essiccate e in cucina si utilizza in molte preparazioni per le sue qualità aromatiche, ma anche per le sue caratteristiche coloranti che creano piatti davvero originali.

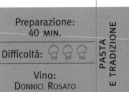

Preparazione: 40 MIN.

Difficoltà: 😐 😐 😐

Vino: DONNICI ROSATO

PASTA E TRADIZIONE

65

INGREDIENTI

Mezze maniche,
  400 g
Groviera, 50 g
Formaggio
  olandese, 50 g
Gorgonzola, 50 g
Parmigiano, 50 g
Farina, 25 g
Latte, 1/2 l
Burro, 25 g
Sale, pepe

Mezze maniche ai quattro formaggi

Tagliate a listarelle molto sottili il groviera e l'olandese, sbriciolate il gorgonzola e grattugiare il parmigiano. ◆ Preparate un un composto, facendo fondere in un pentolino per qualche minuto a fiamma moderata il burro insieme alla farina. ◆ Aggiungete il latte freddo e mescolate con cura finché il composto non inizia ad addensarsi. ◆ Versate quindi il groviera, l'olandese, il gorgonzola e il parmigiano grattugiato e continuate a mescolare fino a quando i formaggi si saranno fusi e la salsa sarà diventata densa e cremosa; regolate di sale. ◆ Nel frattempo fate cuocere le mezze maniche in acqua bollente non troppo salata (i formaggi utilizzati per il condimento sono di per sé piuttosto saporiti). ◆ Scolate la pasta al dente e conditela con la salsa e una manciata di pepe. ◆ Trasferite il tutto su un piatto da portata e servite subito.

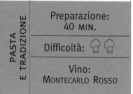

Preparazione:
40 MIN.

Difficoltà:

Vino:
MONTECARLO ROSSO

PASTA
E TRADIZIONE

INGREDIENTI

Spaghetti, 380 g

Tartufi, datteri, vongole, cozze, mazzancolle, gamberoni, qualche scampo e calamaretto, 1 kg circa

Pomodori pelati, 3-4

Vino bianco secco, 1 bicchiere

Aglio, 4 spicchi

Prezzemolo, 1 ciuffo

Peperoncino, 1 (facoltativo)

Basilico, qualche foglia

Olio extravergine d'oliva

Sale

Preparazione: 1 H

Difficoltà: 🍳🍳

Vino: COLLIO PINOT GRIGIO

Spaghetti allo scoglio

Fate indorare l'olio con gli spicchi d'aglio, aggiungete, se gradite, il peperoncino e gettate nell'olio caldo i frutti di mare, iniziando dai tartufi, quindi i crostacei e i calamaretti, poi le vongole e le cozze. ♦ Quando i frutti di mare sono quasi aperti, bagnateli con un buon bicchiere di vino bianco secco e aggiungete i pomodori pelati, schiacciandoli con i rebbi di una forchetta; regolate di sale e proseguite la cottura per circa 10 minuti. ♦ Nella stessa padella, ancora ricca d'acqua di mare, buttate gli spaghetti al dente, chiudete col coperchio e ultimate la cottura facendo assorbire l'acqua quasi completamente. ♦ Servite in un piatto grande preferibilmente di forma ovale, caldo, con una spruzzatina di prezzemolo e qualche foglia di basilico. ♦ Prima di condire la pasta, togliete eventualmente gli spicchi di aglio dal piatto.

Bigoli in cassopipa

Dopo aver lavato i molluschi, preparate un battuto di cipolla e aglio e mettetelo in una capace pentola di coccio con qualche cucchiaio d'olio e, a crudo, i molluschi. ♦ Lasciate cuocere a fuoco lento i frutti di mare finché si aprono, poi togliete parte dei molluschi dalle loro valve. ♦ Bagnate tutto con il vino bianco e lasciatelo evaporare, quindi aggiungete un filo d'olio, una presa di sale e le acciughe dissalate e diliscate, in modo che il condimento sia abbastanza saporito. ♦ Proseguite la cottura a fuoco molto lento, bagnando, se occorre, con poco brodo vegetale, per mezz'ora; il sugo deve, alla fine, risultare leggermente denso. ♦ Lessate nel frattempo i bigoli in abbondante acqua salata, scolateli al dente e versateli direttamente nella pentola del sugo, fateli saltare a fiamma vivace e servite.

INGREDIENTI

Bigoli, 380 g

Molluschi vari (capelunghe, capesante, vongole, canestrelli, fasolari, cozze), 1,5 kg

Acciughe sotto sale, 3-4

Cipolla, 1

Aglio, 1 spicchio

Vino bianco, 1/2 bicchiere

Brodo vegetale

Olio extravergine d'oliva

Sale, pepe

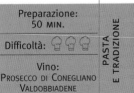

Preparazione: 50 MIN.

Difficoltà: 🎩 🎩 🎩

Vino:
PROSECCO DI CONEGLIANO VALDOBBIADENE

PASTA E TRADIZIONE

Pasta con carne

☞ Sommario ☜

Maccheroncelli alla partenopea

In un tegame, mettete qualche cucchiaio d'olio e fate rosolare la carne; aggiungete il prosciutto tritato e la cipolla. Quando questa sarà imbiondita versate il vino e lasciatelo evaporare. ◆ Aggiungete la polpa di pomodoro precedentemente sminuzzata o passata e l'acqua necessaria a ricoprire la carne. ◆ Condite con sale e pepe e coprite il tegame con il coperchio fino a ebollizione, quindi abbassate la fiamma al minimo e fate proseguire la cottura per 2 ore circa. ◆ Togliete poi la carne dal tegame e lasciatela raffreddare. Intanto passate il sugo di cottura e tenetelo in caldo. ◆ Tritate la carne e aggiungete il pangrattato, il prezzemolo e l'aglio sminuzzati, la scorza del limone, il tuorlo dell'uovo, sale e pepe. ◆ Mescolate e con l'impasto ottenuto formate degli gnocchetti, aiutandovi con un po' di farina, quindi lessateli in acqua salata. ◆ Cuocete anche i maccheroncelli; dopo averli scolati, poneteli in un piatto da portata, conditeli con fiocchetti di burro e parmigiano, coprite con il sugo di cottura della carne e distribuitevi sopra gli gnocchetti, spolverizzando con poco origano (*foto della ricetta alle pagine precedenti*).

INGREDIENTI

Maccheroncelli (bucatini sottili), 400 g

Polpa di pomodoro, 800 g

Carne di manzo, 300 g

Parmigiano grattugiato, 80 g

Prosciutto cotto, 40 g

Burro, 40 g

Uovo, 1

Cipolla, 1/2

Aglio, 1 spicchio

Prezzemolo, 1 manciata

Limone, 1/2

Pangrattato, 1 cucchiaio

Vino bianco secco, 1 dl

Farina

Origano

Olio extravergine d'oliva

Sale, pepe

Preparazione: 2 H E 30 MIN.

Difficoltà: 🍲🍲🍲

Vino: ALTO ADIGE COLLI DI BOLZANO

PASTA CON CARNE

73

Spaghetti, 380 g
Fegatini di pollo,
  200 g
Farina di frumento
Cipolla piccola, 1
Vino bianco,
  1/2 bicchiere
Parmigiano
  grattugiato
Burro, 50 g
Sale, pepe

Spaghetti ai fegatini

Cominciate pulendo accuratamente i fegatini, privateli del grasso, lavateli, asciugateli con un canovaccio pulito, quindi tagliateli a pezzetti e infarinateli leggermente. ◆ Sbucciate la cipolla e tritatela, poi mettete sul fuoco un tegame, scioglietevi il burro, unitevi la cipolla e fatela dorare prima di aggiungere i fegatini. ◆ Mescolate con un cucchiaio di legno, poi bagnate con il vino bianco e soffriggete ancora per 3-4 minuti; salate e insaporite con un po' di pepe. ◆ Nel frattempo fate bollire la pasta in abbondante acqua salata; scolatela al dente, trasferitela in una zuppiera e infine conditela con i fegatini. ◆ Portatela subito in tavola, servendo il parmigiano grattugiato a parte.

Preparazione:
30 min.

Difficoltà: ♙ ♙

Vino:
Colli Orientali
del Friuli Pignolo

Bavette piccanti pancetta e pomodoro

Tritate porro e aglio. ♦ In una padella antiaderente scaldate un po' d'olio e soffriggetevi, per mezzo minuto, il trito insieme alla pancetta precedentemente tagliata a cubetti e ai peperoncini spezzettati. ♦ Poi aggiungete i pomodori pelati saltando il tutto per altro mezzo minuto e aggiustando di sale. ♦ Infine versate nella padella gli spaghetti che avrete precedentemente scottati per 2-3 minuti. ♦ Coprite a filo con l'acqua di cottura della pasta e finite di cuocere il tutto per qualche altro minuto.

▦ Peperoncino piccante ▦

Pianta erbacea molto vicina al peperone dolce, dal quale si distingue soprattutto per il contenuto maggiore di "capsicina", sostanza presente in notevole quantità che conferisce il sapore piccante. Il peperoncino contiene molte vitamine (C, ma anche A, B e D) e si può usare fresco a pezzetti o anche rosolato insieme ai soffritti, oppure secco intero, pestato o tritato, e polverizzato. Le cucine che in Italia ne fanno maggiore uso sono l'abruzzese e la calabrese.

INGREDIENTI

Bavette, 380 g
Pomodori pelati, 300 g
Pancetta, 100 g
Porro, 1
Aglio, 1 spicchio
Peperoncini piccanti, 3
Olio extravergine d'oliva
Sale

Preparazione: 20 MIN.

Difficoltà: ♔

Vino: BARCO REALE DI CARMIGNANO

PASTA CON CARNE

75

Bucatini, 380 g

Polpa di agnello,
200 g

Peperoni rossi
e gialli, 2

Polpa di pomodoro,
500 g

Aglio, 2 spicchi

Alloro, 2 foglie

Vino bianco secco,
1/2 bicchiere

Peperoncino
in polvere

Olio extravergine
d'oliva

Sale

Bucatini con agnello e peperoni

In un tegame, preferibilmente di coccio, protetto da una retina frangifiamma, fate insaporire alcuni cucchiai d'olio con l'aglio schiacciato e le foglie di alloro, quindi unite la polpa di agnello tagliata a piccoli pezzetti e fatela rosolare. ♦ Eliminate gli spicchi di aglio e bagnate con il vino, lasciandolo poi evaporare a fiamma vivace. ♦ Aggiungete i peperoni, che avrete pulito da semi e filamenti interni e tagliato a listarelle, fateli rosolare per qualche istante, poi aggiungete anche la polpa di pomodoro. ♦ Portate la salsa a ebollizione a fiamma vivace, quindi abbassate il fuoco, coprite con un coperchio e proseguite fino alla completa cottura della carne, che alla fine deve risultare tenera ma non sfatta. ♦ Prima di spegnere regolate di sale e insaporite con il peperoncino. ♦ Lessate i bucatini in abbondante acqua salata, scolateli al dente e conditeli con il sugo e un filo d'olio crudo, quindi disponeteli su un piatto da portata e servite.

PASTA CON CARNE

Preparazione:
1 H

Difficoltà: 🍳🍳🍳

Vino:
SANNIO BARBERA

Tagliolini, 380 g
Polpa
  di maiale, 300 g
Salsa Worcester,
  1 cucchiaio
Cognac, 1 cucchiaio
Maizena,
  1 cucchiaio
Sedano, 1 gambo
Carota, 1
Peperone rosso, 1/2
Cipolla piccola, 1
Brodo di carne, 1 dl
Fecola di mais,
  1 cucchiaino
Olio extravergine
  d'oliva
Sale

Preparazione:
1 H

Difficoltà:

Vino:
AGLIANICO DEL VULTURE

Tagliolini con maiale e verdure

Tagliate la polpa di maiale in piccole striscioline e ponetele a marinare per mezzora in un piatto con una marinata ottenuta mescolando la salsa Worcester, il cognac e la maizena. ♦ Tagliate il sedano e la carota a fiammifero. Pulite il peperone dei semi e tagliatelo a dadini. Tagliate la cipolla a fettine. ♦ Rosolate tutte le verdure in una padella con un po' d'olio per circa 2 minuti. ♦ Toglietele dal fuoco e tenete le verdure al caldo. Versate nella stessa padella le striscioline di carne insieme alla marinata e ad altro olio; rosolatele finché la carne inizia a cambiare colore. ♦ A questo punto unite il brodo, in cui avrete precedentemente sciolto la fecola, e fate legare il tutto. ♦ Riversate le verdure e mescolate bene, aggiustando di sale. ♦ Cuocete a parte i tagliolini molto al dente. Scolateli e saltateli velocemente insieme al condimento. Quindi serviteli ben caldi.

Bigoli alla veneta

Mondate e affettate le cipolle, poi fatele stufare in una casseruola con un po' d'olio e le foglie di salvia (che vanno tolte appena diventano scure), mantenendo la fiamma bassa e mescolando di tanto in tanto perché non scuriscano troppo. Regolate di sale e lasciatele sul fuoco per una decina di minuti. ♦ Nel frattempo lavate bene i cuori e pulite i fegatini, badando a eliminare del tutto le sacche del fiele. ♦ Quindi tagliateli a pezzetti e uniteli alle cipolle, fateli insaporire bene, poi bagnate il tutto con il vino bianco, aspettando che evapori prima di salare e pepare. Lasciate sul fuoco per altri 5 minuti. ♦ Lessate i bigoli al dente, scolateli e versateli nella casseruola del sugo, aggiungete il prezzemolo tritato facendo saltare la pasta per pochi istanti, infine servite.

INGREDIENTI

Bigoli, 380 g
Fegatini e cuori
  di pollo e coniglio,
  200 g
Cipolle, 2
Prezzemolo,
  1 mazzetto
Salvia, 4 foglie
Vino bianco secco,
  1/2 bicchiere
Olio extravergine
  d'oliva
Sale, pepe

Preparazione:
45 MIN.

Difficoltà: 🍳 🍳

Vino:
BAGNOLI MERLOT

PASTA CON CARNE

INGREDIENTI

Tagliatelle, 380 g

Polpa di coniglio, 200 g

Aglio, 1 spicchio

Rosmarino, qualche rametto

Farina

Vino bianco secco, 1/2 bicchiere

Burro

Olio extravergine d'oliva

Sale, pepe

Tagliatelle al coniglio in bianco

Tagliate a pezzettini la polpa di coniglio e lasciatela marinare con il vino, un pizzico di sale e di pepe e un rametto di rosmarino per un'ora. ♦ Quindi scolatela e fatela rosolare in alcuni cucchiai d'olio lasciati prima insaporire con lo spicchio di aglio. ♦ Eliminate l'aglio, salate e proseguite la cottura per un'ora, bagnando il coniglio di tanto in tanto con la marinata. Scolatelo dal sugo e tenetelo da parte. ♦ Impastate una noce di burro con un cucchiaino di farina, poi stemperate il tutto nel fondo di cottura della carne. ♦ Nel frattempo lessate le tagliatelle in acqua salata. ♦ Non appena il sugo si sarà raddensato unitevi di nuovo il coniglio e spadellatevi le tagliatelle scolate al dente. Trasferite tutto in una zuppiera calda e servite.

Preparazione: 20 MIN. + 2 H

Difficoltà:

Vino: GRIGNOLINO DEL MONFERRATO CASALESE

Maccheroni, 400 g
Ricotta, 400 g
Salsiccia, 150 g
Pecorino grattugiato
Olio extravergine
 d'oliva
Sale, pepe in grani

Maccheroni ricotta e salsiccia

Private la salsiccia del budello e fatela rosolare a fiamma bassissima senza alcun condimento; il suo grasso, sciogliendosi, formerà un sughetto. ◆ Lavorate a lungo la ricotta in una zuppiera condendola con una presa di sale e un'abbondante macinata di pepe, unitevi la salsiccia tagliata a pezzetti e il liquido di cottura che si sarà formato. ◆ Rimestate con cura allungando con un paio di cucchiai dell'acqua di cottura della pasta che nel frattempo avrete messo sul fuoco. ◆ Scolate i maccheroni al dente e passateli nella zuppiera con la ricotta, mescolateli bene condendo con pecorino grattugiato e un filo d'olio crudo e portate in tavola.

Preparazione:
25 MIN.

Difficoltà: ♟ ♟

Vino:
MONREALE PINOT BIANCO

Tagliolini con ragù di fegatini

Tritate finemente la cipolla e fatela ammorbidire in un tegame con una noce di burro e la salvia; unite quindi i cuori tritati grossolanamente e lasciateli rosolare. ♦ Togliete la salvia, bagnate con il vino e non appena questo sarà evaporato aggiungete il concentrato di pomodoro sciolto in un po' d'acqua calda, proseguendo la cottura per 15 minuti. ♦ Poco prima che i cuori risultino cotti aggiungete anche i fegatini grossolanamente tritati, salate e lasciate insaporire per una decina di minuti, avendo cura di mescolare ogni tanto. ♦ Lessate i tagliolini in abbondante acqua salata e scolateli al dente, trasferiteli in un zuppiera calda insieme al ragù di fegatini, mescolateli con cura e portate in tavola.

INGREDIENTI

Tagliolini, 380 g
Fegatini e cuori di pollo, 300 g
Cipolla, 1/2
Concentrato di pomodoro, 1 cucchiaio
Salvia, 2 foglie
Vino bianco secco, 1/2 bicchiere
Burro
Sale

Preparazione: 40 MIN.

Difficoltà: ♙ ♙ ♙

Vino: NEBBIOLO D'ALBA

PASTA CON CARNE

Farfalle, 380 g

Petto di tacchino, 200 g

Pisellini sgusciati, 200 g

Pomodori maturi e sodi, 500 g

Pancetta tesa, 100 g

Cipolla, 1

Maggiorana

Olio extravergine d'oliva

Sale, pepe

Farfalle tacchino e piselli

Tritate la cipolla e fatela rosolare in alcuni cucchiai d'olio insieme con la pancetta tagliata a dadini; dopo qualche istante unite il petto di tacchino tagliato a listarelle e lasciate insaporire. ◆ Aggiungete ora anche i pomodori, che avrete pelato dopo averli tuffati in acqua bollente, privato dei semi e tritato, e i piselli, prima sbollentati per una decina di minuti in acqua salata. ◆ Lasciate restringere un po' il sugo, quindi condite con una presa di sale, un po' di pepe e un pizzico di maggiorana. ◆ Portate a cottura unendo di tanto in tanto un cucchiaio d'acqua se la salsa si asciugasse troppo, quindi distribuitela sulle farfalle che nel frattempo avrete lessato al dente e versato in una zuppiera calda. Mescolate con cura e servite.

INGREDIENTI

Bucatini, 400 g

Carne di manzo,
250 g

Lardone, 50 g

Aglio, 1 spicchio

Cipolla, 1

Prezzemolo,
1 ciuffetto

Uvetta, 30 g

Pinoli, 30 g

Passata
di pomodoro,
1,5 dl

Brodo di carne

Parmigiano

Olio extravergine
d'oliva

Sale, pepe

Preparazione:
40 MIN.

Difficoltà: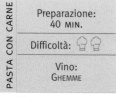

Vino:
GHEMME

Bucatini al trito
di lardone

Tritate il lardone insieme alla cipolla, allo spicchio d'aglio e al prezzemolo. Quindi ponete il trito a soffriggere. ♦ Quando ha preso colore versatevi la carne di manzo tritata. Fatela rosolare, poi aggiungete la passata di pomodoro. ♦ Aggiustate di sale e di pepe, e cuocete per 20 minuti, aggiungendo del brodo di carne se fosse necessario. ♦ All'ultimo aggiungete anche i pinoli e l'uvetta; cuocete per altri 5 minuti. ♦ Nel frattempo lessate al dente in abbondante acqua salata i bucatini, scolateli, versateli nella padella del sugo e saltateli per un attimo. ♦ Serviteli spolverati di abbondante parmigiano.

▨ Lardone ▨

Così viene propriamente detto il lardo salato e affumicato. Per secoli è stato un dei condimenti più usati in cucina, attualmente però è stato sostituito quasi ovunque dal burro e dagli oli di oliva e di semi vari. Pur avendo un discreto contenuto di acidi grassi essenziali, utili all'organismo, contiene anche colesterolo, quindi il suo utilizzo in cucina deve essere moderato.

Penne al Marsala con polpa di vitello

Battete la polpa di vitello, tagliatela prima a strisce e poi a cubetti. ◆ In una padella antiaderente fate imbiondire l'aglio con qualche cucchiaio d'olio, aggiungete anche la carne e fatela rosolare per circa 3 minuti, fino a dorarla in modo uniforme. Bagatela poi con il Marsala e fatela insaporire. ◆ Unite alla carne anche la passata di pomodoro e l'origano e fate cuocere il tutto per 10 minuti a fuoco vivace; abbassate poi la fiamma e fate cuocere ancora per altri 5 minuti. ◆ A fine cottura eliminate l'aglio, salate e pepate. Fate cuocere le penne, scolatele al dente, mettetele in una zuppiera e conditele con il sugo al vitello. ◆ Prima di portare in tavola, cospargete la pasta con il pecorino grattugiato e mescolatela bene.

INGREDIENTI

Penne, 400 g
Polpa di vitello, 100 g
Passata di pomodoro, 150 g
Marsala, 1/2 bicchiere
Aglio, 1 spicchio
Origano, 1 cucchiaio
Pecorino grattugiato, 4 cucchiai
Olio extravergine d'oliva
Sale, pepe

Preparazione: 40 MIN.

Difficoltà: 🎩 🎩

Vino: DOLCETTO D'ALBA

PASTA CON CARNE

INGREDIENTI

Tagliatelle, 380 g

Polpa di manzo
  macinata, 200 g

Pancetta tesa, 50 g

Cipolla, 1/2

Gambo
  di sedano, 1/2

Carota piccola, 1

Concentrato
  di pomodoro,
  2 cucchiai

Vino rosso,
  1/2 bicchiere

Brodo di carne

Parmigiano
  grattugiato

Olio extravergine
  d'oliva

Sale, pepe

Tagliatelle con ragù alla bolognese

Tritate cipolla, carota e sedano e, a parte, tagliate a dadini la pancetta. ♦ In un tegame fate rosolare quest'ultima con qualche cucchiaio d'olio; quando il grasso si sarà sciolto, mescolando con cura, unite il trito di verdura e, non appena risulta ammorbidito, fatevi rosolare la polpa di manzo. ♦ Continuate a mescolare in modo che la carne assuma un colore bruno uniforme; a questo punto bagnate con il vino e lasciate che questo evapori. ♦ Aggiungete il concentrato di pomodoro sciolto in un po' di brodo caldo, regolate di sale e pepe; abbassate la fiamma e cuocete ancora a tegame coperto per circa 2 ore. bagnando di tanto in tanto con un cucchiaio di brodo. ♦ Fate cuocere le tagliatelle in abbondante acqua salata, scolatele e conditele con il ragù di carne e una spolverata di parmigiano grattugiato.

Preparazione:
1 H + 2 H

Difficoltà: 😋 😋

Vino:
SERRAVALLE CABERNET
S. COLLI BOLOGNESI

INGREDIENTI

Reginette, 380 g

Speck a fette spesse, 200 g

Piselli sgusciati, 100 g

Aglio, 2 spicchi

Vino bianco secco, 1/2 bicchiere

Parmigiano grattugiato

Olio extravergine d'oliva

Sale, pepe in grani

Preparazione: 40 MIN.

Difficoltà: 😊 😊

Vino:
ALTO ADIGE
GEWÜRZTRAMINER

Reginette allo speck

Scottate i piselli in acqua bollente salata per una decina di minuti, quindi scolateli e teneteli da parte. ♦ Tagliate a cubetti lo speck e fatelo insaporire in alcuni cucchiai d'olio insieme con gli spicchi d'aglio leggermente schiacciati e i piselli. ♦ Non appena l'aglio prende colore toglietelo, bagnate con il vino e fatelo evaporare; salate e proseguite la cottura per 10 minuti a fiamma moderata. ♦ Nel frattempo lessate le reginette in abbondante acqua salata, scolatele al dente e passatele nel tegame con lo speck e i piselli. ♦ Mescolatele sul fuoco per qualche istante insaporendo con una macinata di pepe fresco e con il parmigiano grattugiato, quindi portate in tavola in una zuppiera.

▒ Speck ▒

È un prodotto tipico della zona dell'Alto Adige; si tratta di un tipo di prosciutto dalla forma appiattita e allungata, ottenuto dall'arto del suino che viene sottoposto ad affumicatura e a una breve stagionatura di circa 3 o 4 mesi al massimo. A confronto con gli altri insaccati, presenta una percentuale di grassi saturi, rispetto ai grassi totali, decisamente inferiore: 28% contro i 30-35% degli altri salumi.

Maccheroni con le polpette

Ammorbidite la mollica del panino in poco latte, quindi strizzatela e unitela alla carne assieme a un trito di prezzemolo e aglio, parmigiano, sale, peperoncino. ♦ Amalgamate con cura gli ingredienti legandoli con il tuorlo d'uovo – il composto dovrà risultare abbastanza consistente. ♦ Formate tante piccole polpettine della grandezza di una grossa oliva e fatele rosolare nell'olio; quando saranno dorate, scolatele e tenetele al caldo. ♦ Rimettete al fuoco il tegame pulito con 2-3 cucchiai d'olio nuovo e un trito di cipolla, sedano e carota. ♦ Non appena le verdure saranno morbide, unite il pomodoro, sale e l'alloro e portate a cottura. ♦ Alcuni minuti prima di spegnere togliete l'alloro, unite al sugo le polpettine, il peperoncino e il basilico sminuzzato; lasciate insaporire e spegnete. ♦ Lessate i maccheroni in acqua salata e scolateli al dente, conditeli con una parte del sugo e versateli in una zuppiera; serviteli guarnendo con il rimanente sugo e disponendo al centro le polpettine. ♦ Servite a parte il parmigiano grattugiato.

INGREDIENTI

Maccheroni, 400 g
Polpa di pomodoro, 500 g
Carne di manzo tritata, 300 g
Cipolla, 1/2
Carota piccola, 1
Sedano, 1/2 gambo
Aglio, 1 spicchio
Prezzemolo, 1 mazzetto
Alloro, 1 foglia
Basilico
Peperoncino rosso
Uovo, 1
Panino raffermo, 1
Latte
Parmigiano grattugiato, 2 cucchiai
Olio extravergine d'oliva
Sale

Preparazione: 45 MIN.

Difficoltà: 🍶 🍶 🍶

Vino: ELORO PIGNATELLO

PASTA CON CARNE

INGREDIENTI

Rigatoni, 400 g

Petto d'anatra,
1 di circa 200 g

Fegato d'anatra,
100 g

Scalogno, 1

Carote, 2

Zucchine, 2

Sedano, 1 gambo

Vino rosso, 2 dl

Prezzemolo,
1 ciuffo

Olio extravergine
d'oliva, 4 cucchiai

Sale, pepe

Preparazione:
30 MIN.

Difficoltà: 😊 😊

Vino:
PIAVE RABOSO

Rigatoni al ragù d'anatra

Preparate a dadini piccoli le carote e il sedano e tritate lo scalogno. ♦ Mettete in una pentola 2 cucchiai d'olio e fatevi appassire le verdure a fuoco medio per circa 5 minuti, bagnando con il vino. ♦ Unite poi anche il prezzemolo tritato e lasciate sobbollire fino a quando la salsa si sarà ridotta di circa la metà. ♦ Nel frattempo tritate il fegato, aggiungetelo alla salsa e fate cuocere a fuoco medio per 3 minuti; al termine aggiustate di sale e pepe. ♦ Private il petto d'anatra del grasso e fatelo rosolare a fiamma vivace nell'olio rimasto facendo in modo che all'interno rimanga abbastanza rosa. ♦ Salatelo, pepatelo e tagliatelo a bastoncini corti e sottili. ♦ Tagliate nello stesso modo le zucchine e sbollentatele in acqua salata. ♦ Intanto fate cuocere i rigatoni in abbondante acqua salata, scolateli al dente e versateli nella padella del sugo. ♦ Unite infine la carne e le zucchine, mescolate bene, fate saltare per circa 1 minuto a fiamma vivace e servite caldo.

Mezze penne, 400 g

Carne d'anatra
 da disossare,
 1,5 kg

Pancetta, 30 g

Burro

Sedano, 1/2 costa

Cipolla, 1

Carota, 1

Prezzemolo,
 1 ciuffetto

Brodo di carne

Passata
 di pomodoro,
 3 cucchiai

Parmigiano
 grattugiato

Olio extravergine
 d'oliva

Sale, pepe

Mezze penne anatra e pancetta

Spezzettate e disossate la carne d'anatra e mettetela a rosolare in un po' d'olio, con una noce di burro, insieme a un trito di pancetta, cipolla, sedano, carota e prezzemolo. ♦ Aggiustate di sale e di pepe, e fate cuocere per un'ora e mezza, tenendo mescolato e bagnando con il brodo di carne e la passata di pomodoro. ♦ Lessate al dente in acqua salata le mezze penne, conditele con il sugo d'anatra e spolveratele un po' di prezzemolo tritato e abbondante parmigiano grattugiato.

Preparazione:
15 MIN. + 1 H E 30 MIN.

Difficoltà: 🍳 🍳

Vino:
VALDADIGE ROSSO

PASTA CON CARNE

94

Spaghetti alla pizzaiola

Sciacquate i capperi in acqua fredda, poi strizzateli bene; mondate e lavate anche il prezzemolo. ♦ Nel frattempo mettete sul fuoco una pentola con dell'acqua, portatela a ebollizione e tuffatevi i pomodori per un attimo, in modo da poterli pelare con facilità; poi privateli dei semi e passateli al passaverdura. ♦ Tagliate a questo punto la carne in sottili strisce. ♦ Versate un po' d'olio in un tegame, mettetelo sul fuoco, schiacciatevi l'aglio e lasciatelo imbiondire; quando quest'ultimo comincia a prendere colore, eliminatelo. ♦ Aggiungete quindi nel tegame la carne, unitevi i pomodori passati e lasciate cuocere a fuoco piuttosto moderato, mescolando spesso, per 10 minuti. ♦ Aggiungete anche i capperi, l'origano, il peperoncino tritato e alcune foglie di prezzemolo, salate e proseguite la cottura per circa mezzora, mescolando di tanto in tanto con un cucchiaio di legno. ♦ Fate cuocere in abbondante acqua salata gli spaghetti, scolateli al dente, versateli in una zuppiera e infine conditeli con la salsa preparata, spargendovi sopra il parmigiano grattugiato e alcune foglie di prezzemolo.

Preparazione: 1 H

Difficoltà: 🍲🍲

Vino: MENFI NERO D'AVOLA

PASTA CON CARNE

INGREDIENTI

Penne, 380 g

Rigaglie di pollo,
150 g

Funghi finferli, 100 g

Pancetta, 1 fetta
spessa

Conserva
di pomodoro,
2 cucchiai

Vino bianco secco,
1 bicchiere

Prezzemolo,
1 ciuffo

Porro, 1

Rosmarino,
1 rametto

Olio extravergine
d'oliva

Sale

Penne con rigaglie di pollo e finferli

Pulite e lavate le rigaglie di pollo, fatele sgocciolare e poi tagliatele a pezzetti. ♦ Preparate un trito molto fine con il prezzemolo, la pancetta, il porro pulito, gli aghi del rosmarino e fatelo dorare nell'olio. ♦ Aggiungete le rigaglie, spruzzate con il vino bianco e lasciate evaporare. ♦ Poi unite i funghi puliti, lavati, asciugati e tagliati a fettine, la conserva di pomodoro e portate a cottura, mantenendo una fiamma non eccessiva e mescolando di tanto in tanto con un cucchiaio di legno. ♦ Cuocete infine la pasta in abbondante acqua salata bollente. Scolatela al dente, versatela nella padella in cui avete cucinato il condimento e mescolate accuratamente prima di portare in tavola.

Preparazione:
50 MIN.

Difficoltà:

Vino:
GENAZZANO ROSSO

INGREDIENTI

Pappardelle, 400 g

Coscia di cervo,
350 g

Funghi porcini,
150 g

Vino rosso, 1/2 l

Cipollotto, 1

Carota piccola, 1

Alloro, 2 foglie

Rosmarino,
1 rametto

Parmigiano
grattugiato

Burro, 40 g

Sale, pepe

Preparazione:
1 H + 12 H

Difficoltà: 😊 😊

Vino:
TRENTINO PINOT GRIGIO

Pappardelle al cervo e funghi porcini

Tagliate la polpa di cervo a dadini e metteteli a marinare per 12 ore nel vino rosso (tenetene da parte un bicchiere) con le verdure e gli aromi mondati e tagliati grossolanamente. ◆ Trascorso il tempo della marinatura, sgocciolate la carne, gli aromi e le verdure e con queste preparate un trito da imbiondire nel burro. ◆ Affettate a lamelle sottili i funghi porcini precedentemente spazzolati, e privati dei residui di terriccio con un telo di cotone pulito, e fateli appassire a parte in un po' di burro. ◆ Unite i dadini di cervo e lasciate rosolare a fiamma viva per alcuni minuti, innaffiando con il bicchiere di vino rosso; salate e pepate. Abbassate la fiamma, incoperchiate e cuocete per mezzora. ◆ A fine cottura unite i funghi al sugo di carne. ◆ Mettete, quindi, a cuocere la pasta in abbondante acqua salata, scolatela al dente e versatela nella padella insieme al condimento preparato. ◆ Fate saltare il tutto per un paio di minuti e servite con del parmigiano grattugiato.

Tagliatelle con ragù alla umbra

Tritate finemente la carota e il sedano, affettate la cipolla e fate soffriggere il tutto in un tegame con qualche cucchiaio d'olio. ◆ Aggiungete poi la carne macinata e il prosciutto tagliato a dadini e lasciate rosolare, mescolando con un cucchiaio di legno. ◆ Dopo qualche minuto bagnate con un po' di vino bianco; quando questo è completamente evaporato, unite i pomodori già sbollentati, pelati e tagliati a pezzetti. ◆ Regolate di sale, pepe e fate cuocere a fuoco moderato per 40-50 minuti; prima di ultimare la cottura grattugiate sul ragù un po' di tartufo nero. ◆ Lessate le tagliatelle in abbondante acqua salata, scolatele al dente e trasferitele in una zuppiera calda insieme con il sugo, mescolate con cura e portate in tavola.

INGREDIENTI

Tagliatelle, 380 g
Pomodori, 250 g
Polpa di manzo macinata, 200 g
Prosciutto crudo a fette spesse, 100 g
Tartufo nero, 1
Cipolla, 1
Carota, 1
Sedano, 1 gambo
Vino bianco
Olio extravergine d'oliva
Sale, pepe

Preparazione: 1 H E 30 MIN.

Difficoltà: 👨‍🍳👨‍🍳

Vino: BARBERA DEL MONFERRATO

PASTA CON CARNE

INGREDIENTI

Orecchiette, 400 g

Pomodori maturi
e sodi, 500 g

Carne di vitello
macinata, 300 g

Cipolla, 1

Basilico, 4-5 foglie

Pecorino grattugiato

Peperoncino rosso

Olio extravergine
d'oliva

Sale

Orecchiette alla lucana

Tritate la cipolla e fatela ammorbidire in un tegame di coccio con qualche cucchiaio d'olio; non appena diventa trasparente unite la carne macinata, salate e, mescolando, lasciate insaporire per qualche minuto. ◆ Aggiungete anche i pomodori che avrete pelato tuffandoli in acqua bollente, privato dei semi e spezzettato, poi proseguite su fiamma bassa per circa 2 ore, mantenendo mescolato ed eventualmente allungando con un po' d'acqua calda. Prima di spegnere controllate il sale e insaporite con il peperoncino e il basilico sminuzzato. ◆ Lessate le orecchiette in abbondante acqua salata, scolatele e conditele con il sugo e il pecorino grattugiato.

Preparazione:
2 H E 20 MIN.

Difficoltà: 🥄

Vino:
CHARDONNAY COLLIO
GORIZIANO

INGREDIENTI

Spaghetti, 400 g

Polpa di manzo tritata, 300 g

Pomodori pelati, 250 g

Aglio, 1 spicchio

Aghi di rosmarino, 2 cucchiai

Chiodi di garofano, 2

Vino bianco secco, 1/2 bicchiere

Parmigiano grattugiato, 50 g

Burro, 40 g

Sale, pepe

Preparazione:
1 H E 20 MIN.

Difficoltà: 😋😋

Vino:
FRIULI GAVE CABERNET
SAUVIGNON

Spaghetti profumati con polpa di manzo

Sbucciate l'aglio e fatelo dorare nel burro, poi eliminatelo e unite la carne di manzo tritata. ◆ Fatela rosolare a fuoco vivo, poi bagnatela con il vino bianco e, quando è evaporato, unite il rosmarino tritato, i chiodi di garofano e i pomodori pelati. ◆ Bagnate il tutto con un bicchiere abbondante d'acqua, regolate di sale, pepate, mettete un coperchio e fate cuocere a fuoco moderato per circa un'ora, mescolando di tanto in tanto con un cucchiaio di legno. ◆ Mentre il sugo cuoce lessate gli spaghetti al dente, scolateli, versateli in una zuppiera e conditeli con il sugo e il parmigiano. ◆ Portate in tavola accompagnando con altro parmigiano servito a parte.

Maccheroni rossi alla trippa

Tritate una cipolla, tagliate a dadini la pancetta e a striscioline la trippa lessata solo a metà. ◆ In una padella fate scaldare l'olio, unite lo spicchio d'aglio, la cipolla e la pancetta e fate soffriggere il tutto a fuoco vivo per qualche minuto. ◆ Aggiungete anche la trippa, la foglia di alloro e i chiodi di garofano e bagnate con il vino rosso. ◆ Versate poi i pelati e schiacciateli con i rebbi di una forchetta. Salate e pepate leggermente e fate cuocere a fuoco medio per circa un'ora. ◆ Lessate i maccheroni in abbondante acqua salata, scolateli al dente e conditeli con il sugo di trippa e con una spolverata di parmigiano grattugiato.

INGREDIENTI

Maccheroni, 400 g
Trippa, 300 g
Pancetta, 50 g
Pomodori pelati, 400 g
Vino rosso, 1/2 bicchiere
Cipolla, 1
Aglio, 1 spicchio
Alloro, 1 foglia
Chiodi di garofano, 2
Parmigiano grattugiato, 2 cucchiai
Olio extravergine d'oliva, 4 cucchiai
Sale, pepe

Preparazione: 1 H E 20 MIN.

Difficoltà: 😊😊

Vino: CORTONA MERLOT

PASTA CON CARNE

Tagliatelle, 380 g

Funghi porcini,
200 g

Piccione, 400 g

Cipolla, 1/2

Salvia, qualche
fogliolina

Burro, 50 g

Vino bianco secco,
1/2 bicchiere

Brodo di carne,
1 bicchiere

Aglio, 1 spicchio

Parmigiano
grattugiato

Olio extravergine
d'oliva

Sale, pepe

Preparazione:
1 H E 50 MIN.

Difficoltà: 🍳 🍳 🍳

Vino:
BIANCO DI TORGIANO

Tagliatelle funghi e piccione

Spennate il piccione, fiammeggiatelo, privatelo delle zampe, della testa e del collo, e lavatelo sotto un getto d'acqua corrente fredda. Asciugatelo e tagliatelo in quattro parti. ♦ Nel frattempo tritate la cipolla e fatela rosolare insieme alla salvia e all'aglio in una padella con l'olio e il burro. ♦ Aggiungetevi poi anche i pezzi di piccione e fateli insaporire da ogni lato. Quindi bagnate con il vino, fatelo evaporare e incorporate il brodo di carne. Salate, pepate e lasciate cuocere a fuoco lento per almeno un'ora. ♦ Trascorso questo tempo sgocciolate i pezzi di piccione, togliete la polpa, tagliate a fettine il petto e tritate il resto; poi rimettetelo nel fondo di cottura, togliendo lo spicchio d'aglio e la salvia. ♦ Pulite ora i funghi con un canovaccio e tagliateli a fettine sottili; uniteli al sugo e lasciate cuocere per una decina di minuti. ♦ Intanto fate cuocere le tagliatelle in abbondante acqua salata, scolatele e versatele in una zuppiera. ♦ Conditele con il sugo di piccione, una spolverata di parmigiano e servitele calde.

Tagliatelle paglia
  e fieno, 400 g
Fagiano, 1
Fieno di pimpinella
Vino rosso
Alloro, 5 foglie
Chiodi
  di garofano, 5 g
Cannella
Rosmarino
Miele, 20 g
Farina
Semi di papavero
Olio extravergine
  d'oliva
Sale, pepe

Paglia e fieno al fagiano

Immergete per 3 ore il fagiano aperto lungo tutto il ventre in una marinata composta da vino rosso, alloro, cannella, rosmarino, miele. ♦ Togliete il fagiano dalla marinata e asciugatelo avvolgendolo in abbondante erba pimpinella, sia all'esterno che all'interno, salate e pepate l'interno del fagiano aggiungendo qualche foglia d'alloro. ♦ Ricomponete il fagiano con l'erba legandolo con dello spago da cucina. ♦ Mettete in una teglia con olio d'oliva, parte della marinata e infornate in forno caldo a 200 °C per un'ora. ♦ Lessate le tagliatelle al dente e conditele caldissime con il resto della marinata molto ristretta insieme a un cucchiaio d'olio d'oliva e semi di papavero. Servite disponendo il fagiano a pezzi sulle tagliatelle.

Preparazione:
1 H E 15 MIN. + 3 H

Difficoltà: 🍳🍳

Vino:
COLLI ETRUSCHI VITERBESI
VIOLONE

Garganelli delicati

Sbollentate i pomodori, pelateli, privateli dei semi e tagliateli a pezzetti; metteteli in un tegame con l'olio, la cipolla tritata, il sale e il pepe e fate cuocere per 20 minuti. ◆ Fate imbiondire il porro tagliato sottile nell'olio che avrete aromatizzato con il rosmarino. ◆ Aggiungete la carne tritata, un pizzico di sale, uno di pepe e lasciate rosolare; unite poi il sugo di pomodoro. ◆ Cuocete i garganelli, scolateli al dente e versateli nella padella insieme al sugo. ◆ Aggiungete la besciamella (vedi box) e mescolate. Togliete dal fuoco, spolverate con il parmigiano grattugiato e servite.

La besciamella

Ingredienti: 50 g di burro, 50 g di farina bianca, 1/2 l di latte, noce moscata, sale, pepe.
In una casseruola fate sciogliere il burro a fiamma bassa e amalgamate bene la farina. A questo punto aggiungete un po' alla volta il latte, che avrete precedentemente scaldato senza portarlo a ebollizione, e mescolate senza interruzione, finché non sentite che la salsa si sta addensando. Non appena iniziano a formarsi le prime bollicine di ebollizione, calcolate 10 minuti di cottura. Non smettete di mescolare e, poco prima di togliere dal fuoco la salsa, aggiungete sale, pepe e un pizzico di noce moscata.

INGREDIENTI

Garganelli, 380 g
Carne di manzo tritata, 100 g
Pomodori, 500 g
Besciamella, 1 tazza
Porro, 1
Rosmarino, 1 rametto
Cipolla, 1
Parmigiano grattugiato
Olio extravergine d'oliva
Sale, pepe

Preparazione: 30 MIN.

Difficoltà:

Vino: NARDÒ ROSSO

PASTA CON CARNE

Vermicelli, 380 g

Salsiccia fresca,
250 g

Cipolla tritata, 1/2

Vino bianco,
1/2 bicchiere

Zafferano, 1 bustina

Salvia e rosmarino,
1 rametto

Grana grattugiato,
2 cucchiai

Burro, 40 g

Olio extravergine
d'oliva, 1 cucchiaio

Sale, pepe

Vermicelli al vino salsiccia e zafferano

Fate rosolare la cipolla in una padella antiaderente con il burro, l'olio, la salvia e il rosmarino. ◆ Nel frattempo spellate la salsiccia, sbriciolatela, aggiungetela al soffritto e fatela rosolare per pochi minuti a fiamma vivace. ◆ Bagnate poi con il vino bianco, unite lo zafferano sciolto in 1/2 bicchiere d'acqua calda, mescolate e proseguite la cottura per 10 minuti circa. A fine cottura togliete il rosmarino. ◆ Nel frattempo fate cuocere la pasta in abbondante acqua salata e scolatela al dente. Condite i vermicelli con il sugo, aggiungete una manciata di pepe, spolverizzate con il grana grattugiato e servite subito.

PASTA CON CARNE

Preparazione:
20 MIN.

Difficoltà:

Vino:
CORTONA CHARDONNAY

INGREDIENTI

Bucatini, 400 g
Polpa d'agnello,
  200 g
Polpa di pomodoro,
  400 g
Aglio, 2 spicchi
Rosmarino,
  1 rametto
Alloro, 2 foglie
Vino rosso
Pecorino grattugiato
Olio extravergine
  d'oliva
Sale, pepe

Bucatini
con l'agnello

Tagliate l'agnello in piccoli pezzi e rosolateli in abbondante olio con l'aglio (che
toglierete appena avrà preso colore), rosmarino e alloro. ♦ Irrorate con un po' di
vino rosso e lasciate evaporare. ♦ A questo punto aggiungete anche la polpa di
pomodoro, sale e pepe e portate a termine la cottura su fiamma bassa. ♦ Lessate i
bucatini in abbondante acqua salata, scolateli al dente e uniteli al sugo con una
spolverata di pecorino grattugiato.

Preparazione:
45 min.

Difficoltà: 🍷 🍷

Vino:
VESUVIO ROSSO

Bavette al rancetto

Fate soffriggere dolcemente la cipolla mondata e tritata in qualche cucchiaio d'olio, aggiungete il guanciale tagliato a dadini e lasciatelo rosolare per alcuni minuti. ♦ Sbollentate intanto i pomodori, pelateli e privateli dei semi, quindi uniteli al guanciale ben rosolato e fate cuocere il tutto per 10-15 minuti, aggiustando di sale. ♦ A fine cottura insaporite con la maggiorana fresca e con un pizzico di pepe. ♦ Mentre il sugo cuoce portate a ebollizione l'acqua, salatela e tuffatevi le bavette. ♦ Scolatele al dente e saltatele nella pentola con il sugo, spolveratele con il pecorino grattugiato e servite.

INGREDIENTI

Bavette, 380 g
Guanciale, 200 g
Pomodori, 300 g
Cipolla, 1
Maggiorana,
 1 mazzetto
Pecorino
 grattugiato, 50 g
Olio extravergine
 d'oliva
Sale, pepe

Preparazione:
25 MIN.

Difficoltà: 🍄 🍄

Vino:
FRIULI GRAVE ROSSO

PASTA CON CARNE

Voglia di mare

☞ Sommario ☜

Fusilli vongole veraci e zucchine

Passate le vongole sotto l'acqua corrente e poi lasciatele a bagno per circa mezzora. ◆ Lavate le zucchine, spuntatele e tagliatele a bastoncini. ◆ In una padella con un po' d'olio fate dorare 2 spicchi d'aglio poi toglieteli, versate le zucchine e fatele friggere a fuoco vivace affinché diventino dorate. Scolatele, ponetele su carta da cucina e salatele. ◆ Fate aprire le vongole in un tegame abbastanza ampio con un po' d'acqua, lo spicchio d'aglio rimasto e metà del prezzemolo tritato. Appena le vongole si saranno aperte, levatele dal tegame, sgusciatene metà e filtrate il liquido. ◆ Versate poi il liquido delle vongole nell'olio in cui avete fatto dorare le zucchine, aggiungete il peperoncino, il vino bianco, un pizzico di pepe e fate evaporare a fuoco vivace. ◆ Nel frattempo fate cuocere i fusilli in abbondante acqua salata, scolateli al dente e conditeli con il sugo, le zucchine e le vongole sgusciate. ◆ Mescolate bene la pasta, aggiungete anche le vongole rimaste nelle valve e guarnite con il rimanente prezzemolo a ciuffetti (*foto della ricetta alle pagine precedenti*).

INGREDIENTI

Fusilli, 400 g

Vongole veraci, 500 g

Zucchine, 400 g

Peperoncino tritato, 1/2

Aglio, 3 spicchi

Prezzemolo, 2 mazzetti

Vino bianco, 1/2 bicchiere

Olio extravergine d'oliva, 3 cucchiai

Sale, pepe

Preparazione: 45 MIN. + 30 MIN.

Difficoltà: 🍴🍴

Vino: COLLIO PINOT GRIGIO

VOGLIA DI MARE

INGREDIENTI

Farfalle, 350 g

Asparagi, 150 g

Polpa di capesante, 150 g

Panna liquida, 150 g

Funghi porcini, 100 g

Scalogno, 1

Prezzemolo

Vermut dry

Burro, 20 g

Olio extravergine d'oliva

Sale, pepe

Preparazione: 40 MIN.

Difficoltà:

Vino: MONTECARLO BIANCO

Farfalle capesante e asparagi

Lessate innanzitutto gli asparagi; nel frattempo mondate i funghi, lavateli e tagliateli a lamelle, tenendo separate le cappelle dai gambi. ◆ In un tegame fate rosolare i gambi con 3 cucchiai d'olio d'oliva, tenendoli a fuoco vivo, per un minuto, quindi aggiungete anche le cappelle. Rosolate bene il tutto, salate, pepate e spegnete. ◆ Mondate e tritate lo scalogno e fatelo appassire nel burro. ◆ Aggiungete la polpa delle capesante a pezzetti, insaporite con sale e pepe e lasciate rosolare bene prima di spruzzare con il vermut. ◆ Quando il liquido sarà quasi evaporato, aggiungete i funghi e gli asparagi, scolati e tagliati a tocchetti. ◆ Sempre a fiamma viva fate restringere ancora un po', dopodiché versate la panna liquida, abbassate la fiamma e aggiustate di sale e pepe. ◆ Nel frattempo avrete cotto in abbondante acqua salata le farfalle: quindi scolatele, mescolatele nel sughetto preparato e portatele in tavola cosparse con il prezzemolo tritato.

Pennette
alla vodka e caviale

In un tegame fate sciogliere una grossa noce di burro e versatevi la vodka, lasciandola in parte evaporare. ◆ Unite la panna, salate e pepate, poi spegnete non appena la salsa si sarà scaldata. ◆ Nel frattempo lessate le pennette in abbondante acqua salata e scolatele bene al dente. ◆ Conditele con la salsa alla vodka e con il caviale, mescolando con cura, in modo da non rompere le uova di pesce, e portate in tavola in una zuppiera calda.

Il caviale

È il nome delle uova di storione, salate e preparate con procedure particolari. La parola è di origine turca (havyar) e si è poi diffusa in Italia, uno dei Paesi occidentali dove le uova di storione venivano raccolte in tempi lontani. A livello di grande mercato il caviale è una tipica preparazione russa. Oggi sono chiamate genericamente (e impropriamente) "caviale" anche le uova di altri pesci (come ad esempio le uova di lompo) lavorate allo stesso modo.

INGREDIENTI

Pennette, 400 g

Vodka,
2-3 bicchierini

Caviale
(o uova di lompo),
1 scatoletta

Panna da cucina,
2,5 dl

Burro

Sale, pepe

Preparazione:
20 MIN.

Difficoltà: 🍄🍄

Vino:
TRENTINO SUPERIORE
NOSIOLA

VOGLIA DI MARE

117

Farfalline, 400 g

Polpa di salmone,
200 g

Capperi sotto sale,
1 cucchiaio

Finocchietto
selvatico

Olio extravergine
d'oliva

Sale

PER LA SALSA:

Prezzemolo, 150 g

Acciughe
sotto sale, 6

Pancarré, 3 fette

Aglio, 3 spicchi

Aceto di vino
bianco

Olio extravergine
d'oliva

Sale, pepe

Farfalline rosa aromatiche in salsa

Bagnate le fette di pancarré nell'aceto di vino bianco e strizzatele. Lavate e diliscate le acciughe sotto sale. ♦ Mettete tutti gli ingredienti per la salsa in un mixer e frullateli fino a ottenere un composto omogeneo. ♦ Saltate in una padella antiaderente con un po' d'olio i capperi tritati e il salmone tagliato a dadini per un minuto a fiamma alta. ♦ Cuocete la pasta in abbondante acqua salata, scolatela al dente e mescolatela alla salsa di prezzemolo e al pesce. ♦ Cospargete di finocchietto selvatico e, se necessario, aggiungete dell'olio.

VOGLIA DI MARE

Preparazione:
25 MIN.

Difficoltà:

Vino:
SANNIO FALANGHINA

Linguine, 380 g

Aragosta, 1 di circa
  800 g

Sogliole, 2

Pomodorini
  pugliesi, 10

Carota, 1

Cipolla, 1

Scalogni, 2

Timo

Mazzetti
  aromatici, 2

Brandy,
  1 bicchierino

Vino bianco secco

Burro, 20 g

Olio extravergine
  d'oliva

Sale, pepe in grani

Preparazione:
1 H E 30 MIN.

Difficoltà: 🍲 🍲 🍲

Vino:
COLLI ORIENTALI
DEL FRIULI BIANCO

VOGLIA DI MARE

Linguine con sogliole al timo e aragosta

Fate fondere in una casseruola il burro, unite la carota e la cipolla affettate e lasciatele insaporire. ◆ Aggiungete 1 l di vino, 1 l d'acqua, un mazzetto aromatico, 3 grani di pepe e portate a ebollizione. Immergete nel liquido l'aragosta legata a una tavoletta di legno e cuocetela per 25-30 minuti. ◆ Fatela raffreddare, tagliate il carapace ed estraete la polpa. ◆ Pulite le sogliole e ricavatene 8 filetti, salateli e cospargeteli con un po' di timo tritato. ◆ Arrotolateli su se stessi fermandoli con uno stecchino. ◆ Fate appassire in una padella gli scalogni tritati con 3 cucchiai d'olio e un po' di burro, unite i rotolini di sogliola e la polpa di aragosta affettata, bagnate con il brandy, mescolate e fiammeggiate. ◆ Quando la fiamma si sarà spenta versate mezzo bicchiere di vino bianco, aggiungete i pomodorini spellati, il secondo mazzetto aromatico, salate, pepate e cuocete per 10 minuti a fuoco medio. ◆ Lessate la pasta in acqua bollente salata, scolatela e spadellatela per pochi minuti col sugo su fiamma moderata; togliete il mazzetto aromatico e servite.

Fusilli
scampi e zucchine

Rosolate in qualche cucchiaio d'olio lo scalogno finemente tritato e, appena sarà trasparente, unite le zucchine tagliate a *julienne*, dopo poco unite anche gli scampi, salate e pepate. ♦ Portate a cottura su fiamma dolce, aiutandovi con un po' di fumetto di pesce caldo (vedi box). ♦ Lessate i fusilli in abbondante acqua salata e scolateli al dente. ♦ Spadellateli nel sugo di scampi e zucchine condendo con un giro d'olio crudo e una manciata di prezzemolo finemente tritato.

INGREDIENTI

Fusilli, 400 g
Scampi, 450 g
Zucchine, 350 g
Scalogno, 1
Fumetto di pesce, 1/2 l
Prezzemolo
Olio extravergine d'oliva
Sale, pepe

▨ Fumetto di pesce ▨

Ingredienti: 500 g di scarti di pesce, 1 cipolla, 1 carota, 1 gambo di sedano, alloro, salvia, 1 fetta di limone, 1 bicchiere di vino bianco, sale e pepe.

Mettete in pentola il pesce, gli odori, gli aromi, il vino, il sale, il pepe e il limone. Unite 2 l d'acqua e fate bollire per 40 minuti circa. A fine cottura filtrate il fumetto. Se desiderate dargli un sapore più deciso sostituite il vino bianco con del rosso.

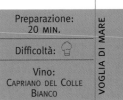

Preparazione:
20 MIN.

Difficoltà: ♟

Vino:
CAPRIANO DEL COLLE
BIANCO

VOGLIA DI MARE

INGREDIENTI

Spaghetti, 400 g

Acciughe, 250 g

Coda di rospo, 150 g

Tonno fresco, 150 g

Olive nere, 20 g

Salsa di pomodoro,
3 cucchiai

Capperi,
1 cucchiaio

Prezzemolo

Vino bianco,
1/2 bicchiere

Aglio, 2 spicchi

Peperoncino

Olio extravergine
d'oliva

Sale

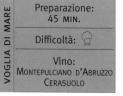

Preparazione:
45 min.

Difficoltà:

Vino:
Montepulciano d'Abruzzo
Cerasuolo

Mare e fili
al peperoncino

Pulite il pesce; tagliate il tonno e la coda di rospo a pezzetti e dividete le acciughe a metà dopo averle diliscate privandole della testa. ◆ In abbondante olio fate soffriggere gli spicchi d'aglio tritati, il prezzemolo e qualche pezzo di peperoncino, quindi unite il pesce e, dopo 5 minuti, le acciughe. ◆ Bagnate con il vino bianco e, non appena sarà quasi del tutto evaporato, unite la salsa di pomodoro (vedi box) diluita in un mestolo d'acqua calda, le olive e i capperi. ◆ Aggiustate di sale, abbassate la fiamma e coprite il tegame, quindi lasciate cuocere per circa 15 minuti prima di spegnere.

▓ Salsa di pomodoro ▓

Ingredienti: 800 g di pomodori maturi e sodi, 4 spicchi d'aglio, 1 mazzetto di prezzemolo, origano (facoltativo), olio extravergine d'oliva, sale, peperoncino rosso.

In un tegame fate insaporire alcuni cucchiai d'olio con l'aglio schiacciato, facendo bene attenzione a non farlo bruciare. Abbassate la fiamma e unite il pomodoro; proseguite così la cottura a tegame coperto. Dopo 20 minuti condite con sale, peperoncino, prezzemolo tritato e, volendo, un pizzico di origano.

122

INGREDIENTI

Maccheroncini,
  400 g
Pomodori perini,
  300 g
Tonno sottolio,
  200 g
Acciughe sottolio,
  4 filetti
Cipolla, 1
Vino bianco,
  1/2 bicchiere
Erba cipollina,
  1 manciata
Olio extravergine
  d'oliva
Sale, pepe

Maccheroncini alla crema tonnata

Lavate i pomodori, tagliate le estremità, spellateli, eliminate i semi, tagliateli a dadini e fateli scolare per qualche minuto. ♦ Mettete in una padella antiaderente la cipolla e fatela dorare in un po' d'olio. ♦ Aggiungete le acciughe sgocciolate e tagliate a pezzetti e lasciatele sciogliere schiacciandole con una forchetta. ♦ Unite il tonno e il vino e cuocete per circa 10 minuti facendo insaporire il tutto. ♦ A cottura ultimata, frullate gli ingredienti fino a ottenere una crema omogenea e rimettetela nel tegame. ♦ Versate i pomodori tagliati a dadini e fate cuocere per altri 15 minuti a fuoco medio. ♦ Infine, aggiungete l'erba cipollina, il sale e il pepe. ♦ Nel frattempo, cuocete i maccheroncini in acqua salata, scolateli al dente e conditeli in padella mescolandoli al sugo. ♦ Amalgamate bene e serviteli subito caldi.

VOGLIA DI MARE

Preparazione:
45 MIN.

Difficoltà:

Vino:
COLLI BERICI
TOCAI ITALICO

Trenette con nasello e carote

INGREDIENTI

Trenette, 380 g
Filetti di nasello,
 300 g
Cipolla tritata, 50 g
Carote, 2
Curry, 1 cucchiaio
Panna fresca, 2 dl
Prezzemolo
Burro, 40 g
Sale, pepe

Fate sciogliere il burro in una padella antiaderente, unite la cipolla tritata finemente e fatela rosolare a fuoco basso. ♦ Aggiungete la panna, il curry, le carote raschiate, lavate e tagliate a *julienne* e i filetti di nasello lavati, asciugati e tagliati a tocchettini. Salate, pepate e cuocete a fuoco medio per circa 15 minuti, mescolando. ♦ Nel frattempo cuocete la pasta in abbondante acqua salata, scolatela al dente, trasferitela in una terrina calda. ♦ Versatevi le trenette il sugo di nasello, cospargete con abbondante prezzemolo tritato, mescolate bene e portate in tavola.

Preparazione:
20 MIN.

Difficoltà:

Vino:
FRIULI LATISANA
MALVASIA ISTRIANA

VOGLIA DI MARE

125

Fettuccine, 400 g

Polpa di granchio fresca, 250 g

Rucola, 1 mazzetto

Cipollotto, 1

Limone, 1

Aglio, 1 spicchio

Pomodori maturi, 4

Peperoncini, 2

Burro, 40 g

Olio extravergine d'oliva

Sale, pepe

Fettuccine granchio e rucola

Mettete in un pentolino l'olio, la scorza e il succo di limone, il cipollotto e l'aglio sbucciati, i pomodori pelati e privati dei semi, i semi dei peperoncini, il sale e il pe-pe e cuocete il tutto a fuoco medio. ♦ Cuocete per 3-4 minuti, fino a quando la scorza del limone e il cipollotto si saranno ammorbiditi. ♦ Aggiungete il burro a cubetti e mescolate per amalgamare. ♦ Portate a ebollizione una pentola d'acqua salata, cuocete la pasta al dente e scolatela, lasciando nella pentola circa un cucchiaio d'acqua di cottura. ♦ Quando il sughetto è pronto versatevi la pasta assieme all'acqua di cottura rimasta e aggiungete al tutto la rucola e la polpa di granchio. ♦ Mescolate bene, spadellate per qualche minuto e servite.

VOGLIA DI MARE

Preparazione: 20 MIN.

Difficoltà:

Vino:
COLLI EUGANEI SERPRINO

INGREDIENTI

Linguine, 380 g

Baccalà (spinato),
400 g

Noci sgusciate,
100 g

Vino bianco,
1 bicchiere

Aglio, 2 spicchi

Prezzemolo fresco,
qualche fogliolina

Olio extravergine
d'oliva

Sale, pepe nero

Delizia di linguine con noci e baccalà

In una padella antiaderente con un po' d'olio fate rosolare l'aglio a fuoco lento; aggiungete poi il baccalà, che avrete precedentemente tritato, un po' d'acqua e il pepe nero. Per non far asciugare troppo il pesce, potete aggiungere un po' dell'acqua della pasta. ◆ Cuocete il tutto per 5 minuti; aggiungete 1 bicchiere di vino bianco e le noci che avrete macinato e ridotto in un trito fine. ◆ Cuocete ancora per 10 minuti e nel frattempo lessate la pasta. Scolatela al dente, conditela e amalgamate il tutto. ◆ Servite in tavola ben caldo, decorando con qualche fogliolina di prezzemolo fresco.

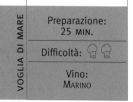

VOGLIA DI MARE

Preparazione:
25 MIN.

Difficoltà: 🍄 🍄

Vino:
MARINO

Sedanini dorati alle alici

Pulite dunque le alici eliminando testa, coda e spina centrale: lavate accuratamente i filetti sotto acqua corrente, poi tritateli grossolanamente e metteteli in una casseruola con un trito d'aglio e prezzemolo, il pangrattato e l'olio. ◆ Lasciate su fuoco vivace per qualche minuto, mescolando con un cucchiaio di legno fino a quando le alici non sono tenere e il pangrattato ben dorato. ◆ Mettete sul fuoco la pentola per la cottura dei sedanini e, quando l'acqua bolle, salatela e cuocetevi la pasta al dente; quindi scolatela, trasferitela in una zuppiera, irroratela con il succo del limone filtrato e conditela con il sugo di alici. Mescolate con cura e servite.

INGREDIENTI

Sedanini, 400 g
Alici molto fresche, 200 g
Aglio, 2 spicchi
Limone, 1/2
Prezzemolo
Pangrattato, 40 g
Olio extravergine d'oliva, 4 cucchiai
Sale

Preparazione: 30 MIN.

Difficoltà: 🍴🍴

Vino: CHIANTI RUFINA

VOGLIA DI MARE

INGREDIENTI

Bavette, 380 g

Calamaretti,
seppioline
e scampi piccoli,
600 g

Aglio, 3 spicchi

Prezzemolo,
1 ciuffetto

Peperoncino
rosso, 1

Vino bianco,
1/2 bicchiere

Olio extravergine
d'oliva

Sale

Bavette girate alla bucaniera

Private calamaretti e seppioline di penna o osso interni, occhi, rostro e interiora (che verranno estratte dalla sacca tirando i tentacoli); lavateli, tagliate poi a listarelle le sacche e lasciate i ciuffetti dei tentacoli interi. ◆ Per quanto riguarda gli scampi non preoccupatevi di sgusciarli, ma limitatevi a lavarli con cura. ◆ In una padella antiaderente fate insaporire dell'olio con gli spicchi d'aglio e il peperoncino; unite il pesce e, dopo averlo rosolato, bagnatelo con il vino che lascerete in parte evaporare. ◆ Lessate le bavette in abbondante acqua salata, scolatele molto al dente e saltatele nella padella con il sugo prima di servirle. ◆ Negli ultimi istanti di fuoco, unite alla pasta una generosa spolverata di prezzemolo tritato.

Preparazione:
45 MIN.

Difficoltà: 😊 😊

Vino:
ALTO ADIGE RIESLING

INGREDIENTI

Spaghetti, 380 g

Filetti di aringa affumicata, 200 g

Pomodori pelati, 250 g

Aglio, 1 spicchio

Prezzemolo, 1 mazzetto

Olio extravergine d'oliva

Sale, pepe in grani

Spaghetti all'aringa affumicata

In una piccola casseruola fate scaldare l'olio e unitevi lo spicchio d'aglio intero; quando è dorato, eliminatelo e versatevi i pomodori schiacciati con i rebbi di una forchetta. ♦ Quindi lavate le foglioline di prezzemolo e unitele ai pomodori, insaporite con un pizzico di sale e una macinata di pepe. ♦ Lasciate cuocere a fuoco vivace per 5 minuti, quindi aggiungete l'aringa sminuzzata, abbassate la fiamma e proseguite la cottura a fuoco moderato per circa mezzora, fino a quando il sugo si è adeguatamente ristretto. ♦ Fate cuocere gli spaghetti in abbondante acqua salata, scolateli al dente, trasferiteli in una zuppiera e conditeli infine con il sugo all'aringa. ♦ Dopo averli mescolati accuratamente in modo da insaporirli bene, portateli in tavola.

VOGLIA DI MARE

Preparazione: 40 MIN.

Difficoltà: 😀 😀

Vino:
GARDA COLLI MANTOVANI ROSATO

Bucatini ai calamari

Mondate la verdura. Fate appassire i funghi affettati in qualche cucchiaio d'olio, salate e pepate, poi tritateli insieme agli spinaci che avrete lessato in poca acqua e strizzato. ♦ Pulite i calamari, separate i tentacoli dalla sacca, tritateli e amalgamateli alle verdure con un po' di prezzemolo anch'esso tritato, l'uovo, il formaggio, sale e pepe. ♦ Mescolate con cura in modo da ottenere un composto omogeneo che utilizzerete per farcire le sacche dei calamari richiudendole con del filo da cucina. ♦ Fate insaporire qualche cucchiaio d'olio con lo spicchio d'aglio schiacciato e, non appena questo avrà preso colore, toglietelo e unite i pomodori che avrete pelato tuffandoli in acqua bollente, privato dei semi e grossolanamente tritato. ♦ Quando il sugo avrà preso calore unite i calamari, il sale e un pizzico di peperoncino; cuocete a pentola coperta per 30-40 minuti, poi scolate i pesci dal sugo e teneteli da parte insieme con qualche cucchiaio del sugo stesso. ♦ Lessate i bucatini e scolateli al dente. Spadellateli nel sugo rimasto nel tegame condendo con una spolverata di prezzemolo tritato e un giro d'olio. ♦ Serviteli guarnendoli con i calamari affettati e il sugo tenuto da parte.

INGREDIENTI

Bucatini, 400 g
Calamari, 4
Spinaci, 500 g
Pomodori sodi
  e maturi, 500 g
Funghi, 200 g
Aglio, 1 spicchio
Prezzemolo,
Uovo, 1
Peperoncino
Parmigiano
  grattugiato,
  2 cucchiai
Olio extravergine
  d'oliva
Sale, pepe

Preparazione:
1 H

Difficoltà: 🍴 🍴 🍴

Vino:
COLLI DI LUNI BIANCO

VOGLIA DI MARE

Conchiglie, 380 g
Filetti di merluzzo,
  200 g
Zucchine, 2
Prezzemolo,
  1 mazzetto
Cipolle, 2
Olive nere, 50 g
Pomodori maturi,
  300 g
Olio extravergine
  d'oliva, 5 cucchiai
Sale, pepe

Conchiglie merluzzo e ragù di zucchine

Lavate le zucchine e tagliate a dadini. A parte tritate le cipolle, il prezzemolo e le olive snocciolate. ♦ Lavate accuratamente il merluzzo e riducetelo in piccoli pezzi. ♦ Dopo aver sbollentato i pomodori, privateli delle pelle e dei semi e tritateli grossolanamente. ♦ In un tegame con un po' d'olio fate appassire le cipolle precedentemente tritate, poi aggiungetevi le zucchine tagliate a dadini e fate rosolare per pochi minuti. ♦ Unite quindi i pomodori tritati, salate, pepate e proseguite la cottura a fuoco moderato. ♦ In un'altra padella fate dorare in poco olio i pezzetti di merluzzo. ♦ Toglieteli dal fuoco, sgocciolateli bene, uniteli al ragù di zucchine insieme alle olive tritate e continuate la cottura a fuoco moderato ancora per qualche minuto. ♦ Nel frattempo fate cuocere le conchiglie in abbondante acqua salata, poi scolatele al dente e conditele con il ragù di zucchine e i pezzetti di merluzzo. ♦ Prima di servire cospargete con il prezzemolo tritato.

VOGLIA DI MARE

Preparazione:
40 MIN.

Difficoltà: 😕 😕

Vino:
FRANCIACORTA

Tagliatelle, 400 g

Acciughe
  sotto sale, 6

Mollica
  di pane raffermo
  grattugiata,
  4 cucchiai

Pinoli, 30 g

Aglio, 2 spicchi

Prezzemolo,
  1 mazzetto

Peperoncino, 1

Olio extravergine
  d'oliva,
  1/2 bicchiere

Sale

Tagliatelle acciughe e mollica di pane

Pulite le acciughe dal sale e dalle lische aiutandovi con un coltello e un panno umido. ◆ In un tegame fate insaporire l'olio con il peperoncino spezzettato e gli spicchi di aglio; togliete questi ultimi non appena prendono colore, quindi unite le acciughe e fatele disfare aiutandovi con un cucchiaio di legno. ◆ Aggiungete poi un po' di prezzemolo tritato e i pinoli. In un tegamino antiaderente tostate uniformemente la mollica del pane mescolandola con un cucchiaio di legno: deve prendere colore ma non annerire. Nel frattempo lessate la pasta in acqua salata e scolatela al dente. ◆ Versate le tagliatelle nel tegame delle acciughe, aggiungete metà della mollica e mescolate con cura, quindi trasferite il tutto in una zuppiera calda e portate in tavola accompagnando con il resto della mollica.

VOGLIA DI MARE

Preparazione:
20 MIN.

Difficoltà:

Vino:
FRIULI DI AQUILEIA
RIESLING

Pici
con uova di luccio

Lavate e asciugate una parte del prezzemolo, tritatelo e fatelo appassire in un tegame con l'olio. ◆ Lavate anche i pomodori freschi pelati, sbucciate la cipolla e preparate un battuto; unite il battuto al prezzemolo tritato e fate cuocere il tutto per qualche minuto a fiamma non eccessivamente alta. ◆ Aggiungete quindi le uova di luccio, il peperoncino e un pizzico di sale, spruzzate un po' di vino bianco e continuate la cottura a fuoco molto moderato. ◆ Cuocete a questo punto i pici in abbondante acqua bollente salata, controllate che siano cotti al punto giusto, scolateli al dente, riversateli direttamente in un piatto da portata e conditeli con il sugo. ◆ Prima di portarli in tavola ricordatevi di cospargerli con abbondante prezzemolo tritato.

INGREDIENTI

Pici, 380 g
Uova fresche
  di luccio, 200 g
Cipolla di media
  grandezza, 1
Pomodori freschi,
  200 g
Peperoncino
  rosso, 1
Prezzemolo,
  1 mazzetto
Vino bianco,
  1 goccetto
Olio extravergine
  d'oliva, 2 cucchiai
Sale

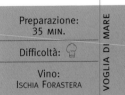

Preparazione:
35 MIN.

Difficoltà: ♟

Vino:
ISCHIA FORASTERA

VOGLIA DI MARE

INGREDIENTI

Tagliolini, 380 g

Polpa di granchio,
100 g

Cipolla di Tropea, 1

Crescione,
1 ciuffetto

Rucola, 1 ciuffetto

Brodo, 2 dl

Fecola di mais,
1 cucchiaio

Salsa Worcester,
1 cucchiaio

Olio extravergine
d'oliva

Sale, pepe

Tagliolini alla polpa di granchio

Riscaldate in una padella un po' d'olio e rosolatevi la cipolla tritata. ◆ Quindi aggiungete la rucola spezzettata e lasciatela appassire. ◆ Versate anche la polpa di granchio (potete trovarla anche in scatola) e la fecola disciolta nel brodo e nella salsa Worcester. ◆ Cuocete per 8 minuti e quindi aggiungete il crescione. Aggiustate di sale e di pepe. ◆ Saltate il tutto per circa un minuto, poi versate nella padella anche i tagliolini, che avrete nel frattempo lessato molto al dente; risaltate per mezzo minuto e serviteli ben caldi.

Preparazione:
20 MIN.

Difficoltà:

Vino:
SOAVE

INGREDIENTI

Vermicelli, 380 g

Bottarga, 30 g

Tonno, 120 g

Pomodori maturi,
200 g

Aglio, 1 spicchio

Prezzemolo,
1 mazzetto

Vino bianco secco,
1/2 bicchiere

Olio extravergine
d'oliva,
1/2 bicchiere

Sale

Preparazione:
30 MIN.

Difficoltà: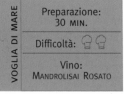

Vino:
MANDROLISAI ROSATO

Vermicelli saporiti con tonno e bottarga

Scaldate l'olio in un tegame con lo spicchio d'aglio sbucciato e tritato. ◆ Appena quest'ultimo imbiondisce, unitevi il tonno sminuzzato e lasciate sul fuoco per alcuni minuti, poi bagnate con il vino bianco e aspettate che evapori. ◆ Quindi aggiungete la polpa dei pomodori (dopo averli passati) e la bottarga sbriciolata; date appena una rigirata con il cucchiaio di legno, fate cuocere ancora 10 minuti e, infine, aggiungete il prezzemolo tritato. ◆ Lessate intanto i vermicelli al dente, scolateli e conditeli in una zuppiera con il sugo di bottarga.

▨ La bottarga ▨

È così chiamata una particolare confezione artigianale di uova di cefalo (o muggine) salate, pressate e stagionate per 4 o 5 mesi. La bottarga è diffusa soprattutto in Sardegna, dove gli stagni sono molto popolati dai cefali, in Sicilia e in Calabria, ma è presente anche in altre regioni italiane e in genere sulle coste del Mar Mediterraneo.

Rigatoni delicati al caviale

Sbucciate anzitutto la cipolla e tritatela finemente, quindi versatela in una padella con l'olio e il burro, e fatela soffriggere a fuoco piuttosto moderato, mescolandola con un cucchiaio di legno. ◆ Aggiungetevi il vino bianco, coprite con il coperchio e proseguite la cottura ancora per alcuni minuti. ◆ Mettete sul fuoco la pentola per la cottura della pasta e, quando l'acqua bolle, salate e buttate i rigatoni. ◆ Scolateli al dente e trasferiteli nella padella, unitevi il caviale, mescolate e spadellateli per un attimo. ◆ Aggiustate quindi di sale, cospargete con il formaggio grattugiato e, infine, portate in tavola.

INGREDIENTI

Rigatoni, 400 g
Caviale, 50 g
Vino bianco secco, 2 cucchiai
Emmental grattugiato, 4 cucchiai
Cipolla grossa, 1
Burro, 100 g
Olio extravergine d'oliva, 2 cucchiai
Sale

Preparazione: 20 MIN.

Difficoltà:

Vino: VALLE D'AOSTA PINOT GRIGIO

VOGLIA DI MARE

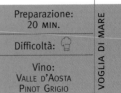

INGREDIENTI

Penne, 400 g

Ventresca di tonno,
200 g

Pomodori maturi,
400 g

Capperi sotto sale,
25 g

Cipolla, 1

Aglio, 2 spicchi

Alloro, 1 foglia

Basilico, 1 ciuffetto

Vino bianco secco,
1/2 bicchiere

Olio extravergine
d'oliva

Sale, pepe in grani

Penne profumate alla ventresca

Rosolate in alcuni cucchiai d'olio un trito di cipolla e aglio. Non appena prenderà a imbiondire, unite la ventresca di tonno spezzettata. ♦ Bagnate con il vino bianco e, dopo qualche minuto, unite i pomodori che avrete pelato, privato dei semi e tritato finemente. ♦ Condite con sale, una macinata di pepe fresco, l'alloro e i capperi sciacquati e asciugati. ♦ Lasciate cuocere per 15 minuti circa, controllando ogni tanto il grado di cottura e mescolando con attenzione. ♦ Scolate la pasta al dente e passatela nel tegame insieme al sugo di pesce per insaporirla e servite guarnendo con il basilico tritato.

VOGLIA DI MARE

Preparazione:
35 MIN.

Difficoltà:

Vino:
MONREALE GRILLO

INGREDIENTI

Pappardelle, 400 g

Polpa di branzino, 250 g

Pomodori maturi e sodi, 200 g

Aneto fresco, 15 g

Aglio, 1 spicchio

Panna, 1 dl

Vino bianco secco

Olio extravergine d'oliva

Sale

Pappardelle aneto e branzino

Lasciate insaporire qualche cucchiaio d'olio con l'aglio finemente tritato, poi unite la polpa del pesce tritata e l'aneto sminuzzato. ◆ Lasciate che il pesce si insaporisca, poi bagnate con il vino bianco e fatelo evaporare. ◆ Unite al sugo anche i pomodori che avrete pelato tuffandoli in acqua bollente, privati dei semi e tritati; lasciateli restringere, poi diluite con la panna e infine salate. ◆ Fate cuocere su fiamma moderata finché il sughetto non avrà raggiunto la giusta consistenza. ◆ Condite quindi con questo sugo le pappardelle, che avrete nel frattempo lessato al dente in abbondante acqua salata.

VOGLIA DI MARE

Preparazione: 30 MIN.

Difficoltà:

Vino: BREGANZE PINOT BIANCO

Spaghetti marinari alla chitarra

Dopo averli ben lavati, fate aprire i cannolicchi mettendoli in un tegame a fiamma vivace insieme al vino; separate poi i
molluschi dai gusci, ricordandovi di te-
nerne alcuni interi per la decorazione finale, e filtrate il liquido che rimane sul
fondo del tegame. ♦ In qualche cucchiaio
d'olio fate rosolare un trito d'aglio e il peperoncino spezzettato, poi unite i pomodori pelati, privati dei semi e grossolanamente affettati; salate e fate cuocere per
15 minuti circa. ♦ Allungate il sugo con il
liquido di cottura dei cannolicchi e, dopo
10 minuti, unite anche i molluschi tagliati a pezzetti. ♦ Fate cuocere ancora per 5
minuti prima di spegnere il fuoco. Lessate gli spaghetti in abbondante acqua salata, scolateli al dente e versateli in una
zuppiera calda. ♦ Condite la pasta con il sugo preparato, spolverate con un po' di
prezzemolo tritato, mescolate e guarnite
con i gusci tenuti da parte.

INGREDIENTI

Spaghetti
  alla chitarra, 380 g
Cannolicchi, 1 kg
Pomodori maturi,
  800 g
Aglio, 3 spicchi
Prezzemolo,
  1 mazzetto
Vino bianco secco,
  1/2 bicchiere
Peperoncino, 1
Olio extravergine
  d'oliva
Sale

Preparazione:
40 MIN.

Difficoltà: ♙ ♙ ♙

Vino:
VERDICCHIO DI MATELICA

VOGLIA DI MARE

145

INGREDIENTI

Tagliatelle, 400 g
Capesante, 12
Vermut secco, 1/2
  bicchiere
Brodo vegetale, 2 dl
Vino bianco
  secco, 1 dl
Panna liquida
  da cucina, 1 dl
Scalogno, 1
Aglio, 1 spicchio
Prezzemolo,
  1 ciuffetto
Burro, 120 g
Sale, pepe

Tagliatelle
in conchiglia

Pulite lo scalogno, tritatelo e fatelo ammorbidire al fuoco insieme con il vino e il
brodo. ♦ Lasciate ridurre il liquido della
metà a fiamma moderata, poi allungate-
lo con la panna e, mescolando, fate addensare, sempre a fiamma dolce. ♦ Incorporate alla panna 100 g di burro, quindi salate, pepate e togliete dal fuoco, mantenendo la salsa al caldo. ♦ Aprite le capesante e separate i molluschi dalle valve;
puliteli e tagliateli in due. ♦ Fate insaporire il burro rimasto con lo spicchio d'aglio
pulito e schiacciato, poi eliminate quest'ultimo e rosolate le capesante nel burro. ♦ Dopo un paio di minuti bagnatele
con il vermut e lasciate evaporare quasi
del tutto. ♦ Infine aggiustate di sale e pepe, spolverate di prezzemolo tritato, spegnete e tenete al caldo. ♦ Cuocete le tagliatelle al dente, scolatele, riversatele in
una zuppiera e conditele con la salsa al
burro, guarnendole con le capesante.

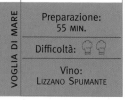

VOGLIA DI MARE

Preparazione:
55 MIN.

Difficoltà: ♙♙

Vino:
LIZZANO SPUMANTE

146

INGREDIENTI

Penne, 400 g
Salmone
 affumicato, 200 g
Gherigli di noce, 10
Pistacchi spellati,
 50 g
Scalogno, 1
Uovo, 1
Cognac, 1 cucchiaio
Olio extravergine
 d'oliva
Sale, pepe in grani

Pennette
con noci e salmone

Fate soffriggere in qualche cucchiaio d'olio un trito fine di scalogno con uno più grossolano di noci e pistacchi. ♦ Dopo qualche minuto bagnate con un goccio di cognac e lasciate evaporare, poi unite il salmone tagliato a filettini e una macinata di pepe fresco; lasciate insaporire ancora per qualche istante, quindi spegnete il fuoco. ♦ In una zuppiera mescolate il tuorlo d'uovo con qualche cucchiaio d'olio e un pizzico di sale; lessate la pasta in abbondante acqua salata, scolatela al dente e versatela nella zuppiera con l'uovo. ♦ Condite con il sugo, amalgamate con cura e portate in tavola.

VOGLIA DI MARE

Preparazione:
25 MIN.

Difficoltà: ♟ ♟

Vino:
CORTESE DI GAVI

Linguine con scampi e limone

INGREDIENTI

Linguine, 380 g
Scampi
  (non troppo grossi),
  400 g
Limone, 1
Aglio, 1 spicchio
Prezzemolo, 1
  mazzetto
Peperoncino
  in polvere
Olio extravergine
  d'oliva
Sale

Per assaporare tutto il gusto di questo primo piatto, dovrete preparare il sugo al momento; utilizzate quindi il tempo di cottura delle linguine. ♦ Pulite e lavate gli scampi, fateli asciugare e tagliateli in due nel senso della lunghezza. ♦ In un tegame capiente fate insaporire abbondante olio con lo spicchio d'aglio schiacciato; non appena quest'ultimo si sarà colorito toglietelo e mettete a cottura gli scampi. ♦ Salate, insaporite con un pizzico di peperoncino e cuocete per circa 10 minuti rivoltando i crostacei di tanto in tanto. ♦ Nel frattempo lessate la pasta in acqua bollente salata, scolatela al dente e passatela nel tegame degli scampi; conditela con il succo del limone, la scorza (solo la parte gialla) tagliata a filetti sottili e una manciata di prezzemolo finemente tritato. ♦ Mescolate con cura in modo da far insaporire e servite in tavola in una zuppiera ben calda.

Preparazione:
20 MIN.

Difficoltà: ♟ ♟

Vino:
FIANO DI AVELLINO

VOGLIA DI MARE

INGREDIENTI

Tagliolini all'uovo,
380 g

Radicchio rosso
di Treviso, 1 cespo

Cipolla, 1

Arancia
non trattata, 1

Code
di gamberoni, 16

Aglio, 1 spicchio

Cognac, 3 cucchiai

Vino bianco secco,
3 cucchiai

Olio extravergine
d'oliva

Sale, pepe

Preparazione:
35 MIN.

Difficoltà: ♀

Vino:
FRIULI GRAVE ROSATO

Tagliolini gamberoni e scorze d'arancia

Riducete la scorza dell'arancia a striscioline e mettetele sul fuoco per pochi minuti; da metà arancia ricavate il succo. ♦ Lavate il radicchio, pulitelo e tagliatelo a listarelle sottili. Tritate la cipolla, mettetela in un tegame con dell'olio e fatela dorare. Aggiungete 3-4 cucchiai d'acqua, coprite il tegame e fate cuocere a fiamma bassa per circa 15 minuti. Unite poi il radicchio e cuocetelo scoperto per qualche minuto. ♦ Bagnate con il succo d'arancia e un cucchiaio di cognac, fate evaporare e proseguite la cottura, a tegame coperto, per 15 minuti, aggiungendo la scorza a fine cottura. ♦ Scaldate un po' d'olio in una padella con l'aglio diviso a metà e fatevi rosolare le code di gamberoni 1/2 minuto per parte. ♦ Irrorate con il vino e il cognac rimasto, fate evaporare a fiamma vivace, mettete di nuovo il coperchio e fate cuocere per un altro minuto. ♦ Sgusciate le code dei gamberoni, dividetele a metà nel senso della lunghezza, e aggiungetele nel tegame con il radicchio cotto. ♦ Fate lessare i tagliolini in acqua bollente con un cucchiaio d'olio, scolateli, versateli nel tegame con il condimento e mescolate bene prima di servire.

INGREDIENTI

Trenette, 400 g
Telline, 1 kg
Pomodori pelati,
    200 g
Aglio, 2 spicchi
Vino bianco,
    1 bicchiere
Prezzemolo
Olio extravergine
    d'oliva
Sale, pepe

Trenette
e telline al bianco

Lavate le telline e mettetele in una padella per farle aprire. Sgusciatele e mettete da parte la loro acqua. ♦ Fate soffriggere in una padella l'olio con 2 spicchi d'aglio tritati e un po' di prezzemolo tritato. Unite i pelati, sale e pepe. ♦ Cuocete per circa mezzora; a metà cottura versate il vino e dieci minuti prima della fine aggiungete le telline, la loro acqua e un po' di prezzemolo tritato. ♦ Cuocete la pasta in abbondante acqua salata. Dopo aver scolato le trenette conditele con la salsa di telline e portatele subito in tavola.

Preparazione:
1 H

Difficoltà: ♙ ♙

Vino:
COLLI DI LUNI BIANCO

Pappardelle con seppie e cozze

Pulite le seppie, togliendo loro i sacchettini dell'inchiostro e tenendoli da parte. Poi tagliatele a listarelle. ◆ Sbucciate la cipolla, affettatela sottilmente e fatela soffriggere in una casseruola con metà dell'olio. ◆ Aggiungetevi le seppie, fatele rosolare per qualche minuto, bagnatele con il vino, lasciatelo evaporare, unitevi i sacchettini dell'inchiostro e i pomodori pelati schiacciati con una forchetta. ◆ Proseguite la cottura a fuoco moderato, mettendo un coperchio e mescolando di tanto in tanto. ◆ Nel frattempo pulite il peperone, tagliatelo a sottili listarelle e fatelo saltare in un tegame con l'olio rimanente. ◆ Dopo alcuni minuti di cottura unitevi le cozze e lasciate cuocere a fuoco moderato per una 10 minuti. ◆ Versate quindi le cozze e i peperoni nella casseruola in cui sono state cotte le seppie, salate, pepate e lasciate cuocere a fiamma moderata ancora per alcuni minuti, mescolando così che i sapori possano amalgamarsi. ◆ Intanto fate cuocere in abbondante acqua le pappardelle. ◆ Lasciatele cuocere al dente, scolatele e conditele con il sugo di seppie e cozze.

INGREDIENTI

Pappardelle, 380 g
Seppie, 350 g
Cozze, 200 g
Cipolla, 1/2
Vino bianco secco, 1/2 bicchiere
Pomodori pelati, 200 g
Peperone giallo, 1/2
Olio extravergine d'oliva, 1/2 bicchiere
Sale, pepe

Preparazione: 50 MIN.

Difficoltà: 🍄🍄🍄

Vino: ARGOLE GARGANEGA

VOGLIA DI MARE

153

Penne rigate, 400 g
Agoni sottolio,
 8 filetti
Cipollina, 1
Aglio, 2 spicchi
Passata
 di pomodoro,
 300 g
Prezzemolo,
 1 ciuffetto
Olive nere,
 1 manciata
Capperi, 2 cucchiai
Paprica
Burro
Olio extravergine
 d'oliva
Sale

Penne rigate con agoni e olive

Fate soffriggere in una padella con poco olio e una noce di burro la cipolla tritata e gli spicchi d'aglio interi; unite i filetti di agoni, i capperi tritati, le olive snocciolate e la passata di pomodoro fresco. ♦ Fate cuocere per una decina di minuti e alla fine aggiungete il prezzemolo tritato e un pizzico di paprica. ♦ Lessate la pasta in abbondante acqua salata, scolatela al dente, conditela con il sugo preparato e servite.

VOGLIA DI MARE

Preparazione:
25 MIN.

Difficoltà:

Vino:
ISCHIA PIEDIROSSO

INGREDIENTI

Sedanini, 400 g

Filetti di merluzzo, 400 g

Cipolla, 1

Capperi sotto sale, 2 cucchiai

Olive verdi snocciolate, 2 cucchiai

Vino bianco, 1 bicchiere

Limone, 1

Prezzemolo tritato, 1 manciata

Olio extravergine d'oliva

Sale, pepe

Sedanini saporiti con merluzzo e olive

In una padella con qualche cucchiaio d'olio d'oliva fate appassire la cipolla tritata, poi unite i filetti di merluzzo e fateli rosolate a fiamma media da entrambe le parti. ♦ Bagnate con il vino e continuate la cottura ancora per qualche minuto. Regolate di sale, pepate e togliete il merluzzo dalla padella. ♦ Dissalate i capperi, tritateli finemente con le olive snocciolate e versate il trito nel sugo di cottura del merluzzo, lasciando cuocere per circa 2 minuti a fiamma vivace. ♦ Tagliate a bastoncini i filetti di merluzzo e fateli cuocere per altri 2 minuti nel sugo. Irrorate con il succo del limone, spolverizzate con il prezzemolo tritato e togliete dal fuoco. ♦ Nel frattempo lessate i sedanini in abbondante acqua salata, scolateli al dente e conditeli con il sugo di pesce ottenuto.

VOGLIA DI MARE

Preparazione: 30 MIN.

Difficoltà:

Vino: SANNIO FIANO

Pennette asparagi e gamberetti

Mondate gli asparagi e lessateli al dente; fateli intiepidire e tagliate la parte verde a rondelle. ♦ In un tegame con qualche cucchiaio d'olio rosolate i gamberetti, bagnateli con il vino e quando questo sarà quasi del tutto evaporato unite gli asparagi e mescolate. ♦ In una scodella amalgamate la panna con la salsa di pomodoro (vedi pag. 122), poi versate il tutto sui gamberetti, salate, pepate e fate insaporire a fiamma bassa per alcuni minuti. ♦ Fate intanto cuocere la pasta. ♦ Amalgamate le pennette al sugo sul fuoco con un giro d'olio e cospargete di prezzemolo tritato.

INGREDIENTI

Penne, 400 g
Gamberetti sgusciati, 100 g
Punte di asparagi, 100 g
Salsa di pomodoro, 3 cucchiai
Prezzemolo
Panna liquida, 1 dl
Vino bianco secco, 1/2 bicchiere
Olio extravergine d'oliva
Sale, pepe

Preparazione: 40 MIN.

Difficoltà:

Vino: EST! EST! EST! DI MONTEFIASCONE SECCO

VOGLIA DI MARE

Pasta con verdure

☞ Sommario ☜

Eliche con crema di peperoni e spinaci

Lavate accuratamente le falde di peperone, sgocciolatele bene, tagliatele a dadini e unitele in una ciotola alla ricotta e alle foglie di prezzemolo tritate. ♦ Aggiungete un po' di latte e diluite il tutto mescolando bene, in modo da ottenere una crema morbida. ♦ Lessate gli spinaci, strizzateli bene togliendo l'acqua in eccesso e tritateli grossolanamente. ♦ Mettete il burro e l'aglio in un tegame, fate dorare, unite poi gli spinaci e fateli insaporire. ♦ Aggiungete infine anche i pinoli (lasciandone alcuni per guarnire), fate cuocere ancora per alcuni minuti, dopodiché spegnete il fuoco. ♦ Mettete la pasta a cuocere in abbondante acqua salata e scolatela al dente. ♦ Condite le eliche con la crema ai peperoni preparata in precedenza e disponetele a strati sui piatti da portata, alternando con gli spinaci. ♦ Per completare distribuite sulla superficie il parmigiano grattugiato, a scaglie e guarnite con i pinoli rimasti (*foto della ricetta alle pagine precedenti*).

INGREDIENTI

Eliche, 380 g
Spinaci, 900 g
Pinoli, 1 manciata
Ricotta, 200 g
Peperone abbrustolito sottolio, 2 falde
Foglie di prezzemolo tritato, 1 cucchiaio
Latte
Aglio, 1 spicchio
Burro, 30 g
Sale, pepe

PER COMPLETARE:
Parmigiano grattugiato e a scaglie
Pinoli

Preparazione: 25 MIN.

Difficoltà: 🍼🍼

Vino: BOSCO ELICEO MERLOT

PASTA CON VERDURE

Bigoli, 400 g
Finocchi, 2
Passata
  di pomodoro, 150 g
Cipolla, 1
Prezzemolo,
  1 mazzetto
Parmigiano
  grattugiato
Olio extravergine
  d'oliva
Sale

Bigoli
con sugo ai finocchi

Mondate e lavate i finocchi, tagliateli in quarti e scottateli in acqua salata. ♦ Tritate la cipolla assieme al prezzemolo e fateli soffriggere a fuoco basso con un filo d'olio in un tegame. ♦ Appena la cipolla appassisce, unite al soffritto i finocchi tritati e lasciateli cuocere per 10 minuti. ♦ Aggiungete poi la passata di pomodoro e una presa di sale e fate proseguire la cottura a tegame coperto fino a quando i finocchi non saranno diventati teneri e ben amalgamati al sugo. ♦ A questo punto lessate i bigoli in abbondante acqua salata, scolateli al dente e riversateli in una zuppiera. ♦ Condite con il sugo bollente, una spolverata di parmigiano e, a piacere, un filo di ottimo olio extravergine d'oliva, quindi servite.

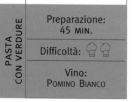

PASTA
CON VERDURE

Preparazione:
45 MIN.

Difficoltà:

Vino:
POMINO BIANCO

Farfalle dolci ai piselli

Mettete i piselli sgranati in una padella con l'olio, la carota pulita, lavata, asciugata e tagliata a dadini piccoli e le cipolle sbucciate e tritate finemente. ♦ Fate saltare le verdure per qualche minuto a fuoco vivace, poi abbassate la fiamma e lasciate stufare per circa mezzora a calore moderato, coprendo con un coperchio e aggiungendo poca acqua calda. ♦ A cottura ultimata, aggiungete ai piselli la panna e lasciate sul fuoco ancora qualche istante in modo che il tutto possa insaporirsi bene. ♦ Mentre il condimento cuoce, lessate la pasta in abbondante acqua salata, scolatela al dente e versatela in una zuppiera calda, condendola con le verdure stufate e aggiungendo, da ultimo, una spolverata di prezzemolo tritato.

INGREDIENTI

Farfalle, 400 g
Piselli freschi sgranati, 500 g
Cipolle di media grandezza, 2
Carota, 1
Panna da cucina, 2,5 dl
Prezzemolo, 1 mazzetto
Olio extravergine d'oliva
Sale

Preparazione: 45 MIN.

Difficoltà: 🍳🍳

Vino: PORNASSIO

PASTA CON VERDURE

Bucatini, 380 g
Porri, 200 g
Zucca, 400 g
Maggiorana,
  qualche rametto
Latte, 2 dl
Panna fresca, 1 dl
Burro, 60 g
Sale, pepe

Bucatini cremosi con zucca e porri

Riducete la polpa della zucca a dadini, cuoceteli a vapore per 15 minuti e schiacciatene 3/4 con i rebbi di una forchetta. ◆ In un tegame fate fondere 30 g di burro, unite poi la polpa di zucca schiacciata, il latte e la panna, salate, pepate e cuocete per 7-8 minuti circa, fino a ottenere una crema abbastanza densa. ◆ Dopo aver pulito i porri, privandoli della parte verde, della radice e delle foglie esterne più dure, tagliateli a rondelle e mettetele in un tegame con il resto del burro la maggiorana, sale e pepe. ◆ Fate cuocere il tutto a fuoco medio per circa 10 minuti, unendo, se necessario, un po' d'acqua per impedire che il fondo di cottura si asciughi, e aggiungendo i dadini di polpa di zucca rimasti negli ultimi 2 minuti di cottura. ◆ Nel frattempo lessate i bucatini in abbondante acqua salata, scolateli al dente e conditeli con la crema di zucca, i porri e servite.

PASTA
CON VERDURE

Preparazione:
45 MIN.

Difficoltà: ♙ ♙

Vino:
ALTO ADIGE TERLANO

INGREDIENTI

Fusilli, 400 g
Scarola, 400 g
Melagrane, 2
Ricotta, 150 g
Olio extravergine
  d'oliva
Sale, pepe

Fusilli melagrana e scarola

Mondate e lavate la scarola, quindi tagliatela a listarelle e lessatela nell'acqua in cui avrete già messo a cuocere la pasta. ◆ Nel frattempo lavorate, in una zuppiera tiepida, la ricotta con un paio di cucchiai d'acqua di cottura della pasta; salate, pepate e aggiungete al composto i chicchi delle melagrane. ◆ Scolate la pasta al dente assieme alla verdura, poi versate tutto nella zuppiera con la ricotta e la melagrana amalgamando con cura e condendo con un filo d'olio extravergine crudo. ◆ Servite in tavola il tutto ancora caldo.

Preparazione:
30 MIN.

Difficoltà: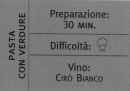

Vino:
CIRÒ BIANCO

Melagrana

È il frutto del melograno (Punica granatum), pianta originaria della Persia e molto diffusa nell'area mediterranea, tipica dei climi caldi e temperati. Il frutto contiene grani polposi (i semi), rossi e traslucidi, dal sapore acidulo e dall'aroma intenso ed è piuttosto ricco di calorie e di carboidrati. La melagrana è stata molto usata nella cucina medievale: se ne spremeva il succo da unire a salse e sughi o da usare come leggero acidificante al posto dell'aceto.

166

Pappardelle in verde

Lavate i peperoni, tagliateli nel senso della lunghezza e privateli dei filamenti, del torsolo e dei semi, quindi metteteli in una teglia con poco olio e infornateli fino a quando diventeranno morbidi. ◆ A questo punto spellateli delicatamente e tagliateli a listarelle, conservando anche il liquido di cottura. ◆ Mondate i pomodori, sbollentateli e pelateli, poi tagliateli a filetti e versateli in un tegame con un po' d'olio e l'aglio tritato molto finemente; lasciate cuocere per alcuni minuti, quindi unite i peperoni. ◆ Aggiustate di sale e pepe, fate cuocere ancora per 10-15 minuti e, poco prima di spegnere il fuoco, unite al sugo il prezzemolo tritato. ◆ Lessate le pappardelle in abbondante acqua salata, scolatele al dente e versatele in una zuppiera insieme al sugo, spolverate a piacere con il pecorino, mescolate e servite.

INGREDIENTI

Pappardelle, 380 g

Peperoni verdi, 400 g

Pomodori perini, 400 g

Aglio, 1 spicchio

Prezzemolo, 1 mazzetto

Pecorino grattugiato

Olio extravergine d'oliva

Sale, pepe

Preparazione: 40 min.

Difficoltà:

Vino:
FRIULI GRAVE
PINOT BIANCO

PASTA CON VERDURE

167

Tagliolini, 400 g
Asparagi, 250 g
Cavolo cappuccio,
  200 g
Gorgonzola
  piccante, 150 g
Sesamo nero, 20 g
Burro, 80 g
Olio extravergine
  d'oliva, 2 cucchiai
Sale, pepe

Tagliolini
asparagi e zola

Lavate e tagliate gli asparagi a rondelle in diagonale, saltateli in una padella a fuoco vivo con 2 cucchiai d'olio e un pizzico di sale. ♦ Unite il gorgonzola tagliato a tocchettini e poca acqua. Lasciate sciogliere a fuoco dolce e mettete da parte. ♦ Tostate i semi di sesamo in una padella o in forno per alcuni minuti. ♦ Tagliate il cavolo cappuccio a listarelle. ♦ Cuocete i tagliolini al dente insieme al cavolo; scolate e versate pasta e cavolo nella padella lasciando un po' d'acqua di cottura. ♦ Aggiungete il burro, il condimento di gorgonzola e asparagi, e saltate in padella amalgamando bene. ♦ Spolverizzate di pepe nero e cospargete di semi di sesamo. Mescolate e portate in tavola.

PASTA
CON VERDURE

Preparazione:
40 MIN.

Difficoltà: 🍳

Vino:
LOAZZOLO

Vermicelli ai porri

INGREDIENTI

Vermicelli, 400 g
Porri di media
  grandezza, 4
Pomodoro, 1
Tamari, 1 cucchiaio
Olio extravergine
  d'oliva
Sale

Pulite accuratamente i porri privandoli delle estremità verdi più legnose, quindi tagliateli a rondelle di 1 cm circa. ♦ Saltateli poi con poco olio e stufateli per una decina di minuti a fuoco basso e tegame coperto. ♦ Nel frattempo lavate e tagliate a pezzi il pomodoro, quindi aggiungetelo ai porri. ♦ Lasciate cuocere a fuoco lento per 20 minuti circa dopo aver bagnato le verdure con un bicchiere d'acqua calda, poi unite il tamari e una presa di sale. ♦ Cuocete la pasta in abbondante acqua salata, scolatela al dente, conditela con il sugo ben caldo e portatela in tavola.

PASTA CON VERDURE

Preparazione:
40 min.

Difficoltà: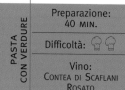

Vino:
Contea di Scaflani
Rosato

170

Farfalle saporite ai peperoni

Mondate i peperoni, privandoli dei semi e dei filamenti interni, quindi passateli in forno dentro una teglia unta d'olio, in modo da farli ammorbidire e (sempre con una certa dose di pazienza) riuscire a liberarli della pellicina esterna. ♦ Tagliateli poi a filetti e conservate l'eventuale sugo di cottura. ♦ In un tegame fate insaporire alcuni cucchiai d'olio con gli spicchi d'aglio schiacciati; non appena l'aglio prende colore toglietelo e mettete a cottura i peperoni con il loro sugo. ♦ Lasciateli insaporire, quindi aggiungete i pomodori, che avrete nel frattempo pelato (tuffandoli per qualche istante in acqua bollente), privato dei semi e grossolanamente tritato. ♦ Dopo una decina di minuti di cottura a fiamma vivace unite anche i capperi, sciacquati sotto acqua corrente e asciugati, quindi regolate di sale; proseguite la cottura per altri 10 minuti e, poco prima di spegnere il fuoco, insaporite con un po' di peperoncino e il basilico sminuzzato. ♦ Lessate quindi le farfalle in abbondante acqua salata, scolatele al dente e conditele con il sugo ai peperoni dentro a una zuppiera calda.

INGREDIENTI

Farfalle, 400 g
Peperoni rossi e gialli, 400 g
Pomodori maturi e sodi, 400 g
Aglio, 2 spicchi
Capperi sotto sale, 50 g
Basilico, qualche foglia
Peperoncino in polvere
Olio extravergine d'oliva
Sale

Preparazione: 50 MIN.

Difficoltà: 😀 😀 😀

Vino: CILENTO AGLIANICO

PASTA CON VERDURE

Maccheroncini,
  400 g
Broccoletti, 500 g
Uva passa, 50 g
Pinoli, 50 g
Cipolla, 1
Olio extravergine
  d'oliva
Sale, pepe

Maccheroncini dolci ai broccoletti

Mondate e lessate i broccoletti al dente, conservando l'acqua di cottura. ♦ Nel frattempo mettete l'uva passa in poca acqua tiepida perché si ammorbidisca, affettate sottilmente la cipolla e fatela stufare in un po' d'olio insieme ai pinoli e all'uva passa scolata, mantenendo il fuoco basso. ♦ Quando la cipolla inizia a disfarsi aggiungete i broccoletti e lasciateli insaporire per qualche minuto, poi aggiungete un pizzico di sale e uno di pepe e spegnete il fuoco. ♦ Lessate la pasta nell'acqua di cottura dei broccoletti, scolatela al dente e conditela in una zuppiera con il sugo, aggiungendo a piacere un filo di ottimo olio extravergine d'oliva. ♦ Mescolate con cura e servite.

PASTA
CON VERDURE

Preparazione:
30 MIN.

Difficoltà: 🍳🍳

Vino:
TRENTINO LAGREIN
ROSATO

Tagliatelle, 400 g
Peperone verde, 1
Peperone giallo, 1
Curry, 1 cucchiaio
Basilico fresco,
 5 foglie
Aglio, 2 spicchi
Olio extravergine
 d'oliva,
 6-8 cucchiai
Sale

Tagliatelle ai peperoni e curry

Lavate anzitutto i peperoni, asciugateli, privateli del torsolo e dei semi, tagliateli a fettine e scottateli in un tegame con l'olio per alcuni minuti. ◆ Abbassate quindi la fiamma, aggiungete il curry e ammorbiditeli stufandoli a tegame coperto per una ventina di minuti, mescolando di tanto in tanto con il cucchiaio di legno e aggiustando infine di sale. ◆ Passate poi alla cottura della pasta: mettete sul fuoco una pentola, portate l'acqua a ebollizione, salate e buttate le tagliatelle. ◆ Portatele a cottura, scolatele e riversatele nel tegame nel quale avete cucinato i peperoni, aggiungetevi le foglie di basilico sminuzzate grossolanamente, l'aglio sbucciato e affettato finemente e un filo d'olio. ◆ Per concludere, mescolate accuratamente il tutto e, dopo aver lasciato sul fuoco per un paio di minuti, portate in tavola.

PASTA CON VERDURE

Preparazione:
35 MIN.

Difficoltà: 😊 😊

Vino:
COSTE DELLA SESIA
VESPOLINA

Spaghetti ricchi

Fate rassodare le uova cuocendole per 10 minuti (contandoli da quando l'acqua inizia a bollire), quindi raffreddatele sotto l'acqua corrente e sgusciatele. ◆ Mondate i carciofi eliminando le spine e le foglie dure, quindi tagliateli a sottili fettine e metteteli in acqua acidulata con il succo del limone. ◆ Fate scaldare l'olio e metà del burro in una casseruola, unitevi i carciofi ben scolati, lasciateli insaporire per alcuni minuti, poi bagnateli con il vino bianco, regolate di sale e pepe e fate proseguire la cottura a fiamma bassa per circa mezzora. ◆ Tagliate a metà le uova sode, conservate i tuorli in una ciotola e riducete a dadini gli albumi, mettendoli in una terrina. ◆ Ai tuorli aggiungete il burro rimasto, amalgamate il tutto con molta cura servendovi di una forchetta, quindi unite il composto ai carciofi quando mancano pochi minuti al termine della cottura. ◆ Lessate gli spaghetti in abbondante acqua salata, scolateli al dente e versateli nella terrina con gli albumi, condendo infine con il sugo ai carciofi. ◆ Mescolate il tutto con cura e portate in tavola in una zuppiera calda.

INGREDIENTI

Spaghetti, 400 g
Carciofi, 4
Uova, 2
Limone, 1
Vino bianco secco,
   1/2 bicchiere
Burro, 30 g
Olio extravergine
   d'oliva
Sale, pepe

Preparazione:
45 MIN.

Difficoltà: 🍴🍴

Vino:
SANTA MARGHERITA
DI BELICE ROSSO

PASTA
CON VERDURE

Reginette, 400 g

Pomodori maturi e sodi, 500 g

Olive nere e verdi, 150 g

Capperi sotto sale, 2 cucchiai

Aglio, 1 spicchio

Basilico

Olio extravergine d'oliva

Sale

Reginette ai tre colori

Dopo aver sbollentato i pomodori, sbucciateli, privateli dei semi e tritateli. ◆ In un tegame fate insaporire alcuni cucchiai d'olio con un trito d'aglio, quindi, prima che prenda colore, unite i pomodori, le olive verdi sminuzzate e quelle nere semplicemente snocciolate, i capperi sciacquati sotto acqua corrente e asciugati. Salate e fate cuocere a fuoco moderato. ◆ Lessate intanto le reginette in abbondante acqua bollente salata e scolatele al dente. ◆ Conditele con il sugo a cui avrete aggiunto, poco prima di toglierlo dal fuoco, un po' di basilico sminuzzato.

PASTA CON VERDURE

Preparazione: 25 min.

Difficoltà:

Vino: Vicenza Cabernet

Fusilli con le fave

INGREDIENTI

Fusilli, 400 g
Fave fresche, 400 g
Pomodori maturi
  e sodi, 400 g
Aglio, 2 spicchi
Basilico, qualche
  foglia
Peperoncino
  in polvere
Olio extravergine
  d'oliva
Sale

Pulite le fave eliminando l'"occhietto" nero, quindi mettetele a cottura in un tegame in cui avrete fatto rosolare un trito di aglio in qualche cucchiaio d'olio. ◆ Lasciate un po' insaporire, dopodiché unite i pomodori che avrete pelato, dopo averli tuffati in acqua bollente, privato dei semi e tritato. ◆ Condite con una presa di sale e un pizzico di peperoncino e proseguite la cottura a fiamma moderata, unendo di tanto in tanto un po' d'acqua calda, per circa 20 minuti; prima di spegnere il fuoco insaporite con le foglie di basilico spezzettate. ◆ Lessate la pasta in abbondante acqua salata, quindi scolatela al dente e conditela con il sugo di fave e un filo d'olio extravergine crudo.

PASTA
CON VERDURE

Preparazione:
40 MIN.

Difficoltà:

Vino:
SQUINZANO ROSSO

178

Spaghetti alla carbonara vegetale

Per cominciare occupatevi delle verdure: mondatele, pulitele, lavatele e asciugatele, poi affettate la cipolla e il cavolo e tagliate a pezzetti le zucchine e il peperone. ◆ In un tegame versate 5 cucchiai d'olio e fatevi saltare le verdure, cominciando dalla cipolla e aggiungendo quindi il peperone, la foglia di cavolo e, per ultime, le zucchine. ◆ Dopo averle salate, fatele stufare per poco più di un quarto d'ora a fuoco moderato e tegame coperto. ◆ Nel frattempo mettete sul fuoco una pentola per la cottura della pasta: portate l'acqua a ebollizione, salatela e calatevi gli spaghetti. ◆ Quando sono cotti a puntino, scolateli e versateli nel tegame delle verdure, aggiungetevi l'olio rimanente e le uova sbattute e insaporite con un po' di noce moscata e lasciate sul fuoco il tutto per un paio di minuti, mescolando con il cucchiaio di legno. ◆ Portate in tavola servendo a parte il formaggio parmigiano grattugiato.

INGREDIENTI

Spaghetti, 400 g
Zucchine di media grandezza, 6
Peperone giallo, 1/2
Cavolo, 1 foglia
Uova, 2
Cipolla, 1
Noce moscata
Parmigiano grattugiato
Olio extravergine d'oliva, 7 cucchiai
Sale

Preparazione: 40 min.

Difficoltà: 🍴🍴

Vino: RIVIERA DEL GARDA BRESCIANO BIANCO

PASTA CON VERDURE

Linguine, 400 g
Zucchine grandi, 4
Ricotta salata, 80 g
Zafferano, 2 bustine
Burro, 40 g
Olio extravergine
  d'oliva
Sale

Linguine gialle e verdi

Lavate accuratamente le zucchine e tagliatele a dischetti sottili. ◆ Mettete i dischetti in una padella con dell'olio bollente e fateli friggere a fuoco non troppo vivace. ◆ Fate cuocere le linguine in abbondante acqua salata e nel frattempo fate sciogliere il burro a bagnomaria. ◆ Unite poi al burro le due bustine di zafferano e fatele sciogliere. ◆ Scolate le linguine al dente e conditele prima con il burro fuso e lo zafferano e poi con le zucchine fritte, aggiungendo un po' d'olio d'oliva a crudo. ◆ Prima di portare in tavola aggiungete la ricotta salata a scaglie.

PASTA
CON VERDURE

Preparazione:
20 MIN.

Difficoltà:

Vino:
SANT'ANTIMO BIANCO

Maccheroni, 400 g

Zucca, 600 g

Pomodori maturi e sodi, 200 g

Cipolla piccola, 1

Panna da cucina, 1/2 bicchiere

Pecorino grattugiato, 4 cucchiai

Peperoncino rosso in polvere

Olio extravergine d'oliva

Sale

Maccheroni rossi alla zucca

Mondate la zucca della buccia, eliminatene i semi e tagliatene la polpa a dadini piuttosto piccoli. ◆ Tuffate i pomodori in acqua bollente, in modo da poterli pelare senza difficoltà, tagliateli a pezzi e privateli dei semi. ◆ Cuocete la zucca in un tegame assieme ad alcuni cucchiai d'olio, alla cipolla sbucciata e tritata e ai pomodori pelati e fatti a pezzi. ◆ Dopo alcuni minuti di cottura a fiamma vivace, abbassate il fuoco e mantenete una fiamma moderata per una ventina di minuti, coprendo il tegame con il coperchio e aggiustando di sale solamente prima di togliere il tegame dal fuoco. ◆ Mettete sul fuoco la pentola per la cottura della pasta, portate l'acqua a ebollizione, salatela, calatevi i maccheroni e cuoceteli a dovere. ◆ Scolateli e riversateli in una zuppiera, aggiungeteci il condimento di zucca e pomodori, la panna, il formaggio pecorino grattugiato e un po' di peperoncino in polvere, mescolateli per bene e servite.

PASTA CON VERDURE

Preparazione: 40 MIN.

Difficoltà: 😊 😊

Vino: CORTONA RIESLING ITALICO

Sedanini con verdure estive

Dopo aver lavato e pulito le verdure, tritate la cipolla, tagliate a listarelle i peperoni e a rondelle sottili le zucchine. ♦ Versate le verdure in un tegame e fatele saltare in poco olio, cominciando dalla cipolla e aggiungendo i peperoni e le zucchine. ♦ Dopo aver salato, fatele cuocere a fuoco lento per 15-20 minuti. Nel frattempo fate cuocere i sedanini in abbondante acqua salata. ♦ Quando la pasta è cotta al dente, scolatela e versatela nel tegame delle verdure, bagnate con poco olio e fate insaporire il tutto per un paio di minuti, a fuoco piuttosto moderato, mescolando con cura. ♦ Prima di portate in tavola aggiungete il pecorino grattugiato e a scaglie.

INGREDIENTI

Sedanini, 380 g
Zucchine, 6
Cipolla, 1
Peperone giallo, 1/2
Peperone rosso, 1/2
Pecorino grattugiato
  e a scaglie
Olio extravergine
  d'oliva
Sale

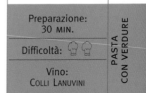

Preparazione:
30 MIN.

Difficoltà:

Vino:
COLLI LANUVINI

PASTA CON VERDURE

Rigatoni addolciti con cavolfiore

INGREDIENTI

Rigatoni, 380 g
Cavolfiore, 1
Cipolla, 1
Uva passa,
 1 cucchiaio
Pinoli, 1 cucchiaio
Acciughe
 sotto sale, 2
Pecorino
Peperoncino rosso
Olio extravergine
 d'oliva
Sale

Separate le infiorescenze del cavolfiore, lavatele e scottatele in acqua salata bollente. ◆ Tritate la cipolla e fatela ammorbidire nell'olio, quindi unite le acciughe pulite dal sale stemperandole nel condimento. ◆ Aggiungete il cavolo e portate a cottura aiutandovi con acqua calda salata. ◆ Poco prima di spegnere controllate il sale, insaporite con peperoncino e unite i pinoli e l'uva passa prima lasciata ammorbidire in acqua tiepida e asciugata. ◆ Spolverate la pasta con pecorino grattugiato o, se fresco, tagliato a dadini.

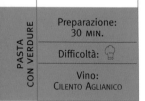

PASTA CON VERDURE

Preparazione:
30 MIN.

Difficoltà:

Vino:
CILENTO AGLIANICO

INGREDIENTI

Spaghetti, 400 g

Radicchio rosso, 400 g

Fontina, 150 g

Cipolla, 1/2

Noce moscata

Panna da cucina, 1/2 bicchiere

Peperoncino rosso in polvere

Olio extravergine d'oliva, 6 cucchiai

Sale

Spaghetti al radicchio rosso

Eliminate gran parte delle radici del radicchio, lavatelo accuratamente e tagliatelo a fettine della larghezza di circa 2 mm. ♦ Mondate la cipolla, tritatela, mettetela in un tegame con l'olio e fatela appassire a fuoco piuttosto moderato. ♦ Unitevi poi il radicchio e lasciatelo stufare, coprendo il tegame con il coperchio e inserendo una retina frangifiamma tra il tegame e la fiamma. ♦ Quando è cotto, cospargetelo di sale, di peperoncino e di noce moscata, bagnatelo con la panna e lasciatelo insaporire sul fuoco per 4 o 5 minuti, mescolandolo con un cucchiaio di legno. ♦ Quindi lessate gli spaghetti in abbondante acqua salata, scolateli ancora al dente e versateli nel tegame nel quale avete cotto il radicchio. ♦ Aggiungetevi il formaggio fontina tagliato a cubetti e mescolate il tutto con cura, versateli in una zuppiera e servite.

Trenette delicate alle verze

Pulite e affettate finemente la cipolla, poi mettetela in un tegame con un po' d'olio e le foglie d'alloro facendola soffriggere a fuoco vivo per qualche minuto. ◆ Aggiungete poi le carote, ben pulite e tagliate nel senso della lunghezza, e mescolate di tanto in tanto. ◆ Nel frattempo pulite e affettate molto finemente la verza e fatela stufare, a tegame coperto, assieme alle altre verdure; lasciate sul fuoco per una ventina di minuti a fiamma moderata. ◆ A cottura pressoché ultimata, quando la verza risulta ben ammorbidita, bagnatela con il vino bianco; lasciate che questo evapori e completate la cottura regolando di sale. ◆ Lessate le trenette in abbondante acqua salata, scolatele al dente e versatele direttamente nel tegame delle verdure. ◆ Rimestatele lasciando sul fuoco per pochi minuti, quindi servitele ben calde in una zuppiera.

INGREDIENTI

Trenette, 380 g
Cavolo verza, 500 g
Carote, 2
Cipolla, 1
Alloro, 2 foglie
Vino bianco secco
Olio extravergine d'oliva
Sale

Preparazione: 35 MIN.

Difficoltà: 🍴🍴

Vino: VALDADIGE SCHIAVA

PASTA CON VERDURE

INGREDIENTI

Mezze penne, 380 g
Mais, 1 confezione
Latte, 1 dl
Porri, 3
Parmigiano
  grattugiato
Olio extravergine
  d'oliva
Sale, pepe

Mezze penne
con mais e porri

Dopo aver pulito i porri, privandoli della parte verde, della radice e delle foglie esterne più dure, affettateli sottilmente e fateli rosolare in un tegame con un po' d'olio. ♦ Regolate di sale e pepe, abbassate la fiamma e fate cuocere a fuoco basso per circa 15 minuti. ♦ Unite il mais ben sgocciolato, il latte e fate cuocere ancora per altri 15 minuti. ♦ Nel frattempo fate lessare le mezze penne in acqua bollente salata. ♦ Appena la pasta è cotta al dente, scolatela, unitela al mais e ai porri e mescolate bene. ♦ Prima di servire, spolverizzate con abbondante parmigiano grattugiato.

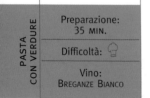

PASTA CON VERDURE

Preparazione:
35 MIN.

Difficoltà: ☺

Vino:
BREGANZE BIANCO

INGREDIENTI

Bucatini, 400 g
Cipolle grosse, 3
Timo
Parmigiano
  grattugiato
Peperoncino
  in polvere
Olio extravergine
  d'oliva
Sale

Bucatini alla cipolla e timo

Affettate sottilmente le cipolle e fatele stufare a fuoco basso con un po' d'olio per circa 15 minuti, facendo attenzione che non si attacchino al fondo del tegame (eventualmente bagnatele con qualche cucchiaio d'acqua calda). ♦ A pochi minuti alla cottura unite un pizzico di timo, una spolverata di peperoncino e regolate di sale. ♦ Lessate la pasta in abbondante acqua salata, scolatela al dente e spadellatela con le cipolle stufate. ♦ Quindi versate tutto in una zuppiera calda, condite con una spolverata di parmigiano grattugiato, un filo di ottimo olio extravergine d'oliva e portate in tavola.

PASTA
CON VERDURE

Preparazione:
30 MIN.

Difficoltà:

Vino:
AGLIANICO DEL TABURNO
ROSATO

Tagliatelle agli asparagi

INGREDIENTI

Tagliatelle verdi,
  400 g
Asparagi, 2 mazzi
Limone, 1
Noce moscata
Latte, 1/4 l
Olio extravergine
  d'oliva
Sale, pepe

Mondate gli asparagi, tagliate le punte e la parte tenera del gambo a pezzettini e rosolateli in alcuni cucchiai d'olio; condite poi con sale, pepe, noce moscata grattugiata e unite mezzo bicchiere scarso d'acqua calda. ♦ Coprite e fate cuocere a fiamma moderata per 15 minuti; non appena l'acqua si sarà asciugata, bagnate con un cucchiaio di succo di limone. ♦ Portate a termine la cottura degli asparagi (dovranno risultare ben teneri), unendo un po' alla volta il latte. ♦ Quindi frullate il tutto fino a ottenere una salsa da scaldare a fuoco basso. ♦ Nel frattempo cuocete le tagliatelle in abbondante acqua salata, scolatele al dente, conditele con la salsa e servitele ancora fumanti.

Preparazione:
40 MIN.

Difficoltà: 🎩 🎩

Vino:
TABURNO PIEDIROSSO

PASTA CON VERDURE

INGREDIENTI

Fusilli corti, 380 g

Broccoletti, 600 g

Crackers con olio extravergine d'oliva, 30 g

Paprica piccante, 1 cucchiaio

Aglio, 2 spicchi

Olio extravergine d'oliva

Sale

Fusilli dorati paprica e broccoletti

Eliminate dai broccoletti la parte finale del gambo, staccate le cimette e tagliate a bastoncini la parte tenera del gambo. ♦ Lavateli e fateli cuocete per 5 minuti in una pentola con abbondante acqua salata in ebollizione. ♦ Togliete quattro cimette dall'acqua di cottura e tenetele da parte. Mettete i fusilli nelle stessa acqua dei broccoletti e fateli cuocere insieme. ♦ Tritate l'aglio e fatelo dorare a fiamma bassa in una padella con dell'olio. ♦ Aggiungete adesso la paprica e lasciatela tostare per qualche istante. ♦ Sbriciolate i crackers nella padella del soffritto, dopo averli fatti dorare a fiamma media, toglieteli e teneteli da parte. ♦ Scolate la pasta e i broccoletti, versateli nella padella con l'olio e l'aglio e mescolate il tutto su fiamma media per qualche minuto. ♦ Cospargete con i crackers tostati e servite decorando il piatto con le cimette di broccoletti tenute da parte.

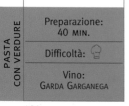

PASTA CON VERDURE

Preparazione: 40 MIN.

Difficoltà:

Vino: GARDA GARGANEGA

INGREDIENTI

Reginette, 380 g
Carciofi piccoli, 6
Aglio, 2 spicchi
Limone, 1/2
Prezzemolo,
  1 mazzetto
Parmigiano
  grattugiato, 100 g
Olio extravergine
  d'oliva
Sale, pepe

Preparazione:
30 MIN.

Difficoltà: 🍲🍲

Vino:
MOLISE SANGIOVESE

Reginette
ai carciofi teneri

Procuratevi dei carciofi piccoli e teneri. Togliete le foglie esterne più dure, le eventuali spine e infine la barba interna. ◆ Lavateli accuratamente e quindi tagliateli a spicchi di circa 1 cm. Lasciateli qualche minuto in acqua con poco succo di limone e adagiateli poi a raggiera in una pentola con un leggero strato d'olio sul fondo. ◆ Aggiungete gli spicchi d'aglio schiacciati e acqua sufficiente a coprire per metà i carciofi. ◆ Cuocete i carciofi a fiamma vivace e salate appena l'acqua raggiunge l'ebollizione, quindi spolverate di pepe, coprite la pentola e tenete il fuoco piuttosto basso, proseguendo la cottura finché i carciofi non risulteranno teneri e il liquido quasi del tutto ristretto. Per ultimo aggiungete il prezzemolo tritato e aggiustate di sale. ◆ Nel frattempo lessate la pasta in abbondante acqua salata, scolatela al dente e versatela in una zuppiera. Aggiungete quindi i carciofi preparati e, se necessario, un po' d'olio. ◆ Dopo aver mescolato bene in modo da amalgamare tutti gli ingredienti, spolverate con il parmigiano grattugiato e portate in tavola.

Penne primavera

Sbucciate la cipolla, affettatela e fatela appassire in un tegame con l'olio, mescolando per evitare che bruci. ◆ Aggiungete quindi le carote pulite e affettate a rondelle, il sedano mondato e tagliato a pezzetti, le zucchine pulite e affettate anch'esse a rondelle e i piselli sgranati. ◆ Stufate le verdure a fuoco moderato e tegame coperto e aggiustate di sale al termine della cottura. ◆ A questo punto aggiungete il prezzemolo mondato, lavato, asciugato e tritato. ◆ Lessate le penne in abbondante acqua salata, scolatele al dente e riversatele in una zuppiera, condendole con il sugo vegetale. ◆ Rimestate con cura, quindi portate in tavola accompagnando con il parmigiano servito a parte.

INGREDIENTI

Penne, 400 g
Piselli sgranati, 100 g
Carote, 4
Zucchine, 2
Cipolla di media grandezza, 1
Sedano, 1 gambo
Prezzemolo, 1 mazzetto
Parmigiano grattugiato
Olio extravergine d'oliva, 6 cucchiai
Sale

Preparazione: 35 MIN.

Difficoltà: 🎩 🎩

Vino: TARQUINIA ROSATO

PASTA CON VERDURE

INGREDIENTI

Creste di gallo,
  380 g
Pisellini, 200 g
Carote, 2
Scalogno, 1
Burro, 1 noce
Caprino fresco,
  1 cucchiaino
Parmigiano
  grattugiato,
  1 cucchiaino
Brodo vegetale, 1 l
Olio extravergine
  d'oliva,
  3 cucchiaini
Sale, pepe nero

Creste di gallo con crema di verdure

In una casseruola con il burro fate dorare lo scalogno tritato finemente, bagnando con un po' di brodo se necessario. ◆ Unite poi i pisellini e fate cuocere per circa 5 minuti, regolando di sale e di pepe. ◆ Continuate a cuocete, coprendo con del brodo caldo, finché i piselli diventeranno molto teneri. ◆ Frullate il tutto, aggiungendo il caprino e l'olio in modo da ottenere una crema non troppo densa, se necessario aggiungete poco brodo e aggiustate di sale. ◆ In abbondante acqua salata fate cuocere le creste di gallo. Scolatele bene al dente, versatele nella casseruola con la crema di piselli ancora fluida e terminate la cottura. ◆ Spolverate con il parmigiano grattugiato e servite aggiungendo le carote pelate, tagliate a dadini e fatte rosolare in poco olio d'oliva.

PASTA CON VERDURE

Preparazione:
20 min.

Difficoltà:

Vino:
COLLI TORTONESI CORTESE

Bucatini, 350 g

Melanzane di media grandezza, 2

Pomodori maturi piccoli, 2

Aglio, 4 spicchi

Timo tritato, 1 cucchiaino

Parmigiano grattugiato, 100 g

Olio extravergine d'oliva, 6 cucchiai

Sale, pepe

Preparazione: 50 MIN.

Difficoltà: 🍳🍳

Vino: COSTE DELLA SESIA ROSSO

Bucatini alle melanzane

Tagliate le melanzane a fette di 1 cm, dividetele in quattro parti e cospargetele leggermente di sale. Lasciatele per un po' di tempo a sgocciolare. ♦ Scottate adesso i pomodori in acqua bollente, pelateli e tagliateli a metà, in senso orizzontale. ♦ Soffriggete leggermente le melanzane in olio d'oliva, schiacciandole un poco con la paletta da fritto, in modo che non assorbano troppo olio. Una volta pronte, sistematele sulla carta assorbente. ♦ Mettete nella stessa padella i pomodori e rosolateli a loro volta nello stesso olio. ♦ Unite l'aglio pestato e il timo, salate e pepate. Unite le melanzane e fate cuocere ancora per qualche minuto. ♦ Cuocete i bucatini in abbondante acqua salata, quindi scolateli e conditeli con olio d'oliva o con fiocchetti di burro, poco sale e formaggio grattugiato. ♦ Sistemate la pasta nel recipiente di portata, ponendo il preparato di melanzane al centro.

Penne
con uova e zucchine

Spuntate e lavate le zucchine, asciugatele, affettatele e fatele trifolare in una padella con alcuni cucchiai d'olio e gli spicchi
d'aglio sbucciati e tritati, aggiustando di
sale poco prima di togliere dal fuoco,
quando aggiungerete anche le foglie di
basilico sminuzzate. ◆ Quindi passate alla cottura della pasta in abbondante acqua
salata e, dopo averla scolata, conditela
con le zucchine, le uova sbattute e un pizzico di peperoncino. ◆ Lasciatela qualche
istante sul fuoco bassissimo, nella padella
coperta, per far rapprendere leggermente le uova e, prima di servire, cospargete
con il lievito alimentare in scagliette.

▨ Lievito alimentare ▨

*Il lievito alimentare in scagliette, chiamato
anche il formaggio dei vegani, è un insapori-
tore e addensante naturale e lo si può trovare nei negozi biologici. È ricco di vitamina
B1, di minerali ed è ottimo per favorire la di-
gestione. Agli alimenti aggiunge quel sapore
in più che rende la preparazione più gustosa.*

INGREDIENTI

Penne, 400 g
Zucchine, 4
Uova, 2
Basilico fresco,
  alcune foglie
Aglio, 2 spicchi
Lievito alimentare
  in scagliette,
  3 cucchiai
Peperoncino rosso
  in polvere
Olio extravergine
  d'oliva
Sale

Preparazione:
30 MIN.

Difficoltà: 👨‍🍳 👨‍🍳

Vino:
CORTESE DELL'ALTO
MONFERRATO

PASTA
CON VERDURE

Farfalle, 400 g

Zucca gialla
(meglio il tipo
bernoccoluta),
500 g

Cipolle, 500 g

Parmigiano
grattugiato, 50 g

Pecorino
grattugiato, 50 g

Vino bianco secco,
1/2 bicchiere

Olio extravergine
d'oliva

Sale, pepe

Farfalle
con salsa di zucca

Pulite la zucca da buccia e semi e tagliatela a tocchettini; mondate le cipolle e affettatele finemente. ♦ In un tegame ponete entrambe le verdure al fuoco con un giro d'olio e lasciatele stufare a fiamma moderata e pentola coperta. ♦ Non appena la zucca sarà ben cotta, scoperchiate, condite con sale e pepe e bagnate con il vino, quindi lasciate evaporare mescolando su fuoco vivace, spappolando la zucca con il cucchiaio di legno. ♦ Cuocete la pasta in abbondante acqua salate bollente, scolatela al dente e conditela con il sugo di zucca e i formaggi grattugiati, mescolando bene il tutto prima di portare in tavola.

PASTA
CON VERDURE

Preparazione:
40 MIN.

Difficoltà: ♀

Vino:
COLLI PESARESI BIANCO

Linguine, 400 g

Pomodori
  da sugo, 4

Zucchina, 1

Peperone giallo, 1/2

Sedano, 1/2 costa

Melanzana, 100 g

Cipolla bianca, 1/2

Capperi sotto sale,
  1 cucchiaio

Prezzemolo,
  4-5 rametti

Parmigiano
  grattugiato,
  3 cucchiai

Olio extravergine
  d'oliva

Sale, pepe

Linguine al sapore mediterraneo

Dopo aver tuffato i pomodori in acqua bollente per pochi istanti, scolateli, sbucciateli, divideteli a metà, eliminate i semi e tagliateli a pezzettini. ◆ Togliete la buccia della zucchina lasciandovi attaccata anche un po' della polpa bianca e tagliate a listarelle le fette ottenute. ◆ Tagliate a listarelle anche il peperone giallo, la melanzana e il sedano. ◆ In una larga padella con poco olio fate dorare la cipolla tritata e il sedano, poi aggiungete le altre verdure e fatele rosolare per qualche istante a fuoco moderato. ◆ Aggiungete anche i pomodori, salate, pepate, e lasciate cuocete coperto a fiamma bassa per circa 15 minuti. ◆ Dissalate i capperi passandoli sotto l'acqua fredda, uniteli al sugo e cuoceteli ancora per 5 minuti. ◆ Cuocete gli spaghetti in abbondante acqua salata, scolateli al dente, versateli nella padella e conditeli con il sugo e una spolverata di prezzemolo tritato. ◆ Mescolate e servite accompagnando con il parmigiano grattugiato.

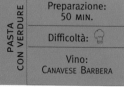

PASTA
CON VERDURE

Preparazione:
50 MIN.

Difficoltà:

Vino:
CANAVESE BARBERA

Chifferi
con pesto e ciliegini

Lessate le patate in acqua bollente salata, dopodiché sbucciatele e tagliatele a dadini. ◆ Tritate uno spicchio d'aglio con il provolone, le erbe, metà dell'olio, sale e pepe. ◆ Lavate i pomodorini, tagliateli a spicchi, rosolateli in una padella con l'olio e l'altro spicchio d'aglio rimasto e regolate di sale e pepe. ◆ Unite i pinoli, la crema di erbe e le patate e mescolate. ◆ Cuocete i chifferi al dente, tenendo da parte un mestolo d'acqua, versateli nella padella con il condimento, ammorbiditeli con l'acqua tenuta da parte. ◆ Completate il piatto aggiungendo il pecorino tagliato a dadini, mescolate bene e servite.

INGREDIENTI

Chifferi, 400 g
Pomodorini ciliegia, 200 g
Patate a pasta gialla, 150 g
Pinoli, 20 g
Provolone piccante, 40 g
Pecorino, 30 g
Menta, 10 foglie
Basilico, 10 foglie
Aglio, 2 spicchi
Olio extravergine d'oliva, 8 cucchiai
Sale, pepe

Preparazione:
35 MIN.

Difficoltà:

Vino:
CINQUE TERRE

PASTA
CON VERDURE

Sapori di montagna

☞ Sommario ☜

Garganelli saporiti ai funghi ricchi

INGREDIENTI

Garganelli, 400 g
Porcini secchi, 40 g
Emmental, 100 g
Patata grande, 1
Vino bianco,
  1/2 bicchiere
Prezzemolo tritato,
  1 manciata
Aglio, 2 spicchi
Olio extravergine
  d'oliva, 3 cucchiai
Sale, pepe

Mettete a bagno i porcini secchi per circa mezzora in una bacinella di acqua tiepida, poi sciacquateli ed eliminate la terra residua. ◆ Strizzate bene i funghi e tagliateli grossolanamente in pezzi non troppo piccoli. ◆ In una padella con dell'olio caldo fate imbiondire l'aglio; appena sarà dorato, unite i funghi il vino bianco e fate cuocere ancora per 15 minuti a fuoco basso, aggiungendo anche il prezzemolo tritato. Regolate di sale e pepe. ◆ Nel frattempo fate bollire la patata con la buccia per circa 20 minuti, poi pelatela e tagliatela a cubetti non troppo piccoli. ◆ Grattugiate l'emmental, unitelo ai funghi e fatelo fondere a fuoco dolce nel sugo. ◆ Quando il formaggio si sarà ben amalgamato aggiungete anche i cubetti di patata. ◆ Fate cuocere i garganelli in abbondante acqua salata, scolateli al dente, versateli in una zuppiera e conditeli subito con la salsa molto calda (*foto della ricetta alle pagine precedenti*).

Preparazione:
30 MIN. + 30 MIN.

Difficoltà: ♟ ♟

Vino:
MONTESCUDAIO ROSSO

SAPORI
DI MONTAGNA

INGREDIENTI

Rigatoni, 400 g
Gorgonzola
  piccante, 100 g
Ricotta fresca, 200 g
Latte, 2 dl
Cipolla, 1/2
Sedano, 1 gambo
Peperoncino
  in polvere
  (facoltativo)
Burro, 50 g
Sale, pepe

Rigatoni piccanti al gorgonzola

Mettete il gorgonzola, la ricotta e quasi tutto il latte nel frullatore e azionatelo a media velocità, in modo da ottenere un composto non troppo duro. ♦ Trasferitelo in una terrina e lavoratelo con l'aggiunta di un po' di latte, la cipolla e il sedano puliti e tritati, una presa di sale e un pizzico di pepe. ♦ Nel frattempo cuocete la pasta in abbondante acqua salata e, a cottura ultimata, scolatela. ♦ Versatela in una zuppiera e conditela con il burro crudo, lasciato ammorbidire a temperatura ambiente, il composto preparato, diluito all'ultimo momento con un paio di cucchiai dell'acqua di cottura della pasta e, se desiderate con del peperoncino in polvere. Servite subito.

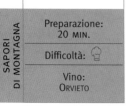

SAPORI
DI MONTAGNA

Preparazione:
20 MIN.

Difficoltà:

Vino:
ORVIETO

Linguine al tartufo nero e funghi

Pulite i funghi e lavateli sotto acqua corrente; poi asciugateli e affettateli. ♦ Spazzolate e strofinate con un canovaccio i tartufi. ♦ In un tegame fate soffriggere con poco olio l'aglio e la cipolla finemente affettati, unitevi i funghi e lasciateli rosolare per qualche minuto. ♦ Aggiustate poi di sale, unite i pomodori passati e portate a cottura a fuoco moderato. ♦ Mettete sul fuoco una pentola con abbondante acqua salata e, non appena alzerà il bollore, tuffatevi le linguine. ♦ Scolatele al dente, versatele su un piatto da portata e conditele con il sugo di funghi, coprendole poi con i tartufi affettati sottilmente.

Tartufo nero

Si tratta di un fungo (Tuber melanosporum) *che cresce sottoterra. In quanto raro, è piuttosto costoso, anche se non raggiunge mai le quotazioni del tartufo bianco di Alba, molto più pregiato. Si utilizza crudo o cotto e in commercio si trova sia fresco che confezionato in barattoli sotto sale o tagliato a fettine sott'olio. Se lo si acquista fresco, il tartufo va pulito accuratamente con uno spazzolino per eliminare tutti i residui di terra.*

INGREDIENTI

Linguine, 400 g
Tartufi neri, 100 g
Funghi misti, 300 g
Pomodori pelati, 200 g
Aglio, 1 spicchio
Cipolla, 1
Olio extravergine d'oliva
Sale

Preparazione: 30 MIN.

Difficoltà:

Vino: BAROLO

SAPORI DI MONTAGNA

Spaghetti
  alla chitarra, 350 g

Salsiccia, 200 g

Farina di castagne,
  20 g

Uova, 4

Panna da cucina,
  2,5 dl

Parmigiano
  grattugiato

Olio extravergine
  d'oliva

Sale, pepe

Spaghetti autunnali alla chitarra

Spellate la salsiccia e rosolatela in alcuni cucchiai d'olio, avendo cura di sbriciolarla bene e facendo in modo che rimanga morbida; poi aggiungete la panna in cui avrete nel frattempo stemperato la farina di castagne. ♦ Lasciate sul fuoco ancora qualche minuto in modo che il tutto si amalgami bene, quindi spegnete. In una zuppiera tiepida lavorate i tuorli d'uovo con sale e pepe. ♦ Cuocete gli spaghetti in abbondante acqua salata, scolateli al dente e versateli nella zuppiera. ♦ Amalgamatevi con cura i tuorli, unendo anche il sugo con la panna e completando con una spolverata di parmigiano grattugiato. ♦ Servite in piatti individuali caldi accompagnando con parmigiano a parte.

Preparazione:
20 MIN.

Difficoltà: 🍳 🍳

Vino:
SANGIOVESE DI ROMAGNA

Tagliatelle, 400 g

Taleggio, 150 g

Tartufo nero
  piccolo, 1

Panna da cucina,
  1/2 bicchiere

Vino bianco secco

Parmigiano
  grattugiato

Burro

Sale, pepe in grani

Tagliatelle taleggio e tartufo

Tagliate il taleggio a pezzettini e fatelo sciogliere in un tegame insieme con una noce di burro e la panna. ♦ Non appena il sugo è diventato cremoso, regolate di sale e unite un po' di pepe, preferibilmente macinato fresco. ♦ Lessate le tagliatelle in abbondante acqua salata, scolatele al dente e spadellatele nel tegame con la salsa di formaggio. ♦ Servitele dopo avervi grattugiato sopra il tartufo ben spazzolato e quindi lavato in un po' di vino bianco. ♦ Accompagnate le tagliatelle con parmigiano grattugiato a parte.

SAPORI DI MONTAGNA

Preparazione:
20 MIN.

Difficoltà: ♟

Vino:
SAGRANTINO SECCO
DI MONTEFALCO

Linguine alla frutta secca

Togliete la pellicina alle noci e alle nocciole. ◆ Sgusciate i pistacchi, scottateli in acqua bollente salata per un attimo, scolateli ed eliminatene la pellicina. Fatto ciò tritate nocciole, noci e pistacchi. ◆ Quindi tagliate il prosciutto a striscioline non troppo strette. ◆ Cuocete le linguine al dente, scolatele e versatele in una padella, strascicandole con la panna e condendole con un pizzico di sale e una bella spolverata di pepe. ◆ Aggiungete le frutta secca tritata, le striscioline di prosciutto, il parmigiano grattugiato, date una bella mescolata e servite subito, aromatizzando con un trito d'erba cipollina.

INGREDIENTI

Linguine, 400 g
Gherigli di noce, 8
Nocciole, 15
Pistacchi, 15
Prosciutto dolce
  in 2 fette, 100 g
Erba cipollina,
  1 ciuffetto
Panna, 2 dl
Parmigiano
  grattugiato
Sale, pepe

Preparazione:
25 MIN.

Difficoltà:

Vino:
MOSCATO DI PANTELLERIA

SAPORI
DI MONTAGNA

INGREDIENTI

Zite, 300 g

Spugnole, 300 g

Carne di capretto,
300 g

Pecorino, 80 g

Burro, 40 g

Carota, 60 g

Brodo di carne,
50 dl

Vino rosso, 5 dl

Cipolla, 1

Lauro, 1 foglia

Sedano

Aglio, 1 spicchio

Olio extravergine
d'oliva

Sale, pepe

Preparazione:
1 H

Difficoltà: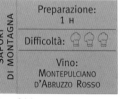

Vino:
MONTEPULCIANO
D'ABRUZZO ROSSO

Tortino di spugnole e zite in salsa

Fate soffriggere nell'olio la carota, la cipolla, il lauro e il sedano tritati. ◆ Quando saranno appassite aggiungete il capretto che avrete tagliato a dadini. ◆ Appena la carne sarà dorata spruzzatela con il vino, fate evaporare e cuocete mezzora, aggiungendo via via del brodo. A fine cottura salate e pepate. ◆ Ora cuocete le zite in acqua salata, scolatele, amalgamatele con un po' del fondo di cottura del capretto filtrato e il pecorino grattugiato. ◆ Saltate i funghi con aglio, olio e lauro e regolate di sapore. ◆ Dopo aver imburrato gli stampini, foderateli con le zite e riempiteli con la salsa di capretto e i funghi. Infornate a 160 °C per 2 minuti. Allungate la salsa di capretto con il brodo di carne e passatela al setaccio per ottenere il sugo più liquido. ◆ Mettetela al centro del piatto e giratevi al centro il tortino di zite. ◆ Completate con altri dadini di capretto e un filo d'olio.

INGREDIENTI

Spaghetti, 400 g
Würstel, 8
Crescenza, 100 g
Prezzemolo,
  1 mazzetto
Emmental
  grattugiato, 30 g
Parmigiano
  grattugiato, 20 g
Paprica
Burro, 40 g
Sale

Spaghetti con würstel

Pelate i würstel, poi tagliateli a rondelle.
♦ Mondate, lavate, asciugate e tritate il prezzemolo, poi lavoratelo in una ciotolina con la crescenza e un pizzico di paprica, in modo da amalgamare bene tutti gli ingredienti. ♦ Fate sciogliere il burro in una casseruola, unitevi i würstel e, subito dopo, il composto di crescenza. Salate leggermente e, senza smettere di mescolare con un cucchiaio di legno, fate cuocere a fuoco moderato per 5 minuti circa. ♦ Nel frattempo mettete sul fuoco la pentola per la cottura della pasta: quando l'acqua bolle, salatela e lessate gli spaghetti. ♦ Quando sono cotti al dente scolateli, versateli in una zuppiera e conditeli con il condimento ai würstel, cospargendoli infine con l'emmental e il parmigiano grattugiati e mescolati insieme. Servite infine in tavola.

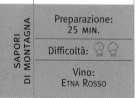

SAPORI
DI MONTAGNA

Preparazione:
25 MIN.

Difficoltà: ♟ ♟

Vino:
ETNA ROSSO

Tagliatelle fonduta e tartufo bianco

Innanzitutto pulite il tartufo privandolo completamente del terriccio. ♦ Tagliate quindi la fontina a fettine sottili e disponetela in una ciotola, versatevi sopra il latte intiepidito e lasciate riposare per un paio d'ore. ♦ In una casseruola d'acciaio fate sciogliere il burro a fuoco lento, quindi unite la fontina e 2 cucchiai del latte in cui è stata a mollo. ♦ Mescolate lentamente con una frusta fino a quando il formaggio si sarà sciolto nel burro, poi alzate la fiamma e aggiungete uno alla volta i tuorli d'uovo, mescolando con decisione fino a ottenere una crema omogenea; insaporite infine con sale e pepe. ♦ Lessate le tagliatelle in abbondante acqua salata e scolatele al dente. ♦ Versatele in un piatto da portata caldo, copritele con la fonduta e mescolatele con cura prima di decorare con il tartufo tagliato a fettine sottili.

INGREDIENTI

Tagliatelle, 380 g
Fontina valdostana, 200 g
Tartufo bianco di media grandezza, 1
Latte, 100 g
Uova, 3
Burro, 20 g
Sale, pepe

Preparazione:
25 MIN. + 2 H

Difficoltà: 🧑‍🍳🧑‍🍳

Vino:
DONNICI ROSSO

SAPORI DI MONTAGNA

Farfalle, 380 g

Fontina, 100 g

Parmigiano
grattugiato, 50 g

Groviera
grattugiato, 50 g

Funghi freschi, 250 g

Funghi secchi, 25 g

Scalogni, 2

Pomodorini maturi
e sodi, 4

Prezzemolo,
1 mazzetto

Panna da cucina,
2 cucchiai

Vino bianco

Olio extravergine
d'oliva

Sale, pepe

SAPORI
DI MONTAGNA

Preparazione:
50 MIN.

Difficoltà: 🎩 🎩

Vino:
COLLIO MERLOT

Farfalle formaggi e funghi

Innanzitutto sciacquate e lasciate in ammollo i funghi secchi; pulite con cura quelli freschi e affettateli. ◆ Tritate gli scalogni e fateli ammorbidire in un tegame con un po' d'olio; prima che prendano colore, unite i funghi freschi e fateli insaporire per qualche minuto. ◆ Bagnate con del vino e, non appena sarà evaporato, unite i funghi secchi sminuzzati e la loro acqua di ammollo filtrata, i pomodori precedentemente pelati, privati dei semi e tritati, sale e pepe. ◆ Fate cuocere il tutto a fiamma moderata per circa mezzora, ricordandovi di mescolare spesso con un cucchiaio di legno; se fosse necessario allungate con un po' di brodo o acqua salata caldi. ◆ A questo punto mescolate in una scodella i formaggi grattugiati, la panna e la fontina tagliata a cubettini e, una decina di minuti prima di togliere il sugo dal fuoco, uniteli ai funghi. ◆ Nel frattempo lessate la pasta in abbondante acqua salata, scolatela al dente e trasferitela nel tegame con il sugo preparato, spolverando con un po' di prezzemolo finemente tritato. ◆ Fate saltare il tutto qualche minuto sul fuoco, quindi portate in tavola.

Spaghetti, 380 g
Pancetta, 200 g
Gorgonzola dolce,
  200 g
Crema di latte, 4 dl
Parmigiano
  grattugiato, 100 g
Peperoncino, 1
Olio extravergine
  d'oliva,
  1/2 bicchiere
Sale

Spaghetti pancetta e gorgonzola

In un tegame scaldate l'olio, unite il peperoncino tritato e la pancetta tagliata a listarelle sottili. ◆ Fate cuocere dolcemente, in modo che il grasso della pancetta si sciolga, e quindi unite il gorgonzola dolce tagliato a dadini. ◆ Continuate la cottura, mescolando con un cucchiaio di legno, fino a quando formaggio diventa una crema che avvolge i residui magri della pancetta. ◆ Da ultimo unite la crema di latte, per diluire il condimento e ammorbidirne il sapore. ◆ Nel frattempo lessate gli spaghetti al dente in abbondante acqua salata, scolateli, versateli in una zuppiera e conditeli con il sugo al gorgonzola. ◆ Portate in tavola la pasta ancora fumante, accompagnandola con parmigiano servito a parte.

SAPORI
DI MONTAGNA

Preparazione:
35 MIN.

Difficoltà: 🍳 🍳

Vino:
GALATINA ROSSO

Eliche con scamorza e funghi al vino

INGREDIENTI

Eliche, 400 g

Scamorza
affumicata, 200 g

Porcini secchi, 60 g

Vino bianco, 1/2
bicchiere

Parmigiano
grattugiato

Burro, 60 g

Sale, pepe

Innanzitutto lavate bene i funghi, sciacquateli e lasciateli in ammollo nell'acqua finché si saranno ammorbiditi. ♦ Scolateli, strizzateli bene, tagliateli a pezzetti e metteteli in una terrina con il vino bianco e metà del burro. Fateli cuocere a fuoco lento aggiungendo un po' di pepe. ♦ Nel frattempo grattugiate la scamorza grossolanamente e mettete a cuocere le eliche in abbondante acqua salata. ♦ Scolatele ancora al dente, aggiungete l'altra metà di burro, il composto di funghi, la scamorza e il formaggio grattugiato e servite subito in tavola.

Porcini

Considerati cibo prelibato, i porcini sono venduti sui mercati di tutta Italia e costituiscono, insieme agli ovoli, i funghi maggiormente ricercati. Si trovano esclusivamente nei boschi, in piccola quantità in primavera, più abbondanti in tarda estate e in autunno. I porcini freschi non richiedono particolari attenzioni, salvo l'eliminazione della parte terminale del gambo, una leggera spazzolatura della "spugna" e la pulizia del cappello con un panno asciutto.

Preparazione:
40 MIN.

Difficoltà: 👐 👐

Vino:
ORVIETO

SAPORI
DI MONTAGNA

221

INGREDIENTI

PER LA PASTA:
Farina di castagne,
150 g
Farina di frumento,
100 g
Uova, 3
Sale

PER IL CONDIMENTO:
Costine di maiale,
500 g
Cipolla, 1/2
Carota, 1
Prezzemolo,
1 ciuffetto
Cavolo verza, 1
Vino bianco secco,
1 bicchiere
Brodo vegetale
Olio extravergine
d'oliva
Sale, pepe in grani

Fettuccine di St. Vincent

Scottate le foglie di verza. ◆ In una casseruola fate soffriggere nell'olio un trito di carota, cipolla e prezzemolo, quindi cuocetevi le costine di maiale, bagnandole con il vino e, se necessario, con un po' di brodo. A cottura ultimata unite le foglie di verza. ◆ Disossate le costine e tagliate la carne a tocchetti. ◆ A questo punto preparate le fettuccine di farina di castagne: mescolate su un piano di lavoro le due farine, formate una fontana e versatevi 2 uova intere, un tuorlo e un pizzico di sale. ◆ Impastate e tirate una sfoglia molto sottile, ricavandovi poi delle fettuccine. ◆ Cuocetele in abbondante acqua salata, scolatele e conditele con le verze e i tocchetti di carne, spolverando il tutto con del pepe macinato al momento.

SAPORI
DI MONTAGNA

Preparazione:
50 MIN.

Difficoltà: 🍷 🍷 🍷

Vino:
MOLISE MONTEPULCIANO

222

INGREDIENTI

Fusilli, 400 g
Latte, 200 g
Camembert, 250 g
Burro, 30 g
Panna fresca, 100 g
Pancetta, 100 g
Finocchietto
  selvatico
Scalogno, 1
Olio extravergine
  d'oliva
Sale, pepe

Fusilli al camembert

Tagliate il camembert a dadini, mettetelo in una terrina insieme al latte e alla panna e lasciatelo riposare per 3 ore. ♦ Portate a ebollizione l'acqua per la pasta e nel frattempo, in una padella, fate soffriggere nel burro lo scalogno tritato e unitevi il camembert, il latte e la panna che avrete messo da parte. ♦ Aggiungete un abbondante trito di finocchietto e, mescolando, fate sciogliere il formaggio fino a ottenere una crema omogenea. ♦ A parte, in un po' d'olio, rosolate la pancetta a dadini. ♦ Scolate la pasta, trasferitela nella crema di formaggio e unite la pancetta, quindi pepate abbondantemente e servite.

■ Camembert ■

Formaggio francese, ricavato dal latte vaccino intero crudo, originario della Normandia, viene ormai prodotto in tutto il mondo. La pasta è elastica, il colore interno giallo e l'odore fruttato. L'invenzione è attribuita a Maria Harel che fece tesoro dei consigli di un prete, proveniente dalla regione della Brie e ospitato nella sua fattoria al tempo della Rivoluzione francese, circa la preparazione di un suo formaggio. Nacque così il camembert (il nome gli fu poi dato dalla figlia della Harel, trasferitasi nel Camembert), rispondente tanto a metodi caseari normanni quanto a quelli della Brie.

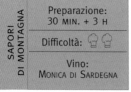

SAPORI
DI MONTAGNA

Preparazione:
30 MIN. + 3 H

Difficoltà: ♟ ♟

Vino:
MONICA DI SARDEGNA

Bucatini cotti nel vino

In una casseruola fate rosolare il burro con l'aglio intero, la cipolla finemente tritata e il rametto di rosmarino. ◆ Aggiungetevi il vino già caldo ma non bollito e la passata di pomodoro. ◆ Fate cuocere per circa mezzora a fuoco molto basso aggiustando di sale. ◆ In abbondante acqua salata fate cuocere i bucatini che scolerete a metà cottura conservando un po' della loro acqua. ◆ Incorporate la pasta con l'acqua all'intingolo di vino precedentemente preparato e fate terminare la cottura. ◆ Finita di cuocere la pasta, toglietela dal fuoco e aggiungete il formaggio grana grattugiato.

INGREDIENTI

Bucatini, 350 g
Cipolla, 1/4
Passata di pomodoro, 1/2 bicchiere
Rosmarino, 1 rametto
Aglio, 2 spicchi
Vino rosso, 1 l
Grana grattugiato, 40 g
Burro, 50 g
Sale

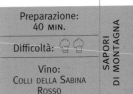

Preparazione:
40 MIN.

Difficoltà:

Vino:
COLLI DELLA SABINA
ROSSO

SAPORI DI MONTAGNA

225

Fusilli, 380 g
Porcini freschi, 300 g
Salsiccia, 200 g
Polpa di pomodoro,
  300 g
Cipolla, 1
Carota piccola, 1
Alloro, 1 foglia
Maggiorana
Olio extravergine
  d'oliva
Sale, pepe

Fusilli con salsiccia e porcini

Pulite con cura i funghi e tagliateli a fette. ♦ Tritate la cipolla e la carota e fatele ammorbidire in un tegame insieme con qualche cucchiaio d'olio. ♦ Prima che la cipolla prenda colore, unite la salsiccia liberata del budello e tagliata a fettine, i funghi e la foglia d'alloro spezzettata. ♦ Lasciate rosolare il tutto per qualche minuto mescolando con cura, aggiungete il pomodoro e regolate di sale e pepe; abbassate la fiamma e continuate a cuocere a tegame coperto finché la salsa non sarà cotta. ♦ In caso ce ne fosse bisogno, bagnate di tanto in tanto con un po' d'acqua o brodo caldi. Prima di togliere dal fuoco insaporite con maggiorana finemente tritata. ♦ Lessate i fusilli, scolateli al dente, conditeli con il sugo ben caldo e serviteli.

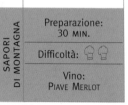

SAPORI
DI MONTAGNA

Preparazione:
30 MIN.

Difficoltà: ♙ ♙

Vino:
PIAVE MERLOT

Penne, 400 g
Ricotta, 200 g
Gherigli di noce,
    100 g
Parmigiano
    grattugiato
Sale, pepe bianco

Penne alla crema di ricotta e noci

Frullate a lungo i gherigli di noce oppure pestateli molto finemente. ◆ Fate cuocere le pennette in abbondante acqua salata e nel frattempo scaldate i piatti di portata. ◆ Mescolate le noci pestate alla ricotta setacciata, aggiustate di sale e aggiungete del pepe bianco. ◆ Diluite la ricotta alla crema di noci con qualche cucchiaio d'acqua di cottura della pasta e mescolate per far sciogliere bene la ricotta. ◆ Scolatele le pennette ancora al dente e conditele con la salsa alla ricotta e noci. ◆ Spolverate con parmigiano grattugiato e servite.

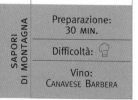

SAPORI
DI MONTAGNA

Preparazione:
30 MIN.

Difficoltà:

Vino:
CANAVESE BARBERA

Bucatini funghi e cannella

Scaldate il burro aggiungendo l'aglio tritato e i funghi fatti a fettine, insaporite con la cannella e cuocete per 30 minuti salando e pepando. ♦ Aggiungete la panna, fate addensare qualche minuto e completate con il prezzemolo e il succo di limone. ♦ A questo punto lessate i bucatini in abbondante acqua salata, scolateli al dente e conditeli con la salsa ai funghi e parmigiano a piacere.

INGREDIENTI

Bucatini, 380 g
Funghi freschi, 300 g
Aglio, 1 spicchio
Prezzemolo tritato, 1 cucchiaio
Succo di limone, 1 cucchiaio
Cannella in polvere, 1 pizzico
Panna, 150 g
Parmigiano grattugiato
Burro, 50 g
Sale, pepe

Preparazione: 40 MIN.

Difficoltà:

Vino: TORGIANO BIANCO

SAPORI DI MONTAGNA

229

Penne, 400 g
Mascarpone, 150 g
Uova, 3
Parmigiano,
  6-8 cucchiai
Noce moscata
Sale, pepe in grani

Penne al mascarpone

Tenete presente che la salsa deve esser preparata pochi minuti prima della cottura della pasta. ♦ In un tegame amalgamate i tuorli della uova tenute a temperatura ambiente con il parmigiano, sale e pepe fresco macinato al momento, fino a ottenere una crema omogenea. ♦ Ponete il tegame su fiamma bassissima o, meglio ancora, a bagnomaria; unite il mascarpone, sempre mescolando con cura, e insaporite con la noce moscata. ♦ Nel frattempo lessate le penne in abbondante acqua salata e scolatele al dente. Versate la pasta nel condimento, spadellate e portate in tavola.

SAPORI
DI MONTAGNA

Preparazione:
20 MIN.

Difficoltà:

Vino:
SANGIOVESE DI ALGHERO

INGREDIENTI

Tagliatelle, 400 g

Porcini, 350 g

Burro, 50 g

Pomodori maturi,
1/2 kg

Cipolla, 1/2

Vino bianco secco,
1/2 bicchiere

Noce moscata

Aglio, 1/2 spicchio
(facoltativo)

Olio extravergine
d'oliva

Sale, pepe

Tagliatelle
ai funghi porcini

Pelate i pomodori, rimuovete i semi e il liquido, tagliateli a striscioline e metteteli in uno scolapasta per scolarli meglio. ♦ Pulite i funghi e tagliateli a dadini. ♦ Mettete metà del burro, l'olio, la cipolla e l'aglio in una padella e fate soffriggere finché l'aglio e la cipolla saranno dorati. ♦ Scartate l'aglio, aggiungete i funghi, salate e pepate. Alzate un poco la fiamma e soffriggete ancora per 1/2 minuto, mescolando bene in modo che i funghi prendano colore da tutte le parti. ♦ Aggiungete il vino e fatelo evaporare, quindi aggiungete le striscioline di pomodoro e la noce moscata. Portate a ebollizione, poi riducete il fuoco e cuocete per 15 minuti a padella scoperta. ♦ Cuocete e scolate la tagliatelle, mettetele in un piatto caldo e cospargetele col resto del burro diviso in piccoli pezzetti. ♦ Mischiate accuratamente, versateci sopra la salsa con i funghi e mescolate ancora una volta prima di servire.

SAPORI
DI MONTAGNA

Preparazione:
40 MIN.

Difficoltà: ♟ ♟

Vino:
ISONZO SAUVIGNON

Penne alla cubana

Pulite con cura i funghi e affettateli. Fate dorare in alcuni cucchiai d'olio lo spicchio d'aglio, toglietelo non appena prende colore e poi mettete a cottura i funghi. ◆ Lasciate insaporire, quindi salate e fate cuocere per 15-20 minuti a fiamma moderata e tegame coperto, bagnando con un po' d'acqua salata o brodo caldo se necessario. ◆ Nel frattempo in una scodella amalgamate il prosciutto tagliato a dadini con la panna, un pizzico di peperoncino e il prezzemolo tritato. ◆ Lessate la pasta in abbondante acqua salata, scolatela al dente e passatela nella padella con i funghi, poi aggiungete la panna e il prosciutto, mescolate mantenendo la fiamma vivace, quindi trasferite tutto in una zuppiera calda e portate in tavola.

INGREDIENTI

Penne, 380 g
Funghi freschi,
300 g
Prosciutto cotto
in un'unica fetta,
100 g
Aglio, 1 spicchio
Prezzemolo,
1 mazzetto
Panna da cucina,
2,5 dl
Peperoncino
in polvere
Olio extravergine
d'oliva
Sale

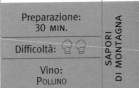

Preparazione:
30 MIN.

Difficoltà:

Vino:
POLLINO

SAPORI
DI MONTAGNA

Conchiglie, 380 g
Pomodori, 500 g
Pancetta, 60 g
Emmental
 grattugiato, 50 g
Cipolla, 1
Aglio, 1 spicchio
Carota, 1
Basilico, 6 foglie
Burro
Prezzemolo tritato,
 4 cucchiai
Olio extravergine
 d'oliva, 3 cucchiai
Sale, pepe

SAPORI
DI MONTAGNA

Preparazione:
1 H

Difficoltà: 🎩 🎩

Vino:
BIFERNO ROSSO

Conchiglie rosse emmental e pancetta

Sbollentate i pomodori per qualche istante in acqua bollente, scolateli e pelateli. ◆ Divideteli a metà, eliminate i semi e tritate grossolanamente la polpa. ◆ Tritate finemente la carota, mezza cipolla, l'aglio e il basilico. Mettete la polpa di pomodoro in un tegame e lasciatela cuocere per un paio di minuti a fiamma vivace. ◆ Unite le verdure tritate e poco olio, abbassate la fiamma e proseguite la cottura per 25 minuti a tegame coperto. ◆ Affettate finemente la cipolla rimasta e tagliate la pancetta a dadini. ◆ Fate dorare la cipolla in una padella capiente un po' d'olio, aggiungete i dadini di pancetta e lasciateli rosolare mescolando di tanto in tanto. ◆ Versate poi la pancetta nel tegame con la salsa di pomodoro e regolate con un pizzico di sale. Lasciate cuocere per altri 15 minuti circa. Nel frattempo fate cuocere in abbondante acqua salata la pasta. ◆ Scolatela al dente e trasferitela nel tegame con la salsa: mescolate bene, alzate la fiamma e fate amalgamare. ◆ Spolverizzate con l'emmental e il prezzemolo, amalgamate con una noce di burro e servite.

Pipe lardo e cavolo verza in salsa

Pipe rigate, 380 g
Fontina, 100 g
Cavolo verza, 300 g
Lardo, 50 g
Panna fresca, 50 g
Latte, 5 dl
Scalogno, 1/2
Prezzemolo,
 1 manciata
Olio extravergine
 d'oliva
Sale, pepe

Dopo aver tritato finemente lo scalogno, fatelo dorare leggermente in una padella con dell'olio d'oliva. ◆ Tagliate poi il lardo a *julienne* e mettete anch'esso in padella, continuando per qualche minuto la cottura a fuoco vivace. ◆ Unite adesso il cavolo verza tagliato finemente e continuate la cottura, aggiungendo un po' d'acqua. Regolate di sale, pepate e fate terminare la cottura. ◆ Nel frattempo mettete in un pentolino la panna e il latte, aggiungendo la fontina tagliata a pezzettini. ◆ Quando il formaggio si sarà ben sciolto e amalgamato passate tutto al colino e tenete in caldo la salsa. ◆ Fate cuocere la pasta in abbondante acqua salata, scolatela al dente e conditela con il sugo e con la salsa al formaggio preparata in precedenza, spolverizzandola con del prezzemolo tritato.

SAPORI
DI MONTAGNA

Preparazione:
35 MIN.

Difficoltà: 😋 😋

Vino:
CABERNET COLLIO
GORIZIANO

Mezze penne con le castagne

Dopo aver inciso le castagne con un taglio orizzontale, fatele cuocere nell'apposita padella a fuoco vivace per circa 30 minuti. ◆ Pulite il porro, eliminando le foglie dove iniziano a essere verdi, lavatelo, tagliatelo a rondelle sottili e fatelo friggere in padella con qualche cucchiaio d'olio extravergine d'oliva e mezzo cucchiaio di cumino. ◆ Aggiungete poi le castagne, alcune foglie di dragoncello spezzettate e bagnate con il vino bianco; cuocete fino a quando il vino sarà evaporato. ◆ Nel frattempo cuocete la pasta, scolatela al dente e versatela nella padella delle castagne. ◆ Unite il formaggio a fiocchetti e insaporite con la noce moscata prima di servire.

INGREDIENTI

Mezze penne, 380 g
Castagne, 400 g
Pecorino di capra, 100 g
Porro, 1
Vino bianco, 1/2 bicchiere
Dragoncello, alcune foglie
Noce moscata
Cumino, 1/2 cucchiaio
Olio extravergine d'oliva
Sale

Preparazione: 1 H E 10 MIN.

Difficoltà: 🍴🍴

Vino: MARINO

SAPORI DI MONTAGNA

Pappardelle, 400 g
Prosciutto crudo,
150 g
Funghi, 150 g
Pomodori pelati,
250 g
Piselli, 1/2 scatola
Cipolla, 1
Parmigiano
grattugiato, 50 g
Burro, 50 g
Sale, pepe

Pappardelle ricche con piselli e funghi

Sbucciate, affettate la cipolla e fatela dorare in una casseruola con del burro; unite poi il prosciutto crudo tagliato a dadini e lasciatelo rosolare a fuoco lento. ◆ Lavate e tagliate a fettine sottili i funghi, aggiungeteli agli altri ingredienti mescolando rapidamente, poi unite i pomodori pelati, salate, pepate e lasciate cuocere per circa 20 minuti a fuoco lento. ◆ Scolate i piselli e uniteli al condimento prima di toglierlo dal fuoco. ◆ Nel frattempo lessate le pappardelle in abbondante acqua bollente e salata, scolatele al dente e conditele con il sugo preparato e con il formaggio grattugiato. ◆ Rimestate velocemente e servite subito.

SAPORI
DI MONTAGNA

Preparazione:
35 MIN.

Difficoltà: 🍴🍴

Vino:
COLLI BERICI MERLOT

INGREDIENTI

Maccheroncini,
  400 g
Salsiccia fresca,
  200 g
Panna fresca,
  1/2 bicchiere
Parmigiano, 70 g
Cognac,
  2 bicchieri
Dado da brodo, 1
Olio extravergine
  d'oliva
Sale, pepe

Maccheroncini ubriachi alla salsiccia

Fate rosolare in una padella con dell'olio la salsiccia precedentemente spellata e sbriciolata. ♦ Quando la salsiccia è ancora morbida aggiungete la panna e rinforzate il sapore aggiungendo il dado da brodo. Regolate di sale e pepate. ♦ Fate cuocere il tutto a fiamma media per qualche minuto e poi completate la cottura aggiungendo il cognac e facendolo evaporare. ♦ Fate poi lessare i maccheroncini in abbondante acqua salata e scolateli al dente. ♦ Conditeli con la salsa preparata e completate con una spolverata di parmigiano grattugiato.

▌ Cognac ▌

È un distillato di vino prodotto in una particolare zona della Francia, che si trova intorno alla città che porta lo stesso nome, e sottoposto a un lungo periodo d'invecchiamento in botti di rovere. Le prime informazioni scritte sul cognac risalgono al 1638 e la prima distillazione su larga scala sembra risalire intorno al XVII secolo. Un cognac di buona qualità e buon invecchiamento ha gradazione alcolica di 48-70°, ha colore limpido, ambrato con riflessi ramati; bouquet intenso, persistente; sapore vellutato, armonico e austero.

SAPORI DI MONTAGNA

Preparazione:
20 MIN.

Difficoltà:

Vino:
CORI ROSSO

Conchiglie rigate al profumo di bosco

Dopo averle tagliate sul lato piatto fate-e bollire le castagne per circa 45 minuti. ◆ Trascorso il tempo scolate le castagne, ciacquatele, sbucciatele ed eliminate la pellicina interna. ◆ Affettate a rondelle sottili il porro e fatelo stufare in olio e burro. ◆ Aggiungete i finferli tagliati a *julienne* e le castagne e cuocete il tutto per un paio di minuti a fiamma vivace. ◆ Bagnate con il vino rosso facendolo evaporare; aggiungete poi un mestolino di brodo e regolate di sale e pepe. Lasciate ridurre la salsa e, mentre si cuoce, lessate le conchiglie rigate in abbondante acqua salata. ◆ A cottura ultimata scolate la pasta e saltatela con la salsa preparata, aggiungendo il parmigiano reggiano e le erbe aromatiche.

INGREDIENTI

Conchiglie rigate, 380 g

Finferli, 150 g

Castagne secche, 150 g

Porri, 20 g

Misto di erbe aromatiche, 20 g

Burro, 20 g

Parmigiano grattugiato, 4 cucchiai

Vino rosso secco, 1/2 bicchiere

Brodo vegetale

Olio extravergine d'oliva

Sale, pepe

Preparazione: 25 MIN. + 45 MIN.

Difficoltà: 🎩🎩

Vino: GARDA CORVINA

SAPORI DI MONTAGNA

Gnocchetti sardi,
 400 g
Zucca, 250 g
Salsiccia, 150 g
Noci, 40 g
Panna, 125 g
Burro, 30 g
Parmigiano, 40 g
Brodo, 1 l
Marsala secco,
 1 bicchiere
Cipolla, 1
Aglio, 1 spicchio
Maggiorana
Olio extravergine
 d'oliva
Sale, pepe nero

Gnocchetti sardi d'autunno

Dopo aver fatto ammorbidire la zucca in forno preriscaldato a 200 °C per circa 10 minuti, tritatela unendovi anche l'aglio, la cipolla e un mestolo di brodo. ♦ Aggiungete il passato di zucca in una tegame con l'olio e il burro e fate cuocere a fuoco vivo per 10 minuti. ♦ Unite poi anche la salsiccia sbriciolata e gli gnocchetti sardi. Fate insaporire per alcuni minuti e bagnate con il marsala. ♦ Appena il vino inizia a evaporare aggiungete a poco a poco il brodo caldo un mestolo alla volta: appena si asciuga aggiungetene altro. Gli gnocchetti dovrebbero cuocere in 20 minuti circa. ♦ A cottura ultimata, togliete dal fuoco e aggiungete, la panna, le noci tritate, il pepe nero, la maggiorana e il parmigiano, lasciate insaporire per qualche minuto e servite.

SAPORI
DI MONTAGNA

Preparazione:
50 MIN.

Difficoltà: 👨‍🍳 👨‍🍳

Vino:
COLLINA TORINESE
BONARDA

INGREDIENTI

Rigatoni, 400 g
Finferli, 150 g
Chiodini, 150 g
Porcini, 150 g
Carota, 1
Cipolla, 1
Sedano, 1 costa
Passata
  di pomodoro,
  200 g
Vino bianco secco
Parmigiano
  grattugiato
Olio extravergine
  d'oliva
Sale, pepe

Rigatoni montanari

Pulite accuratamente i funghi e tagliate a metà i più grossi. ◆ Fate un trito con la cipolla, il sedano e la carota e mettetelo a soffriggere in una padella antiaderente con un po' d'olio. ◆ Aggiungete al soffritto prima i finferli, poi i chiodini e solo dopo 10 minuti di cottura anche i porcini. ◆ Bagnate con poco vino bianco, lasciatelo evaporare e aggiungete la passata di pomodoro. Regolate di sale, pepate e lasciate cuocere per circa 15 minuti. ◆ Nel frattempo fate cuocere in abbondante acqua salata i rigatoni, scolatele al dente e conditele con il sugo ottenuto, mescolando delicatamente. ◆ Servite accompagnando con una spolverata di parmigiano grattugiato.

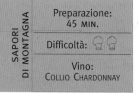

SAPORI
DI MONTAGNA

Preparazione:
45 MIN.

Difficoltà: ☺ ☺

Vino:
COLLIO CHARDONNAY

Trenette in salsa con tartufo nero

Tagliate a dadini di piccole dimensioni la fontina e il taleggio. ♦ In una casseruola fate sciogliere il burro, unitevi la farina e amalgamate bene con il latte. Salate, pepate e mescolate in continuamente. ♦ Al aggiungimento del bollore aggiungete i formaggi, i gherigli di noce tritati e il tuorlo d'uovo e continuate a mescolare energicamente. ♦ Fate cuocere la pasta in abbondante acqua salata, scolatela ancora al dente e fatela saltare in una padella con la salsa ai formaggi aggiungendo, se necessario, un po' d'acqua di cottura. ♦ Servite ponendo sulle trenette il tartufo nero tagliato a fettine sottili e una manciata di prezzemolo fresco tritato.

INGREDIENTI

Trenette, 380 g
Taleggio, 100 g
Latte intero, 40 dl
Gherigli di noce, 20 g
Fontina, 100 g
Farina, 10 g
Uovo, 1
Prezzemolo
Parmigiano grattugiato, 50 g
Tartufo nero, 1
Burro, 10 g
Sale, pepe macinato

Preparazione: 30 min.

Difficoltà: 💡

Vino:
COLLINE NOVARESI ROSSO

SAPORI DI MONTAGNA

Pasta al forno

☞ Sommario ☜

Frittata filante di spaghetti

Lavate accuratamente le vongole e fatele aprire a fuoco vivo in una casseruola con coperchio. ♦ Sgusciatele e filtrate l'acqua di cottura che terrete da parte. ♦ Sgusciate anche i gamberetti lessati. Fate rosolare l'aglio schiacciato appena in una padella capiente con poco olio. ♦ Togliete l'aglio appena dorato e unite le vongole e i gamberetti precedentemente sgusciati. Versate l'acqua delle vongole e il vino e fate evaporare. ♦ A questo punto passate i pomodori pelati, aggiungeteli nella padella e proseguite la cottura per circa 15 minuti. Salate, pepate e completate con il prezzemolo. ♦ Nel frattempo fate cuocere gli spaghetti in abbondante acqua salata, scolateli molto al dente e conditeli con il sugo preparato e la mozzarella tagliata a dadini. ♦ Versate gli spaghetti conditi in una pirofila imburrata, polverizzate con pangrattato e passate in forno già caldo a 200 °C per 15 minuti. ♦ Servite la frittata di spaghetti tagliata a spicchi e guarnita con del prezzemolo (*foto della ricetta alle pagine precedenti*).

INGREDIENTI

Spaghetti, 380 g
Vongole
 già spurgate, 1 kg
Gamberetti lessati,
 300 g
Pomodori pelati,
 250 g
Prezzemolo tritato,
 2 cucchiai
Aglio, 2 spicchi
Vino bianco, 2 dl
Mozzarella, 1
Pangrattato,
 1 cucchiaio
Burro, 20 g
Olio extravergine
 d'oliva, 4 cucchiai
Sale, pepe

Preparazione:
25 MIN. + 15 MIN.

Difficoltà:

Vino:
GUARDIA SANFRAMONDI
ROSSO

PASTA AL FORNO

INGREDIENTI

Farfalle, 380 g

Taleggio, 120 g

Tonno
  sottolio, 100 g

Olive,12

Acciughe sottolio, 4

Passata
  di pomodoro,
  1 bicchiere

Basilico, 8 foglie

Olio extravergine
  d'oliva

Sale, pepe

Farfalle mediterranee

Mentre portate a cottura molto al dente le farfalle, mescolate in una terrina la passata di pomodoro, le acciughe tagliuzzate, il taleggio tagliato a dadini, le olive spezzettate, il tonno sbriciolato, le foglie di basilico grossolanamente tritate, sale e pepe. ♦ Scolate la pasta e unitela agli ingredienti mescolando con cura. ♦ Preparate 4 fogli di carta da forno e all'interno distribuite le farfalle condite. ♦ Avvolgete la carta in modo da formare dei cartocci ben chiusi. ♦ Metteteli nel forno disponendoli a cerchio e cuoceteli a 180 °C per una decina di minuti. Lasciate riposare qualche minuto e servite.

▒ Taleggio ▒

È un formaggio a denominazione di origine dal 1989, prodotto nella Val Taleggio, in provincia di Bergamo, da circa un millennio. È grasso, a pasta molle e cruda e ad acidità naturale. Ha crosta sottile, rugosa, di colore marrone chiaro, tendente al rosato; pasta umida burrosa, di colore bianco-paglierino e dal sapore leggermente aromatico.

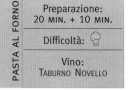

PASTA AL FORNO

Preparazione:
20 MIN. + 10 MIN.

Difficoltà:

Vino:
TABURNO NOVELLO

Tortiera di bucatini al forno

Sbucciate le patate e tagliatele a fette sottili. ♦ Disponetene uno strato sul fondo di una tortiera rotonda a bordi alti, copritelo con un po' di pomodori pelati e con una cipolla tagliata a fettine molto sottili. ♦ Condite con 2 cucchiai d'olio e un po' di parmigiano, salate, pepate e profumate con abbondante origano e basilico. Sopra tutto mettete uno strato di bucatini spezzettati. ♦ Ripetete gli strati con le patate, i pomodori e i bucatini, conditi allo stesso modo e terminate con uno strato di patate, in modo che la pasta rimanga "chiusa" al centro della tortiera. ♦ Versate sopra il tutto la quantità d'acqua necessaria a coprire la pasta e infornate per mezzora a 170 °C. ♦ Quando l'acqua sarà del tutto assorbita, estraete dal forno e servite.

INGREDIENTI

Bucatini, 300 g
Patate, 400 g
Pomodori pelati, 200 g
Cipolle, 2
Origano
Basilico
Parmigiano grattugiato, 50 g
Olio extravergine d'oliva, 3 cucchiai
Sale, pepe

Preparazione: 20 MIN. + 30 MIN.

Difficoltà: 🍳🍳

Vino: DIANO D'ALBA

PASTA AL FORNO

INGREDIENTI

Maccheroncini,
400 g

Melanzane, 2

Olive nere, 150 g

Pomodori maturi, 4

Capperi sotto sale,
1 manciata

Origano

Salsa di pomodoro,
1 tazza

Farina

Peperoncino rosso
in polvere

Olio extravergine
d'oliva

Sale

Preparazione:
45 MIN. + 1 H E 15 MIN.

Difficoltà: 😊 😊

Vino:
COLLIO SAUVIGNON

Pasticcio con olive e melanzane

Lavate le melanzane, asciugatele e tagliatele a fette. Mettetele poi a scolare sopra un piano inclinato con una spolverata di sale. ♦ Dopo circa un'ora strizzatele, infarinatele e friggetele nell'olio (oppure arrostitele al forno). ♦ Lessate la pasta in abbondante acqua salata, scolatela bene al dente e conditela con metà della salsa di pomodoro (vedi pag. 122). ♦ Quindi ungete d'olio una teglia da forno e fate uno strato di pasta, condendola con origano, olive tagliate a pezzetti e capperi, coprite con le melanzane, la salsa e di nuovo la pasta. ♦ Aggiungete ancora qualche pezzetto di olive, capperi, origano e coprite il tutto con i pomodori tagliati a fette spesse in senso orizzontale. ♦ Salate, spolverate con poco peperoncino in polvere e passate in forno caldo per circa un quarto d'ora, sinché i pomodori non saranno appassiti. Quindi sfornate e servite.

Fettuccine al forno con le sogliole

INGREDIENTI

Fettuccine all'uovo, 400 g
Sogliola, 6 filetti
Gamberetti, 150 g
Cozze, 150 g
Champignon, 150 g
Limone, 1/2
Paprica
Uova, 2
Panna liquida, 1,5 dl
Vino bianco secco, 1,5 dl
Burro, 30 g
Olio extravergine d'oliva
Sale, pepe

PASTA AL FORNO

Preparazione:
35 MIN. + 15 MIN.

Difficoltà: 😊 😊

Vino:
LAMEZIA GRECO

254

Lavate e sgusciate a crudo i gamberetti. Pulite le cozze e fatele aprire mettendole su fiamma vivace in un tegame coperto; separate poi i molluschi dal guscio. ◆ Pulite i funghi, affettateli e rosolateli in una padella insieme con dell'olio, i gamberetti e le cozze. Condite con sale e pepe e lasciate insaporire prima di spegnere. ◆ Sul fornello scaldate un po' d'olio in una pirofila da forno, mettete a cottura i filetti di sogliola e rosolateli da entrambi i lati, quindi bagnate con il vino e condite con un pizzico di paprica, sale e pepe. ◆ Passate poi in forno caldo (180 °C) e portate a cottura. Scolate i filetti e filtrate il fondo di cottura, poi rimettetelo al fuoco per farlo restringere. ◆ Mescolando unite al sugo la panna e un po' di succo di limone, i tuorli d'uovo, il burro a pezzetti e una macinata di pepe fresco; lasciate raddensare il tutto. ◆ Lessate le fettuccine e scolatele al dente; conditele con un giro d'olio e versatele in una pirofila. ◆ Disponete i filetti di sogliola sulle fettuccine e conditeli con il sugo di funghi, cozze e gamberetti, poi irrorate il tutto con la salsa alla panna. Gratinate in forno a 200 °C e servite caldo.

Lasagne con boleti ed erbette

Scottate in acqua salata le erbette ben lavate, quindi strizzatele accuratamente. Tagliate i funghi puliti a fette abbastanza spesse. ♦ In una padella soffriggete l'aglio con l'olio e 30 g di burro, unite i funghi e proseguite la cottura per 10 minuti; salate, pepate e cospargete con foglie di basilico tritato. ♦ Nel frattempo cuocete la pasta in acqua salata e scolatela bene al dente. In una pirofila da forno, disponete un primo strato di lasagne, coprite con le erbette, qualche cucchiaiata di funghi e un po' di fontina grattugiata; ricominciate quindi con uno strato di pasta, alternando tutti i vari ingredienti fino a esaurimento e terminando con uno strato di funghi. ♦ Cospargete con il formaggio grana e irrorate il burro rimasto fuso. Lasciate gratinare in forno preriscaldato a 100 °C per 20 minuti.

INGREDIENTI

Lasagne pronte, 400 g
Boleti, 600 g
Erbette, 300 g
Fontina, 300 g
Aglio, 1 spicchio
Burro, 80 g
Basilico
Grana grattugiato, 40 g
Olio extravergine d'oliva, 2 cucchiai
Sale, pepe

Preparazione:
40 MIN. + 20 MIN.

Difficoltà: ♟♟

Vino:
ELORO ROSSO

PASTA AL FORNO

INGREDIENTI

Rigatoni, 300 g
Fontina, 80 g
Radicchio
  di Treviso, 2 cespi
Speck, 50 g
Grana, 40 g
Scalogno, 1
Timo, qualche
  rametto
Burro
Sale, pepe

Rigatoni in gratin con radicchio e speck

Tagliate a listarelle lo speck e tritate lo scalogno. Lavate e pulite con cura il radicchio e tagliate le foglie a striscioline nel senso della lunghezza. ◆ Mettete a cuocere i rigatoni in abbondante acqua bollente salata. ◆ Nel frattempo sciogliete una noce di burro in una padella antiaderente, unite lo scalogno tritato, lo speck e un cucchiaino di foglioline di timo e rosolate tutto per qualche istante. ◆ Aggiungete il radicchio e fatelo saltare per qualche minuto a fiamma vivace; salate e pepate. ◆ Scolate i rigatoni al dente e conditeli subito con una noce di burro e un cucchiaio di grana. ◆ Stendete sul fondo di una pirofila imburrata un primo strato di pasta, copritela con parte del sugo al radicchio e con la fontina tagliata a fettine. ◆ Ripetete gli strati e terminate con il grana rimasto e fiocchetti di burro. ◆ Fate gratinare nel forno caldo a 200 °C per una decina di minuti.

Preparazione:
40 MIN. + 5 MIN.

Difficoltà:

Vino:
SANGIOVESE DI ROMAGNA

Gnocchetti sardi,
380 g

Prosciutto cotto,
80 g

Passata
di pomodoro, 300 g

Besciamella, 1 tazza

Parmigiano
grattugiato, 60 g

Pangrattato, 20 g

Uovo, 1

Aglio, 1 spicchio

Basilico, qualche
foglia

Olio extravergine
d'oliva, 2 cucchiai

Sale

Timballo
di gnocchetti in salsa

Mentre gli gnocchetti sardi cuociono in abbondante acqua bollente salata, tritate il prosciutto, unitelo alla besciamella (vedi pag. 107) e fatelo scaldare. ◆ Unitevi anche il parmigiano grattugiato e l'uovo sbattuto. Scolate gli gnocchetti al dente e uniteli al composto ottenuto. ◆ Imburrate 4 stampini da budino, cospargeteli con il pangrattato, suddividetevi gli gnocchetti conditi e metteteli in forno caldo a 200 °C per circa 20 minuti. ◆ Rosolate l'aglio con il burro rimasto e l'olio, unite la passata di pomodoro, regolate di sale e cuocete per 10 minuti; quindi eliminate l'aglio. ◆ Togliete i timballini dal forno, rovesciateli su 4 piatti su cui avrete versato la salsa di pomodoro, guarnite con foglie di basilico e servite.

PASTA AL FORNO

Preparazione:
25 MIN. + 20 MIN.

Difficoltà: ♟ ♟

Vino:
TABURNO PIEDIROSSO

Lasagne al forno con verdure

Pulite e lavate gli spinaci e lessateli al dente in acqua salata. Aggiungete all'acqua di cottura degli spinaci la besciamella (vedi pag. 107). ◆ Cuocete quindi le lasagne in acqua bollente salata, poche alla volta, con l'aggiunta di un cucchiaio d'olio per evitare che si attacchino tra di loro. ◆ Toglietele man mano dall'acqua e stendetele su un canovaccio umido. ◆ Sistemate poi la pasta a strati in una teglia da forno unta d'olio, alternandola con un composto formato dalla ricotta mescolata con gli spinaci tritati e insaporiti con poco peperoncino. ◆ Tra uno strato e l'altro versate poi della salsa di pomodoro (vedi pag. 122), stendendolo bene. ◆ Insaporite ogni strato con un po' di parmigiano grattugiato, pezzetti di fontina e qualche cucchiaio di besciamella. ◆ Mettete in forno a calore moderato per circa mezzora e infine portate in tavola.

INGREDIENTI

Lasagne pronte, 400 g
Spinaci, 500 g
Salsa di pomodoro, 1 tazza
Ricotta, 250 g
Fontina, 100 g
Besciamella
Peperoncino rosso in polvere
Parmigiano grattugiato
Olio extravergine d'oliva
Sale

Preparazione:
25 MIN. + 30 MIN.

Difficoltà: ☺

Vino:
CIRCEO SANGIOVESE

PASTA AL FORNO

Penne, 400 g

Gamberetti
sgusciati, 150 g

Prosciutto
affumicato, 1 fetta

Pisellini sgranati,
150 g

Cipollotto, 1

Vino bianco secco

Olio extravergine
d'oliva

Sale, pepe

Penne e gamberetti al cartoccio

Lavate i gamberetti e rosolateli in un tegame con qualche cucchiaio d'olio, poi bagnateli con il vino e fate evaporare. ◆ Aggiungete il cipollotto finemente tritato e lasciatelo ammorbidire, quindi unite il prosciutto che avrete tagliato a dadini e i piselli; salate, pepate e portate a cottura il tutto, aggiungendo, se necessario, un mestolo d'acqua calda. ◆ Fate lessate a questo punto la pasta in abbondante acqua salata e scolatela ancora al dente. Conditela con un filo d'olio crudo e amalgamatela al sugo preparato di gamberetti e piselli. ◆ Dividete la pasta in quattro porzioni, versatela su quattro fogli di carta d'alluminio e richiudete (potete scegliere anche di fare un unico grande cartoccio). ◆ Passate la pasta in forno preriscaldato e fatela cuocere a 180 °C per una decina di minuti circa. ◆ Sfornate e portate direttamente in tavola il cartoccio aperto.

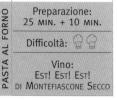

PASTA AL FORNO

Preparazione:
25 min. + 10 min.

Difficoltà: ♟♟

Vino:
Est! Est!! Est!!!
di Montefiascone Secco

INGREDIENTI

Maccheroni, 380 g

Animelle, 300 g

Prosciutto crudo,
100 g

Funghi secchi,
1 pugno

Tartufo nero
piccolo, 1

Besciamella, 1/2 l

Parmigiano
grattugiato, 100 g

Burro, 50 g

Sale, pepe in grani

Preparazione:
50 MIN. + 20 MIN.

Difficoltà: 🍳 🍳

Vino:
SAN VITO DI LUZZI
ROSSO

Pasticcio maccheroni e animelle

Lasciate rinvenire in acqua i funghi secchi dopo averli lavati. ◆ Tagliate a pezzetti le animelle e a sottili striscioline il prosciutto crudo. ◆ Mettete sul fuoco una pentola con abbondante acqua, portatela a ebollizione, salate e buttatevi i maccheroni, portandoli a metà cottura. Quindi scolateli e stendeteli su un canovaccio. ◆ Mettete in un tegame il burro, lasciatelo imbiondire a fuoco moderato e aggiungetevi le animelle. ◆ Insaporite con sale e poco pepe macinato al momento, bagnate con circa metà della besciamella (vedi pag. 107) e portate a cottura, mescolando di tanto in tanto. ◆ Aggiungete poi il prosciutto, i funghi ben scolati, il tartufo pulito e tagliato a sottili fettine. ◆ In una pirofila imburrata versate uno strato di maccheroni e conditeli con alcune cucchiaiate di sugo, qualche pezzetto di burro e un poco di besciamella; poi ripetete l'operazione sino a terminare gli ingredienti ma coprendo l'ultimo strato con abbondante parmigiano grattugiato e qualche fiocchetto di burro. ◆ Lasciate in forno a circa 200 °C, per 20 minuti. Servite caldo.

Sedanini dell'orto al forno

Mondate, lavate e tagliate a pezzi non troppo piccoli le verdure. Mettetele poi a lessare in una pentola con abbondante acqua salata. ◆ Nel frattempo preparate un battuto d'aglio e salvia; in un pentolino scaldate delicatamente il burro in modo da scioglierlo, aggiungendovi un paio di cucchiai d'olio. ◆ Fate cuocere in abbondante acqua salata i sedanini, scolateli al dente e togliete dal fuoco anche le verdure, giunte ormai al giusto grado di cottura. ◆ In una teglia da forno precedentemente unta con olio, disponete quindi degli strati alternati di pasta e verdure, parmigiano grattugiato, formaggio tenero a pezzettini, battuto di aglio e salvia, burro fuso e olio. Continuate così, concludendo con un leggero strato di parmigiano e, a piacere, qualche fiocchetto di burro. ◆ Mettete infine in forno caldo per una decina di minuti, mantenendo una temperatura intorno ai 170 °C. Lasciate intiepidire e servite in tavola.

INGREDIENTI

Sedanini, 380 g
Cipolle, 2
Carote, 2
Patate, 2
Bietola, 4 foglie
Sedano, 1 gambo
Spinaci, 100 g
Cavolo verza, 2 foglie
Aglio, 5 spicchi
Salvia, qualche foglia
Parmigiano grattugiato, 150 g
Formaggio tenero, 100 g
Burro, 100 g
Olio extravergine d'oliva
Sale

Preparazione:
25 MIN. + 10 MIN.

Difficoltà: 🍳

Vino:
ALCAMO ROSSO

PASTA AL FORNO

INGREDIENTI

Lasagne verdi
  pronte, 500 g
Piselli freschi
  sgranati, 100 g
Carote, 2
Zucchine, 2
Besciamella, 60 dl
Cipolla, 1
Rosmarino,
  1 rametto
Alloro, 1 foglia
Vino bianco
Parmigiano
  grattugiato
Olio extravergine
  d'oliva
Sale

Preparazione:
40 MIN. + 30 MIN.

Difficoltà: 🍴🍴

Vino:
CASTEL DEL MONTE
ROSATO

Pasticcio
di lasagne verdi

Fate lessare per pochi istanti le lasagne e mettetele ad asciugare su canovacci puliti. ◆ Preparate nel frattempo le verdure per il condimento: mondate e tagliate a pezzetti regolari le carote e le zucchine e tritate la cipolla. ◆ Mettete a cuocere in un tegame con poco olio i piselli insieme con le erbe aromatiche; dopo 10 minuti aggiungete le carote e dopo altri 5 le zucchine. Proseguite la cottura per 15 minuti, bagnando con un po' di vino. ◆ In una teglia unta d'olio disponete uno strato di lasagne, conditelo con un po' di verdure stufate e di besciamella (vedi pag. 107) e spolverate il tutto con del parmigiano grattugiato. ◆ Continuate così, ad alternare gli strati fino a esaurimento di tutti gli ingredienti, facendo attenzione a terminare con la besciamella e il parmigiano. ◆ A questo punto mettete in forno le lasagne a 180 °C per circa mezzora. Quindi sfornate e attendete alcuni minuti prima di portare in tavola.

Maccheroncini,
  400 g
Asparagi, 1 kg
Ricotta fresca, 300 g
Latte
Parmigiano
  grattugiato, 100 g
Uova, 2
Peperoncino rosso
  in polvere
Olio extravergine
  d'oliva
Sale

Preparazione:
25 MIN. + 30 MIN.

Difficoltà: ♙ ♙

Vino:
MONREALE PERRICONE

Maccheroncini primavera in gratin

Pulite accuratamente gli asparagi e fateli cuocere per circa 5 minuti in acqua salata e bollente, scolateli, conservate l'acqua di cottura, sgocciolateli per bene e tagliateli a pezzetti sino ad arrivare alla parte legnosa. ♦ Mettete i pezzetti in un largo tegame con alcuni cucchiai d'olio e fateli dorare leggermente. ♦ Lavorate la ricotta in una terrina con alcuni cucchiai di latte, un pizzico di sale e del peperoncino a piacere, sino a ottenere una crema liscia e morbida. ♦ In una pentola portate a ebollizione l'acqua di cottura degli asparagi alla quale avrete eventualmente unito altra acqua, gettatevi i maccheroncini, cuoceteli al dente e scolateli. ♦ Ungete d'olio una pirofila, condite la pasta con il parmigiano grattugiato e un poco d'olio e formate un primo strato a cui farete seguire gli asparagi e metà della crema di ricotta, poi continuate con maccheroni, asparagi, ricotta e ancora maccheroni, sui quali verserete infine le uova battute con un pizzico di sale, del peperoncino e un paio di cucchiai di parmigiano grattugiato. Per concludere lasciate in forno a gratinare per mezzora circa.

Linguine ubriache al cartoccio

In una casseruola mescolate al cognac la panna, unitevi una grattata di noce moscata, sale, pepe, il tartufo pulito e tagliato a sottili lamelle, la maizena. Lasciate addensare a fuoco molto moderato. ◆ Nel frattempo ponete sul fuoco una pentola con abbondante acqua salata, portatela a bollore e cuocetevi le linguine. ◆ Scolate la pasta e versatela in una zuppiera foderata di carta d'alluminio, conditela con abbondante burro fuso e versatevi sopra la salsa, arricchendo con un'abbondante spolverata di parmigiano. ◆ Chiudete il cartoccio, passate in forno a 170 °C per circa un quarto d'ora e servite il cartoccio ancora chiuso che aprirete al momento.

INGREDIENTI

Linguine, 400 g
Tartufo di media grandezza, 1
Cognac, 1 bicchiere
Panna da cucina, 1 bicchiere
Noce moscata
Maizena, 1 pizzico
Parmigiano grattugiato, 30 g
Burro
Sale, pepe

Preparazione: 35 MIN. + 15 MIN.

Difficoltà: 🍴🍴

Vino: BAROLO

PASTA AL FORNO

Maizena

È così chiamato lo sfarinato più puro derivato dal mais bianco con un grado minimo di abburattamento e, quindi, ridotto quasi ad amido puro. La maizena si usa come addensante invece dell'amido di patate (fecola), una puntina aggiunta ai sughi li rende densi e cremosi.

Mezze penne, 400 g
Melanzane, 3
Pomodori pelati,
  1 tazza
Origano
Aglio, 1 spicchio
Cipolla, 1/2
Pecorino dolce
  grattugiato
Olio extravergine
  d'oliva
Sale, pepe

Cestino di melanzane e mezze penne rosse

Lavate le melanzane, tagliatele a fettine, cospargetele di sale e lasciatele per un po' di tempo a riposare affinché perdano il liquido amaro. ◆ Intanto fate soffriggere l'aglio e la cipolla tritata in un po' d'olio, poi unite i pelati. Fate cuocere 20 minuti, salate, pepate e insaporite con l'origano. ◆ Fate friggete in una padella con olio bollente la metà delle fette di melanzana, dopo averle accuratamente asciugate. ◆ Lessate le mezze penne in abbondante acqua salata, scolatele al dente e conditele con il sugo. ◆ Foderate una pirofila con le melanzane crude, riempitela con piccoli strati di pasta condita e di melanzane fritte, terminando con la pasta. Spolverate con del pecorino grattugiato e mettete in forno caldo a 180 °C per 20 minuti. ◆ Sformate il "cestino" di melanzane e pasta su un piatto da portata e servite.

PASTA AL FORNO

Preparazione:
40 MIN. + 50 MIN.

Difficoltà: 🎩 🎩

Vino:
ALCAMO BIANCO

Tagliatelle, 400 g
Rigaglie di pollo,
  200 g
Tartufo, 1
Marsala,
  3/4 di bicchiere
Parmigiano
  grattugiato
Burro, 60 g
Sale, pepe

Tagliatelle rigaglie di pollo e tartufo

Fate rosolare a fuoco medio le rigaglie ben pulite e tritate con circa 30 g di burro; poi aggiustate di sale e pepe, e irrorate col marsala mescolando di continuo per farlo evaporare. ◆ Lessate le tagliatelle in abbondante acqua salata, scolatele al dente e conditele con il sugo di rigaglie, pezzetti di burro e un paio di cucchiai di parmigiano. ◆ Versatele poi in una pirofila imburrata, cospargetele di fettine di tartufo, di parmigiano e di burro che avrete precedentemente fuso fino a farlo diventare quasi nocciola. ◆ Mettete in forno già caldo a 200 °C per una decina di minuti, finché le tagliatelle non sono gratinate, sfornate e servite subito con altro parmigiano grattugiato a parte.

PASTA AL FORNO

Preparazione:
30 min. + 10 min.

Difficoltà: 🍳🍳

Vino:
Sagrantino Secco
di Montefalco

Spaghetti e zucchine al cartoccio

INGREDIENTI

Spaghetti, 400 g
Zucchine, 350 g
Capperi sotto sale, 40 g
Aglio, 2 spicchi
Olio extravergine d'oliva
Sale, pepe

Pulite le zucchine, lavatele e affettatele sottilmente a rondelle. ◆ Mettete in una padella un po' d'olio e l'aglio schiacciato e lasciate insaporire per un paio di minuti, facendo però attenzione che l'aglio non si bruci, quindi eliminatelo, unite le zucchine e cuocete a fiamma piuttosto vivace per 5 minuti. ◆ Poi abbassate la fiamma, proseguite la cottura per circa 15 minuti e al termine aggiungete i capperi sciacquati, un pizzico di pepe e pochissimo sale. ◆ Cuocete nel frattempo gli spaghetti in abbondante acqua salata, scolateli al dente e dopo versateli nella padella del condimento mescolando bene. ◆ Disponete la pasta così condita su un foglio di carta d'alluminio facendo in modo che la superficie rimanga guarnita con alcune rondelle di zucchina (a piacere potete preparare un unico grande cartoccio o più cartocci monoporzione). ◆ Chiudete bene i bordi a mo' di cordoncino lasciando abbastanza gioco tra il cibo e la carta. ◆ A questo punto passate in forno caldo a 180 °C per 10 minuti. Servite portando in tavola il cartoccio aperto su un piatto da portata.

Preparazione: 35 MIN. + 10 MIN.

Difficoltà: ♟ ♟

Vino: CAPRI BIANCO

PASTA AL FORNO

INGREDIENTI

Lasagne pronte,
400 g

Salsa di pomodoro,
1 tazza

Melanzane, 2

Peperoni, 2

Zucchine, 2

Mozzarella, 1

Peperoncino rosso
in polvere

Origano

Parmigiano
grattugiato

Olio extravergine
d'oliva

Sale

Timballo capriccioso

Lavate, asciugate e tagliate a pezzetti le melanzane, le zucchine e i peperoni (questi ultimi dovranno essere privati anche dei semi e dei filamenti interni). ♦ Mettete tutte le verdure in una padella con una cipolla affettata sottilmente e un poco d'olio e fate saltare il tutto per qualche minuto a fuoco medio. Poi abbassate la fiamma e continuate la cottura condendo con sale e un pizzico di peperoncino solo poco prima di togliere dal fuoco. ♦ Unite alle verdure la salsa di pomodoro (vedi pag. 122) e lasciate sul fuoco qualche minuto in modo che i sapori possano amalgamarsi. ♦ Ungete d'olio una teglia da forno, fate uno strato di lasagne, cospargetele di salsa di pomodoro e di mozzarella tagliata a dadini e spolveratele di parmigiano; ripetete gli strati sino a esaurimento degli ingredienti, terminando con uno strato di lasagne, pomodoro e parmigiano. ♦ Infine infornate a forno caldo e lasciate cuocere per una ventina di minuti.

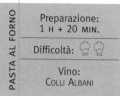

Preparazione:
1 H + 20 MIN.

Difficoltà: 🍳 🍳

Vino:
COLLI ALBANI

INGREDIENTI

Tagliatelle, 400 g
Yogurt naturale intero, 125 g
Ricotta, 200 g
Timo
Parmigiano grattugiato
Olio extravergine d'oliva
Sale

Tagliatelle al forno in crema di yogurt

Riscaldate il forno a 180 °C; intanto lessate le tagliatelle in abbondante acqua salata. ◆ Mentre la pasta cuoce mescolate in una terrina lo yogurt, alcuni cucchiai d'olio, la ricotta passata al setaccio, una presa generosa di sale e un po' di timo, in modo da ottenere una crema piuttosto fluida. ◆ Scolate la pasta al dente, conditela con la salsa e trasferite il tutto in una pirofila da forno leggermente unta d'olio. ◆ Cospargete con parmigiano grattugiato, infornate a 180 °C e fate cuocere per 25 minuti, quindi servite in tavola.

Preparazione:
15 MIN. + 25 MIN.

Difficoltà:

Vino:
FRIULI GRAVE CHARDONNAY

Rigatoni pasticciati

Mondate i funghi, lavateli, affettateli e stufateli in un po' d'olio fatto insaporire con uno spicchio d'aglio schiacciato. ♦ Quando sono cotti, eliminate l'aglio e conditeli con sale, pepe e prezzemolo tritato. ♦ Preparate una besciamella piuttosto liquida (vedi pag. 107). Una volta pronta, unitevi l'emmental tagliato a dadini e due cucchiai di funghi. ♦ Lessate la pasta in abbondante acqua salata, scolatela al dente e conditela con i funghi, quindi disponetela a strati in una teglia da forno alternandola con la besciamella e il parmigiano grattugiato. ♦ Terminate con la besciamella, il parmigiano e qualche fiocchetto di burro, quindi fate cuocere in forno a 200 °C per circa15 minuti. Dopo aver estratto la teglia dal forno aspettate qualche istante prima di servire.

INGREDIENTI

Rigatoni, 380 g
Funghi, 200 g
Emmental, 100 g
Aglio, 1 spicchio
Prezzemolo,
 1 mazzetto
Parmigiano
 grattugiato, 100 g
Burro
Besciamella
Olio extravergine
 d'oliva
Sale, pepe

Preparazione:
30 MIN. + 15 MIN.

Difficoltà: 👨‍🍳 👨‍🍳

Vino:
GUARDIOLO ROSSO

PASTA AL FORNO

INGREDIENTI

PER 6 PERSONE:

Ziti, 380 g

Mozzarella, 200 g

Parmigiano
  grattugiato,
  4 cucchiai

Piselli surgelati,
  250 g

Besciamella, 4 dl

Pancetta a dadini,
  50 g

Pangrattato,
  1 manciata

Uovo, 1

Cipolla, 1

Burro, 30 g

Erba cipollina

Olio extravergine
  d'oliva

Sale, pepe

Preparazione:
45 MIN. + 40 MIN.

Difficoltà: 🍳🍳🍳

Vino:
FRIULI GRAVE
PINOT BIANCO

Cupolone dorato di ziti

Fate soffriggere la cipolla tritata in un tegame con l'olio e i dadini di pancetta; unite i piselli precedentemente scongelati e ben sgocciolati, salate e cuocete per 15 minuti a fuoco basso, aggiungendo anche un po' di erba cipollina tagliuzzata. ♦ Lessate gli ziti, passateli sotto un filo d'acqua fredda, sgocciolateli e metteteli su un panno umido. ♦ Imburrate e cospargete di pangrattato uno stampo a cupola. ♦ Imburrate un disco di carta da forno che sistemerete sul fondo e cospargetelo di pangrattato. ♦ Sbattete l'uovo con 2 cucchiai d'acqua e un pizzico di sale. Passate ogni zito nell'uovo sbattuto, sgocciolatelo e disponetelo a spirale partendo dal centro dello stampo fino ad arrivare alla metà. ♦ Riempite con alcuni ziti tagliati a pezzi, la besciamella (vedi pag. 107), la mozzarella a dadini, i piselli con la pancetta e il parmigiano. ♦ Terminate di foderare lo stampo e riempite con la pasta condita rimasta. Mettete in forno già caldo a 190 °C per 40 minuti. ♦ Dopo averlo sfornato fatelo riposare una decina di minuti, poi rovesciatelo su un piatto e servite.

INGREDIENTI

Eliche, 350 g

Melanzane, 1

Zucchine piccole, 2

Patate, 2

Cipolla, 1

Basilico fresco,
 1 rametto

Prezzemolo fresco
 tritato, 1 cucchiaio

Polpa di pomodoro,
 400 g

Vino bianco secco,
 10 dl

Erba cipollina,
 1 ciuffetto

Mozzarelle, 2

Pangrattato,
 2 cucchiai

Parmigiano
 grattugiato,
 2 cucchiai

Peperoncino

Olio extravergine
 d'oliva

Sale

Preparazione:
45 MIN. + 15 MIN.

Difficoltà: 😊 😊

Vino:
COLLI LANUVINI

Gratin
di eliche e verdure

Pelate la melanzana, eliminate la parte centrale se troppo ricca di semi e tagliatela a cubetti. Spuntate gli zucchine, lavatele e affettatele a dischetti sottili. Pelate, lavate le patate e riducetele a dadini. ◆ In una casseruola con un po' d'olio e la cipolla, tritata e fatta leggermente dorare, aggiungete tutte le verdure, il prezzemolo, il pomodoro e un mestolo d'acqua. Salate e cuocete, coperto e a fiamma moderata, per circa 30 minuti. ◆ Al termine della cottura aggiungete il basilico fresco, sminuzzato. ◆ Mettete a cuocete la pasta in abbondante acqua salata aggiungendo un ciuffo di erba cipollina. ◆ Nel frattempo tagliate le mozzarelle a cubetti, accendete il forno a 200 °C e preparate la teglia per la cottura, ungendola con poco olio e cospargendola di pangrattato. ◆ Scolate le eliche al dente; conditele con il sugo e 2/3 della mozzarella, mescolate e versate nella teglia. ◆ Cospargetele con il resto della mozzarella e il parmigiano. Passate nel forno per 15 minuti. Lasciate riposare qualche minuto e servite.

Timballo di piselli e carciofi

Affettate sottilmente la cipolla e fatela saltare in padella con dell'olio. ♦ Dopo qualche minuto aggiungete i piselli e i carciofi precedentemente privati delle foglie esterne e tagliati a sottili spicchi. ♦ Insaporite con sale e peperoncino, mettete un coperchio e lasciate cuocere a fuoco moderato. Quando le verdure saranno pressoché cotte, portate a ebollizione abbondante acqua salata e lessatevi gli spaghetti, scolandoli piuttosto al dente. ♦ Condite la pasta con un giro d'olio e trasferitela in una pirofila oliata, alternando uno strato di pasta con uno di groviera tagliato a sottili fettine. ♦ A metà di quest'operazione mettete al centro del timballo le verdure, poi finite di riempire la pirofila, spolverizzate la superficie di pangrattato e mettete in forno preriscaldato. ♦ Dopo circa 20 minuti, sformate sul piatto da portata e servite caldo.

INGREDIENTI

Spaghetti, 400 g
Piselli freschi sgranati, 300 g
Carciofi, 3
Cipolla, 1/2
Groviera, 100 g
Pangrattato
Peperoncino rosso in polvere
Olio extravergine d'oliva
Sale

Preparazione: 30 MIN. + 20 MIN.

Difficoltà: ♙ ♙

Vino: SANTA MARGHERITA DI BELICE ROSSO

PASTA AL FORNO

Lasagne al pesce

Lasagne pronte,
  300 g
Pomodori
  pelati, 500 g
Totani, 250 g
Cozze, 200 g
Vongole, 200 g
Gamberetti, 100 g
Scampi, 100 g
Spinaci, 200 g
Besciamella, 6 dl
Aglio, 4 spicchi
Prezzemolo,
  1 ciuffetto
Basilico,
  alcune foglie
Vino bianco secco,
  1 bicchiere
Peperoncino
  rosso, 1
Olio extravergine
  d'oliva
Sale

PASTA AL FORNO

Preparazione:
1 H E 20 MIN. + 15 MIN.

Difficoltà: 😊 😊 😊

Vino:
GUARDIA SANFRAMONDI
ROSSO

Pulite bene i molluschi e fateli aprire separatamente con 1/2 bicchiere di vino, coperti. ♦ Separate i molluschi dalle valve, filtrate e tenete da parte il liquido. ♦ Pulite e sgusciate gli scampi e i gamberetti. ♦ Lessate gli spinaci per pochi minuti con la sola acqua di lavaggio e strizzateli. ♦ Fate insaporire qualche cucchiaio d'olio con 2 spicchi d'aglio per pochi minuti. ♦ Toglieteli e mettetevi i totani tagliati a listarelle per 5 minuti circa. ♦ Aggiungete i molluschi e i crostacei, bagnate con il vino e fate andare per qualche minuto. ♦ Bagnate con 2 cucchiai del liquido di cottura dei molluschi; aggiungete i pelati tritati e il peperoncino spezzettato. ♦ Insaporite con un trito fine di prezzemolo e aglio, regolate di sale e cuocete ancora finché la salsa si sia un po' ridotta. ♦ Insaporite gli spinaci strizzati cuocendoli per qualche minuto con un cucchiaio d'olio e un pizzico di sale. ♦ Distribuite in una pirofila uno strato di sugo e besciamella (vedi pag. 107), e alternate gli strati di spinaci, lasagne e pesce. Terminate con il sugo e con il basilico. ♦ Passate in forno per una quindicina di minuti e servite.

Mezze maniche,
380 g

Melanzane, 2

Pomodori, 300 g

Aglio, 2 spicchi

Noci, 10

Basilico, qualche
foglia

Ricotta fresca

Parmigiano
grattugiato

Olio extravergine
d'oliva

Sale

Sformato mezze maniche e melanzane

Dopo aver sbollentato i pomodori, pelateli e passateli al passaverdura, facendoli cadere direttamente nel tegame in cui avete nel frattempo rosolato, e poi eliminato, gli spicchi d'aglio in un po' d'olio. Regolate di sale e lasciate addensare la salsa, aggiungendo solo alla fine il basilico sminuzzato. ♦ Tagliate le melanzane a fette e disponetele su un piano inclinato, cosparse di sale per facilitare la fuoriuscita del loro liquido amarognolo. ♦ Dopo circa un'ora friggetele e disponetele su carta assorbente, quindi tagliatele a pezzetti e unitele al sugo di pomodoro, insieme ai gherigli delle noci pestati. ♦ Lessate a questo punto la pasta in abbondante acqua salata, scolatela piuttosto al dente, riversatela in una terrina e conditela con 2/3 del condimento e abbondante parmigiano grattugiato. ♦ Quindi mescolatela con cura e trasferitela in una teglia unta d'olio, copritela con il sugo restante e altro parmigiano e infornatela a 200 °C per 10-15 minuti. ♦ Estraete lo sformato di melanzane dal forno e attendete qualche istante prima di portarlo in tavola.

PASTA AL FORNO

Preparazione:
50 MIN. + 1 H E 10 MIN.

Difficoltà: 😀 😀

Vino:
MORELLINO DI SCANSANO

Vermicelli filanti con petto di pollo

Cuocete i vermicelli in abbondante acqua salata e scolateli quando sono ancora piuttosto al dente. ◆ Conditeli a piacere con burro (oppure olio), parmigiano grattugiato e sugo di arrosto. ◆ Trasferiteli in una teglia, date loro una forma bombata e decorateli con listarelle di petto di pollo e di lingua cotti a parte, pisellini cotti al burro e filetti di pomodoro, dando un ultimo tocco con l'aggiunta di sottili fettine di tartufo. ◆ Distribuite ancora un poco di sugo d'arrosto e spolverizzate con del parmigiano grattugiato, poi tagliate la mozzarella a fettine e ricoprite la preparazione. ◆ Infine trasferite la teglia nel forno preriscaldato e ben caldo, lasciandovela sino a quando la mozzarella comincerà a filare. A quel punto togliete dal forno e servite caldo.

INGREDIENTI

Vermicelli, 400 g
Tartufo bianco medio, 1
Petto di pollo, 1
Lingua
Mozzarella, 1
Pisellini novelli, 150 g
Pomodoro, 1
Sugo di arrosto, 1/2 bicchiere
Parmigiano grattugiato
Burro o olio extravergine d'oliva
Sale

Preparazione:
30 MIN. + 10 MIN.

Difficoltà: 🍳

Vino:
LISON-PRAMAGGIORE
MALBECH

PASTA AL FORNO

INGREDIENTI

Ditalini, 150 g

Peperoni gialli, 4

Fagioli cannellini lessati, 150 g

Salsiccia, 150 g

Cipolla, 1

Passata di pomodoro, 2 dl

Parmigiano grattugiato, 2 cucchiai

Olio extravergine d'oliva, 3 cucchiai

Sale, pepe

Peperoni gialli ripieni di pasta

Tagliate la calotta ai peperoni e privateli dei semi e dei filamenti interni. Lavateli e scottateli in acqua bollente salata per circa 5 minuti, dopodiché poneteli capovolti su un canovaccio a sgocciolare. ♦ Fate appassire in un tegame con l'olio la cipolla tritata; aggiungete la salsiccia spellata e spezzettata e rosolate per un paio di minuti. ♦ Unite, quindi, i fagioli e la passata di pomodoro e amalgamate con cura; salate, pepate e fate cuocere per una decina di minuti. ♦ Nel frattempo lessate i ditalini in abbondante acqua salata; scolateli al dente e conditeli con il sugo preparato. ♦ A questo punto, farcite i peperoni e cospargete con il parmigiano grattugiato. ♦ Poneteli in una teglia con il fondo rivestito di carta da forno e infornate a 180 °C per circa 15 minuti.

PASTA AL FORNO

Preparazione:
50 MIN. + 15 MIN.

Difficoltà:

Vino:
LANGHE DOLCETTO

INGREDIENTI

Spaghetti, 400 g
Tartufo bianco, 1
Noce moscata
Parmigiano
  grattugiato, 60 g
Burro, 100 g
Sale

Spaghetti gratinati al tartufo bianco

Pulite il tartufo con uno spazzolino e uno strofinaccio in modo da eliminare ogni residuo terroso. ♦ Cuocete gli spaghetti in abbondante acqua salata, scolateli al dente e conditeli con 70 g di burro precedentemente ammorbidito, una spolverata di noce moscata e metà del parmigiano. ♦ Mescolate il tutto con cura, poi trasferite la pasta in una pirofila imburrata e distribuitevi sopra il restante burro a pezzetti e il parmigiano. ♦ Mettete per 10 minuti in forno preriscaldato alla temperatura di 200 °C, togliete quindi dal forno, cospargete con il tartufo tagliato a sottili lamelle e portate subito in tavola.

Preparazione:
15 MIN. + 10 MIN.

Difficoltà:

Vino:
DONNICI ROSSO

Timballo ai cavolfiori

Lavate il cavolfiore, tagliatelo a cimette e quindi bollitelo per qualche minuto in poca acqua. ♦ Scolatelo, conservate l'acqua di cottura e ripassatelo in padella con un poco d'olio, lo spicchio d'aglio, un pizzico di peperoncino e uno di noce moscata. ♦ Poi preparate la besciamella seguendo i passaggi della ricetta di base (vedi pag. 107), ma sostituendo l'olio al posto del burro, l'acqua di cottura del cavolfiore al posto del latte e aggiungendo un pizzico di timo. Unite poi una manciata di parmigiano e una di groviera grattugiati. ♦ Oliate una teglia da forno, fate uno strato di lasagne e poi proseguite con strati di besciamella, parmigiano e groviera grattugiati, cavolfiore; ripetete gli strati sino a esaurimento degli ingredienti, terminando con la besciamella e i formaggi grattugiati. ♦ Infine infornate a forno preriscaldato, lasciando cuocere sino a quando si sarà formata una crosticina dorata (15 minuti circa).

INGREDIENTI

Lasagne pronte, 400 g
Cavolfiore, 1
Aglio, 1 spicchio
Noce moscata, 1 pizzico
Groviera grattugiato, 100 g
Parmigiano grattugiato, 100 g
Peperoncino rosso in polvere
Olio extravergine d'oliva
Sale

PER LA BESCIAMELLA VEGETALE:
Farina, 50 g
Acqua di cottura del cavolfiore, 3 dl
Timo, 1 pizzico
Olio extravergine d'oliva, 0,75 dl
Sale

Preparazione: 1 H E 15 MIN. + 15 MIN.

Difficoltà: 🧄 🧄 🧄

Vino: CILENTO AGLIANICO

PASTA AL FORNO

Pasta ripiena

☞ Sommario ☜

Triangolini piccanti al peperoncino

Preparate anzitutto la pasta per i triangolini seguendo le indicazioni fornite a pag. 25, aggiungendo la polvere di pomodoro e un pizzico di peperoncino rosso. ♦ Passate al setaccio la polpa della salsiccia, il pecorino e la ricotta, amalgamate tutti gli ingredienti in una terrina con l'uovo e insaporite con un pizzico di sale. ♦ Tagliate la pasta a quadri di 4 cm di lato, disponete al centro di ognuno una noce di ripieno, ripiegate la pasta lungo la diagonale e formate i triangoli. ♦ Sigillate il fagottino, schiacciando la pasta lungo i bordi. ♦ Dedicatevi adesso al condimento: lavate i broccoletti, togliete le cimette e lessatele. ♦ Dopo averle scolate fatele appassire in un tegame con l'olio insieme all'aglio, unite la salsa di pomodoro (vedi pag. 122) e fate ridurre. Fate cuocere i triangoli nella stessa acqua dei broccoletti. ♦ Scolateli, versateli in una zuppiera e conditeli con il sugo da cui avrete tolto l'aglio. ♦ Spolverate con pecorino grattugiato e servite *(foto della ricetta alle pagine precedenti)*.

INGREDIENTI

PER LA PASTA:
Farina 00, 500 g
Uova, 4
Polvere di pomodoro secco, 20 g
Peperoncino rosso in polvere, 1 pizzico
Olio extravergine d'oliva, 1 cucchiaio
Sale

PER IL RIPIENO:
Salsiccia piccante, 200 g
Pecorino, 200 g
Ricotta, 100 g
Uovo, 1
Sale

PER IL CONDIMENTO:
Broccoletti, 300 g
Salsa di pomodoro, 1 tazza
Aglio, 1 spicchio
Olio extravergine d'oliva

Preparazione: 1 H E 10 MIN.

Difficoltà: 😊 😊 😊

Vino: DIANO D'ALBA

PASTA RIPIENA

Tortelli di fontina e noce moscata

PER LA PASTA:

Farina 00, 500 g

Uova, 4

Olio extravergine
d'oliva

Sale

PER IL RIPIENO:

Fontina, 500 g

Timo fresco,
1 rametto

Noce moscata

Sale, pepe

PER IL CONDIMENTO:

Prosciutto cotto,
1 fetta spessa

Aglio, 1 spicchio

Salvia, 1 rametto

Burro, 40 g

Parmigiano
grattugiato

Preparate la pasta per i tortelli seguendo le indicazioni fornite a pag. 25. ◆ Passate poi a realizzare il ripieno: tagliate la fontina a dadini, pestatela nel mortaio fino a ottenere una crema omogenea, salate e pepate, aggiungete il timo fresco tritato, un pizzico di noce moscata e amalgamate il tutto. ◆ Stendete la pasta prendendone piccole porzioni così da ottenere una striscia sottile. Disponete al centro e ben distanziati dei piccoli mucchietti di ripieno. ◆ Coprite con un'altra striscia di pasta e fate aderire bene le due sfoglie. Poi con l'apposita rotella tagliate i tortelli. ◆ Preparate adesso il condimento: rosolate il prosciutto tagliato a dadini in un po' di burro; fate dorare il burro rimanente aromatizzandolo con l'aglio e la salvia. Cuocete i tortelli, scolateli e versateli in una terrina. ◆ Conditeli con il burro fuso, eliminando salvia e aglio e aggiungendo i dadini di prosciutto rosolati. Cospargete infine di parmigiano grattugiato e servite.

PASTA RIPIENA

Preparazione:
1 H

Difficoltà: 😐 😐

Vino:
LAGO DI CORBARA ROSSO

Tortellini alla borragine

Preparate la pasta per i tortellini seguendo le indicazioni fornite a pag. 27. ♦ Pulite la borragine e lessatela in poca acqua, quindi strizzatela e tagliatela finemente. ♦ Mettetela in una terrina e amalgamatela con la ricotta, il parmigiano grattugiato, la mozzarella tritata, l'uovo, la scorza grattugiata del limone, un pizzico di cannella e uno di noce moscata, il sale. ♦ Ritagliate dalla sfoglia dei quadrati di 5 cm di lato, disponete al centro di ognuno un po' di ripieno, quindi richiudeteli a triangolo, unendo due angoli per ottenere la forma caratteristica del tortellino. Lasciateli riposare su un canovaccio. ♦ Nel frattempo preparate il condimento: sbollentate e pelate i pomodori, passateli al passaverdura e fateli cuocere in un tegame con poco olio per mezzora, aggiungendo lo zucchero e regolando di sale. ♦ A cottura quasi ultimata insaporite con un pizzico di peperoncino e le foglie di basilico sminuzzate. ♦ Lessate i tortellini in acqua salata, scolateli al dente e trasferiteli in una zuppiera; condite con il sugo al pomodoro e una spolverata di parmigiano grattugiato.

INGREDIENTI

PER LA PASTA:
Farina 00, 500 g
Uova, 4
Olio extravergine d'oliva
Sale

PER IL RIPIENO:
Borragine, 1 kg
Ricotta, 300 g
Mozzarella, 125 g
Uovo, 1
Limone, 1
Cannella
Noce moscata
Parmigiano, 100 g
Sale

PER IL CONDIMENTO:
Pomodori, 500 g
Basilico
Zucchero, 1 pizzico
Peperoncino in polvere
Parmigiano
Olio extravergine d'oliva
Sale

Preparazione:
1 H E 30 MIN.

Difficoltà: 🍳🍳

Vino:
VALDICHIANA SANGIOVESE

PASTA RIPIENA

Farina 00, 500 g
Uova, 4
Olio extravergine
   d'oliva
Sale

Zucchine, 200 g
Ricotta fresca, 150 g
Parmigiano
   grattugiato
Noce moscata
Sale, pepe

Pomodori maturi
   e sodi, 4
Basilico, qualche
   foglia
Porro, 1
Salvia, qualche foglia
Burro, 40 g
Parmigiano
   grattugiato
Olio extravergine
   d'oliva
Sale, pepe

PASTA RIPIENA

Preparazione:
1 H

Difficoltà: 🍳 🍳

Vino:
Riviera del Garda
Bresciano Bianco

Ravioli alle zucchine

Preparate la pasta per i ravioli seguendo le indicazioni fornite a pag. 25. ♦ Pulite le zucchine, affettatele fini e fatele appassire in un po' di burro, insaporendo con sale e noce moscata. ♦ Passatele al setaccio e amalgamatele in una terrina con la ricotta e una manciata di parmigiano grattugiato. ♦ Confezionate i ravioli disponendo sulla sfoglia il ripieno in mucchietti della grandezza di una noce; ripiegate la pasta e schiacciatela con le dita intorno al ripieno, tagliando con l'apposita rotella dei quadri di circa 4 cm di lato. ♦ Fate dorare il porro tagliato fine in poco olio. Pelate i pomodori dopo averli tuffati in acqua bollente, privateli dei semi, sminuzzateli e uniteli al soffritto con un pizzico di sale. Lasciateli poi consumare mentre sciogliete il burro aromatizzato con alcune foglioline di salvia. ♦ Cuocete i ravioli in abbondante acqua salata, scolateli molto bene e poneteli in una terrina; versate il burro fuso, il condimento preparato e mescolate. Spolverate con parmigiano grattugiato e servite.

PER LA PASTA:
Farina, 400 g
Uova, 2
Acqua
Sale

PER IL RIPIENO:
Carne tritata mista
  (vitello, agnello,
  maiale), 250 g
Prosciutto, 50 g
Pecorino
  stagionato, 50 g
Uova, 2
Aglio, 1 spicchio
Prezzemolo, 1
  ciuffo
Pane grattugiato
Sale, pepe

PER IL CONDIMENTO:
Pomodori, 500 g
Cipolla, 1
Prezzemolo,
  1 mazzetto
Pecorino
  stagionato, 100 g
Sale, pepe

PASTA RIPIENA

Preparazione:
1 H + 24 H

Difficoltà: 😀 😀

Vino:
CANNONAU DI SARDEGNA

Culingiònis con ripieno di carne

Versate la farina sulla spianatoia formando la classica fontana e lavoratela con il
sale, le uova e tanta acqua tiepida quanta
ne occorre per ottenere un impasto omogeneo; lasciate riposare per mezzora. ♦
Nel frattempo tritate il prosciutto, unitelo
alla carne, all'aglio e al prezzemolo tritati
e versate il tutto in un tegame con poco
olio: fate rosolare, pepate e cuocete a fuoco lento. ♦ A cottura ultimata fate raffreddare e amalgamate alla carne, uova,
formaggio e pane grattugiato. ♦ Stendete la pasta e ricavatene delle sfoglie sottili. Con un cucchiaino distribuite delle palline di ripieno lungo le sfoglie distanzian-
dole tra loro. ♦ Richiudetele su loro stesse
nel senso della lunghezza e premete con le
dita lungo il bordo e tra una pallina di ripieno e l'altra. Ritagliate i culingiònis e lasciateli ad asciugare per 24 ore. ♦ Rosolate la cipolla tritata in poco olio, versatevi i
pomodori pelati, privati dei semi e tritati,
salate e cuocete per circa mezzora, insaporendo con il prezzemolo tritato e con il
pepe. ♦ Cuocete i culingiònis, scolateli e
conditeli con il sugo di pomodoro e il pecorino stagionato grattugiato.

Agnolotti del pastore

Preparate la pasta per gli agnolotti seguendo le indicazioni fornite a pag. 25. ◆ Lessate le erbette in poca acqua salata, scolatele e strizzatele, quindi passatele al setaccio. ◆ Pestate nel mortaio il pecorino e riducetelo a una pasta cremosa. In una ciotola unite le erbette, le uova, il formaggio, insaporite con timo, maggiorana, sale e pepe. Amalgamate bene tutto e distribuite il composto sulla sfoglia. ◆ Ricoprite con una seconda sfoglia e pigiate con le dita intorno al ripieno. Tagliate con la rotella dei quadri di pasta di circa 2,5 cm di lato. ◆ Fate dorare nel burro la pancetta a dadini con l'aglio schiacciato. Aggiungete la salsa di pomodoro (vedi pag. 122), salate e lasciate consumare a fuoco basso. Cuocete gli agnolotti, scolateli e versateli in una terrina. ◆ Condite, cospargete con pecorino grattugiato, speziate con pepe macinato al momento e servite.

INGREDIENTI

PER LA PASTA:
Farina 00, 500 g
Uova, 4
Olio extravergine d'oliva
Sale

PER IL RIPIENO:
Pecorino freschissimo, 200 g
Erbette, 250 g
Uova, 2
Timo
Maggiorana
Sale, pepe

PER IL CONDIMENTO:
Pancetta magra, 1 fetta spessa
Aglio, 1 spicchio
Salsa di pomodoro, 2 cucchiai
Pecorino stagionato
Burro
Sale, pepe

Preparazione: 50 MIN.

Difficoltà: 🛆 🛆

Vino: CAREMA

PASTA RIPIENA

INGREDIENTI

PER LA PASTA:
Farina 00, 500 g
Uova, 4
Olio extravergine
d'oliva
Sale

PER IL RIPIENO:
Zucca gialla dolce,
1,5 kg
Mostarda
di Cremona, 150 g
Amaretti, 100 g
Parmigiano
grattugiato
Limone, 1
Sale, pepe

PER IL CONDIMENTO:
Burro, 100 g
Salvia, 4-5 foglie
Parmigiano
grattugiato

PASTA RIPIENA

Preparazione:
1 H

Difficoltà: 😊 😊

Vino:
LAMBRUSCO MANTOVANO

Tortelli di zucca

Preparate il ripieno il giorno prima. Tagliate a pezzi la zucca con la buccia, eliminate i semi e i filamenti, e passatela in forno a 180 °C per 10 minuti. ◆ Passate la polpa al setaccio; in una terrina amalgamate alla purea di zucca gli amaretti ridotti in polvere, la mostarda tritata fine, un paio di cucchiai del suo sugo, 4 cucchiaiate di parmigiano, la scorza grattugiata e il succo del limone. ◆ Mescolate bene e tenete coperto al fresco. Se prima di usarlo il ripieno non risultasse asciutto, aggiungete ancora qualche amaretto. ◆ Preparate la pasta per i tortelli seguendo le indicazioni fornite a pag. 25. ◆ Quindi con l'apposita rondella tagliatela a strisce, distribuite su metà delle sfoglie il ripieno a mucchietti distanziati, poi ricoprite con l'altra striscia, premete con le dita intorno al ripieno per saldare la pasta, avendo cura di eliminare tutta l'aria, e tagliate i tortelli con la rotella. ◆ Lessateli in acqua bollente salata e appena la pasta sarà cotta ma al dente, scolateli col mestolo bucato, mettendoli in una zuppiera calda, a strati con burro fuso, aromatizzato con la salvia, e parmigiano grattugiato.

Farina 00, 500 g
Uova, 4
Olio extravergine
d'oliva, 1 cucchiaio
Sale

Ortiche, 500 g
Germogli di soia
verde, 20 g
Germogli di miglio,
20 g
Germogli di zucca,
20 g
Ricotta di capra,
200 g
Noce moscata
Sale

Besciamella, 5 dl

Cannelloni ortiche e germogli

Preparate la pasta per i cannelloni seguendo le indicazioni fornite a pag. 25, poi ritagliate dalla sfoglia dei rettangoli di 12 x 16 cm, scottateli in acqua salata e fateli asciugare su canovacci puliti. ◆ Passate a preparare il ripieno: mondate le ortiche e scottatele in acqua leggermente salata per un paio di minuti, quindi strizzatele e frullatele insieme alla ricotta, ai germogli, a un pizzico di sale e a un po' di noce moscata grattugiata al momento. ◆ Disponete un po' di questo ripieno sui rettangoli di pasta e arrotolateli su se stessi per formare i cannelloni. ◆ Adagiateli in una teglia, dopo avervi steso uno strato di besciamella (vedi pag. 107), ricopriteli con la besciamella restante e infornate a 180 °C per mezzora. Prima di servire lasciate intiepidire alcuni minuti.

PASTA RIPIENA

Preparazione:
1 H

Difficoltà: 🍳 🍳

Vino:
BIANCO DI TORGIANO

Ravioli
con ripieno al tofu

Preparate la pasta per i ravioli seguendo le indicazioni fornite a pag. 25, tiratela in una sfoglia sottile e lasciatela riposare sulla spianatoia. ◆ Dedicatevi ora al ripieno: fate imbiondire in poco olio la cipolla e l'aglio finemente tritati, trasferiteli poi in una terrina e aggiungete le foglie di bietola sminuzzate, il prezzemolo tritato e il tofu. ◆ Insaporite con una presa di sale e mescolate energicamente con un cucchiaio di legno, fino a ottenere un composto abbastanza omogeneo. ◆ Fate cuocere per mezzora in un tegame con un po' d'olio, i pomodori, sbollentati, pelati e privati dei semi; salate e insaporite con il basilico sminuzzato e il peperoncino in polvere. ◆ Disponete il ripieno a mucchietti a distanza regolare su metà della sfoglia, piegate l'altra metà, sigillandola bene intorno ai mucchietti, quindi ritagliate la pasta con l'apposita rotella. ◆ Fate lessare i ravioli in abbondante acqua salata, scolateli al dente e disponeteli in una pirofila leggermente unta con olio, coprendoli poi con la salsa di pomodoro. Infornate il tutto a 180 °C per 10-15 minuti, infine servite.

INGREDIENTI

PER LA PASTA:
Farina 00, 500 g
Uova, 4
Olio extravergine
 d'oliva
Sale

PER IL RIPIENO:
Tofu, 250 g
Bietola cotta,
 3 foglie
Aglio, 1 spicchio
Cipolla, 1
Prezzemolo,
 1 mazzetto
Olio extravergine
 d'oliva
Sale

PER IL CONDIMENTO:
Pomodori, 500 g
Basilico
Peperoncino
in polvere
Olio extravergine
 d'oliva
Sale

Preparazione:
1 H

Difficoltà: 🍴🍴

Vino:
ALGHERO SANGIOVESE

PASTA RIPIENA

INGREDIENTI

Cappelletti al salmone

Preparate la pasta per i cappelletti seguendo le indicazioni fornite a pag. 27. ♦ Passate nel frullatore il salmone crudo e il prezzemolo. In una terrina amalgamate il pesce, la ricotta, un pizzico di sale e uno di noce moscata. ♦ Distribuite con un cucchiaino il ripieno sulla sfoglia, tagliate e chiudete i cappelletti. ♦ Fateli cuocere in abbondante acqua salata, scolateli e disponeteli in una zuppiera. ♦ Coprite con la panna liquida, aggiungete alcune foglioline di prezzemolo finemente tritate, cospargete con un po' di scorza di limone grattugiata, e versate infine il burro fuso aromatizzato con l'aglio. Mescolate bene e servite.

PASTA RIPIENA

Preparazione:
1 H E 30 MIN.

Difficoltà:

Vino:
GRECO DI TUFO
SPUMANTE

PER LA PASTA:
Farina 00, 500 g
Uova, 4
Olio extravergine
  d'oliva
Sale

PER IL RIPIENO:
Petto di tacchino,
  250 g
Parmigiano, 100 g
Formaggio fresco,
  50 g
Zucchine, 2
Uovo, 1
Noce moscata
Burro
Sale, pepe

PER IL CONDIMENTO:
Asparagi, 24 punte
Panna liquida,
  1 mestolo
Salsa di pomodoro,
  2 cucchiai
Parmigiano
Burro

Preparazione:
50 MIN.

Difficoltà:

Vino:
ANSONICA
COSTA DELL'ARGENTARIO

PASTA RIPIENA

304

Tortelli
con tacchino

Preparate la pasta per i tortelli seguendo
le indicazioni fornite a pag. 25. ♦ Tagliate
il petto di tacchino e le zucchine a dadini.
Fate imbiondire il tutto nel burro insaporendo con il sale, quindi passate nel frullatore. ♦ Mettete il composto in un recipiente e aggiungete l'uovo, il formaggio
fresco e il parmigiano grattugiato. Aromatizzate bene con pepe, sale, noce moscata e amalgamate bene. ♦ Con l'apposita formina tonda e dentellata tagliate
nella sfoglia dei dischi di 4 cm di lato e disponete al centro di ciascuno un po' di ripieno, quindi, coprendoli con un altro disco, unitene i bordi e sigillateli premendo
con le dita. ♦ Fate appassire le punte d'a-
sparagi nel burro. Cuocete i tortelli, scolateli e versateli in una zuppiera. ♦ Aggiungete poi la panna liquida, gli asparagi, la salsa di pomodoro (vedi pag. 122),
una generosa spolverata di parmigiano e
mescolate. Serviteli ben caldi.

Langaroli piemontesi

Preparate la pasta per i langaroli seguendo le indicazioni fornite a pag. 25. ◆ Lavate e asciugate le foglie di verza tagliatele a striscioline e fatele appassire nel burro. ◆ Aggiungete la carne lessata tritata, salate, speziate con pepe e noce moscata, quindi lasciate rosolare per alcuni minuti. ◆ Spegnete il fuoco e aspettate che la carne si raffreddi prima di aggiungere le uova, il riso lessato e la toma d'Alba grattugiata. ◆ Amalgamate bene il tutto, poi con un cucchiaino disponete il ripieno a piccoli mucchi sulla sfoglia che avete preparato. Ricoprite con una seconda sfoglia e schiacciate con le dita intorno al ripieno. Con il coltello tagliate la pasta a quadri di circa 1 cm e mezzo di lato, poi pizzicate tra pollice e indice il bordo del langarolo e ruotate leggermente chiudendo bene. ◆ Mettete in un tegame il porro tagliato fine, il rosmarino e fateli imbiondire nell'olio, aggiungete la coscia di vitello tritata e fate rosolare per alcuni minuti. ◆ Unite i pomodori pelati e sminuzzati, salate, pepate e lasciate consumare a fuoco moderato. Cuocete i langaroli, scolateli e versateli in una terrina. ◆ Condite con il ragù di carne, spruzzate di parmigiano grattugiato e servite.

INGREDIENTI

PER LA PASTA:
Farina 00, 500 g
Uova, 4
Olio extravergine d'oliva
Sale

PER IL RIPIENO:
Carne di bovino lessata, 100 g
Riso lessato, 50 g
Cavolo verza, 50 g
Toma d'Alba, 50 g
Uova, 2
Noce moscata
Burro
Sale, pepe

PER IL CONDIMENTO:
Coscia di vitello, 150 g
Pomodori, 2
Porro, 1
Rosmarino, 1 rametto
Parmigiano
Olio extravergine d'oliva
Sale, pepe

Preparazione:
45 MIN.

Difficoltà: ♕ ♕ ♕

Vino:
GHEMME

PASTA RIPIENA

305

Pansotti liguri

PER LA PASTA:
Farina 00, 500 g
Uova, 4
Olio extravergine
d'oliva
Sale

PER IL RIPIENO:
Bietole, 500 g
Preboggion
(cavolo cappuccio,
foglie di bietola
e prezzemolo),
500 g
Ricotta, 300 g
Uova, 3
Borragine, 1 mazzo
Noce moscata
Parmigiano, 50 g
Sale

PER IL CONDIMENTO:
Gherigli di noce, 20
Pinoli, 10
Aglio, 1 spicchio
Olio extravergine
d'oliva

Preparate la pasta per i pansotti seguendo le indicazioni fornite a pag. 25. ◆ Mondate e lavate le verdure, lessatele e tritatele. ◆ In una terrina impastate insieme la ricotta, il parmigiano grattugiato, le uova, il sale e una grattatina di noce moscata; alla fine aggiungete le verdure tritate. ◆ Infarinate il piano di lavoro e tagliate la sfogli in quadrati di 6 cm di lato. Ponete al centro di ogni quadrato di sfoglia un mucchietto di ripieno, ripiegate la pasta a triangolo premendo bene sui bordi, quindi lasciate asciugare su un canovaccio. ◆ Dedicatevi ora alla preparazione della salsa. Tritate finemente noci, pinoli e aglio e amalgamate il tutto versandovi l'olio a filo. ◆ Infine lessate i pansotti in acqua bollente salata, disponeteli in un piatto da portata riscaldato, ricopriteli con la salsa di noci e servite.

PASTA RIPIENA

Preparazione:
40 MIN.

Difficoltà: 😊 😊

Vino:
TERRE DI FRANCIACORTA
BIANCO

INGREDIENTI

PER LA PASTA:
Farina 00, 500 g
Uova, 4
Olio extravergine
  d'oliva
Sale

PER IL RIPIENO:
Melanzane, 200 g
Ricotta, 300 g
Gherigli di noce, 5
Salvia, qualche foglia
Prezzemolo,
  1 mazzetto
Parmigiano
  grattugiato
Olio extravergine
  d'oliva
Sale

PER IL CONDIMENTO:
Pomodori, 500 g
Basilico
Peperoncino
  in polvere
Olio extravergine
  d'oliva
Sale

Preparazione:
1 H E 40 MIN.

Difficoltà: 😑 😑 😑

Vino:
CASTEL SAN LORENZO
ROSATO

PASTA RIPIENA

Tortellini ricotta e melanzane

Tagliate le melanzane a fettine, distribuitevi sopra qualche grano di sale grosso e lasciatele scolare per almeno mezzora. ♦ Preparate la pasta per i tortellini seguendo le indicazioni fornite a pag. 27. ♦ Asciugate le melanzane, disponetele in una teglia oliata e fatele dorare in forno. ♦ Estraete la teglia, lasciate raffreddare le melanzane, poi tritatele; unite la ricotta, i gherigli di noce tritati, del parmigiano, il prezzemolo e la salvia anch'essi tritati. Mescolando amalgamate tutti gli ingredienti. ♦ Tagliate la sfoglia a quadrati di 4 cm di lato e mettete su ciascuno un po' di ripieno, ripiegateli a triangolo, premete bene i bordi e unite due lati formando dei tortellini. Lasciateli riposare su un canovaccio e preparate i condimento. ♦ Sbollentate, pelate e passate al passaverdura i pomodori; fateli cuocere per mezzora in un tegame con un po' d'olio, salate e insaporite con il basilico sminuzzato e il peperoncino in polvere. ♦ Lessate i tortellini in abbondante acqua salata, scolateli, e versateli nel condimento. Portateli infine in tavola in una zuppiera ben calda.

Ravioli allo storione e vongole

Preparate la pasta per i ravioli seguendo le indicazioni fornite a pag. 25. ◆ Passate lo storione in forno caldo per una ventina di minuti, quindi fatelo raffreddare e mondatelo da pelle e lische. ◆ Lavate e tritate le verdure, rosolatele in un tegame con qualche cucchiaio d'olio, quindi unitevi le vongole sgusciate e bagnate con il vino bianco. ◆ Quando il vino sarà quasi del tutto evaporato mescolate al sugo di vongole la polpa di storione tritata e condite con sale e una macinata di pepe, lasciando insaporire il tutto per 5 minuti. ◆ Disponete il composto in mucchietti a distanza regolare su metà della sfoglia, "chiudeteli" con l'altra metà e ritagliate i ravioli con la rotella, sigillando bene i bordi. ◆ Lessate i ravioli in abbondante acqua salata e conditeli con il burro fuso mescolato alle uova di lompo.

INGREDIENTI

PER LA PASTA:
Farina 00, 500 g
Uova, 4
Olio extravergine d'oliva
Sale

PER IL RIPIENO:
Storione, 1,8 kg
Vongole, 100 g
Carota, 1
Scalogno, 1
Sedano, 1/2 gambo
Vino bianco
Olio extravergine d'oliva
Sale, pepe in grani

PER IL CONDIMENTO:
Uova di lompo, 20 g
Burro

Preparazione: 50 MIN.

Difficoltà: 🍳 🍳

Vino:
COLLI DI IMOLA TREBBIANO

PASTA RIPIENA

Farina 00, 500 g
Uova, 4
Olio extravergine
  d'oliva
Sale

PER IL RIPIENO:
Lonza di maiale,
  100 g
Petto di pollo, 100 g
Mortadella, 80 g
Ricotta, 80 g
Uovo, 1
Vino bianco, 1 dl
Parmigiano, 80 g
Burro, 20 g
Noce moscata
Olio extravergine
  d'oliva
Sale, pepe

PER IL CONDIMENTO:
Radicchio, 300 g
Porri, 2
Parmigiano
Burro, 20 g
Sale

PASTA RIPIENA

Preparazione:
50 MIN.

Difficoltà: ♙ ♙

Vino:
COLLI EUGANEI ROSSO

Tortelli di carne con radicchio e porri

Preparate la pasta per i tortelli seguendo le indicazioni fornite a pag. 25. ♦ Preparate nel frattempo il ripieno: rosolate la carne in un tegame con qualche cucchiaio d'olio e il burro, poi sfumate con il vino, salate, pepate e cuocete a fuoco medio per 10-12 minuti. Tritatela finemente e mettetela in una terrina. ♦ Aggiungete al composto la mortadella tritata, l'uovo, la ricotta, il parmigiano grattugiato, un pizzico di sale, pepe e noce moscata e amalgamate bene il tutto. Stendete la pasta sfoglia e con il ripieno preparate i tortelli che farete cuocere in acqua bollente salata. ♦ Nel frattempo pulite il radicchio e i porri, tagliateli a listarelle, salateli e fateli appassire per 2-3 minuti in un tegame con il burro rimasto. ♦ Scolate i tortelli al dente, uniteli al condimento e serviteli con il parmigiano a parte.

Cannelloni con ripieno di tonno

PER LA PASTA:
Farina 00, 500 g
Uova, 4
Olio extravergine
 d'oliva, 1 cucchiaio
Sale

PER IL RIPIENO:
Tonno sottolio, 500 g
Mozzarella, 150 g
Capperi, 20 g
Prezzemolo,
 1 mazzetto
Basilico, qualche
 foglia
Sale, pepe in grani

PER IL CONDIMENTO:
Pomodori, 500 g
Cipolla, 1
Prezzemolo,
 1 mazzetto
Burro
Olio extravergine
 d'oliva
Sale, pepe in grani

Preparazione:
1 H

Difficoltà: 🍳 🍳

Vino:
ALBUGNANO ROSSO

PASTA RIPIENA

Preparate la pasta per i cannelloni seguendo le indicazioni fornite a pag 25, poi ritagliate dalla sfoglia dei rettangoli di circa 12x16 cm, scottateli in abbondante acqua leggermente salata e lasciateli asciugare su canovacci puliti. ◆ Tritate molto finemente il tonno, la mozzarella e i capperi; condite il composto con il prezzemolo tritato, le foglie di basilico sminuzzate e un pizzico di sale e pepe. ◆ In un tegame rosolate la cipolla tritata in alcuni cucchiai d'olio, poi versate i pomodori precedentemente sbollentati, pelati, privati dei semi e tritati, salate e cuocete per circa mezzora. ◆ A pochi minuti dal termine della cottura insaporite con il resto del prezzemolo tritato e con il pepe, possibilmente macinato al momento. ◆ Farcite i cannelloni con il ripieno al tonno e, dopo averli arrotolati, disponeteli in una pirofila imburrata. ◆ Distribuitevi sopra il sugo al pomodoro e condite con qualche fiocchetto di burro, poi passate in forno caldo a 200 °C per una decina di minuti. ◆ Dopo aver lasciato intiepidire per qualche minuto portate in tavola in porzioni individuali.

Cappelletti ai funghi

Preparate la pasta per i cappelletti seguendo le indicazioni fornite a pag 27. ♦ Passate poi a dedicarvi al ripieno. Ammollate i funghi secchi in acqua fredda, strizzateli e passateli nel frullatore. ♦ In una ciotola sbattete l'uovo, salatelo e aromatizzatelo con un pizzico di noce moscata e uno di timo, quindi unite i funghi, la ricotta, una spolverata di parmigiano grattugiato e le bietole lessate, strizzate e sminuzzate. ♦ Amalgamate bene il tutto, distribuite il ripieno sulla sfoglia, tagliate e chiudete i cappelletti. ♦ Passate adesso a preparare il condimento: pulite bene i porcini, affettateli a lamelle, fateli appassire nel burro con un trito di prezzemolo e l'aglio schiacciato. ♦ Cuocete i cappelletti, scolateli e versateli in una zuppiera; conditeli con il sugo di funghi, da cui avrete eliminato l'aglio, con la panna liquida e con una spolverata di parmigiano grattugiato.

INGREDIENTI

PER LA PASTA:
Farina 00, 500 g
Uova, 4
Olio extravergine d'oliva
Sale

PER IL RIPIENO:
Porcini secchi, 100 g
Bietole, 100 g
Ricotta, 50 g
Uovo, 1
Timo
Noce moscata
Parmigiano
Sale

PER IL CONDIMENTO:
Porcini, 100 g
Aglio, 1 spicchio
Prezzemolo, 1 ciuffo
Panna liquida, 2 cucchiai
Parmigiano grattugiato
Burro

Preparazione: 1 H E 30 MIN.

Difficoltà: 🍴🍴

Vino: ISONZO SAUVIGNON

PASTA RIPIENA

313

Tortelli di patate pomodoro e basilico

PER LA PASTA:
Farina 00, 500 g
Uova, 4
Olio extravergine
  d'oliva
Sale

PER IL RIPIENO:
Patate bianche, 1 kg
Prezzemolo
Aglio, 3 spicchi
Parmigiano,
  1 manciata
Olio extravergine
  d'oliva
Sale, pepe

PER IL CONDIMENTO:
Pomodori, 500 g
Basilico
Parmigiano
  grattugiato
Peperoncino
  in polvere
Olio extravergine
  d'oliva
Sale

Preparate la pasta per i tortelli seguendo le indicazioni fornite a pag. 25. ♦ Dopo aver sbollentato i pomodori, pelateli e passateli al passaverdura, poi versateli in un tegame con un po' d'olio, regolateli di sale, insaporiteli con il basilico sminuzzato e il peperoncino in polvere e fateli cuocere per mezzora. ♦ Passate adesso al ripieno: lessate le patate in abbondante acqua salata. Quando sono ancora calde sbucciatele e schiacciatele. ♦ A parte fate un soffritto con prezzemolo, aglio tritato, parmigiano grattugiato, sale e pepe, quindi condite le patate e amalgamatele fino a ottenere un impasto omogeneo. ♦ Stendete una sfoglia di pasta disponetevi al centro dei mucchietti d'impasto alla distanza di 3-4 cm ognuno; coprite con un'altra sfoglia di pasta e fate ben aderire, premendo con le dita sui bordi della pasta in modo da non far rimanere aria fra ogni tortello; tagliate poi con l'apposita rotella. ♦ Cuocete i tortelli per pochi minuti in acqua salata e conditeli con il sugo preparato in precedenza e con una spolverata di parmigiano grattugiato.

PASTA RIPIENA

Preparazione:
1 H E 50 MIN.

Difficoltà:

Vino:
GOLFO DEL TIGULLIO
BIANCO

INGREDIENTI

PER LA PASTA:
Farina 00, 500 g
Uova, 4
Olio extravergine
  d'oliva
Sale

PER IL RIPIENO:
Capesante, 30
Ricotta, 50 g
Uova, 2
Sale, pepe

PER IL CONDIMENTO:
Polpa di pomodoro,
  1 mestolo
Aglio, 1 spicchio
Olio extravergine
  d'oliva
Sale

PER GUARNIRE:
Basilico, qualche
  foglia
Prezzemolo,
  1 mazzetto

PASTA RIPIENA

Preparazione:
1 H E 10 MIN.

Difficoltà: 🥄🥄

Vino:
LIZZANO SPUMANTE

Ravioloni con capesante

Preparate la pasta per i ravioli seguendo le indicazioni fornite a pag. 25, tiratela in una sfoglia sottile e lasciatela riposare sulla spianatoia infarinata. ◆ Fate spurgare i molluschi lasciandoli per un decina di minuti in acqua fredda, poi metteteli in una casseruola, coprite e fateli aprire a fuoco vivo. Filtrate e conservate il liquido di cottura. ◆ Sgusciate le capesante, eliminate le parti non commestibili e tritate i frutti, amalgamandoli poi in una ciotola con la ricotta, le uova, sale e pepe. ◆ Con il cucchiaio disponete il composto a mucchietti su metà della sfoglia, ripiegatela e schiacciatela con le dita intorno al ripieno, ritagliate poi con l'apposita rotella dei quadrati di circa 4 cm di lato. ◆ In un tegame fate imbiondire l'aglio con un po' d'olio, aggiungete la polpa di pomodoro, il liquido di cottura delle capesante, salate e lasciate che il sugo si restringa. ◆ Cuocete i ravioloni in abbondante acqua salata, scolateli molto bene e versateli in una zuppiera; conditeli con il sugo, guarnite con un cucchiaino di basilico e uno di prezzemolo tritati, quindi servite.

Panzerotti ai porri con gorgonzola

Preparate la pasta per i panzerotti seguendo le indicazioni fornite a pag 25. Lavoratela in modo da ottenere un impasto liscio e omogeneo. ♦ Stendete la pasta con l'aiuto del matterello a circa 1/2 cm di spessore e ritagliate dei dischetti di circa 9 cm di diametro. ♦ Quindi pulite i porri, scottateli in acqua salata e scolateli. Passateli al frullatore, uniteli al mascarpone e al parmigiano grattugiato. ♦ Speziate con noce moscata, pepate e salate, amalgamando bene anche l'uovo fino a ottenere un composto omogeneo. ♦ Con l'apposita formina tonda e dentellata tagliate nella sfoglia dei dischi del diametro di 6 cm e disponete al centro di ciascuno un po' di ripieno preparato, quindi, ripiegandoli a metà, unite i bordi e sigillateli premendo con le dita. ♦ Sciogliete e fate dorare il burro aromatizzato con l'alloro, dopodiché aggiungete il gorgonzola e lasciatelo sciogliere a fuoco basso. ♦ Cuocete i panzerotti, scolateli e versateli in una terrina. Condite con l'intingolo, spolverate con il parmigiano e portate in tavola.

INGREDIENTI

PER LA PASTA:
Farina 00, 500 g
Uova, 4
Olio extravergine d'oliva
Sale

PER IL RIPIENO:
Porri, 300 g
Parmigiano, 50 g
Mascarpone, 50 g
Uovo, 1
Noce moscata
Sale, pepe

PER IL CONDIMENTO:
Gorgonzola al mascarpone, 50 g
Alloro, 2 foglie
Parmigiano
Burro, 30 g

Preparazione:
1 H

Difficoltà:

Vino:
ALTO ADIGE MERLOT ROSATO

PASTA RIPIENA

INGREDIENTI

PER LA PASTA:
Farina 00, 500 g
Uova, 4
Olio extravergine
d'oliva
Sale

PER IL RIPIENO:
Barbabietole rosse
già cotte, 350 g
Patate, 2
Tuorli, 2
Pangrattato,
1 manciata
Cannella, 1 pizzico
Grana, 2 cucchiai
Burro, 60 g
Sale, pepe

PER IL CONDIMENTO:
Grana, 4 cucchiai
Semi di papavero,
4 cucchiai
Burro, 30 g

Preparazione:
50 MIN.

Difficoltà: 🍥 🍥

Vino:
COLLI ETRUSCHI VITERBESI
ROSATO

PASTA RIPIENA

Mezzelune rosse con semi di papavero

Preparate la pasta per le mezzelune seguendo le indicazioni fornite a pag. 25. ♦ Lessate le patate con la buccia. Appena diventano tenere, scolatele, sbucciatele e passatele ancora calde allo schiacciapatate. ♦ Frullate le barbabietole e fatele restringere in una padella con una noce di burro. Mescolatele al purè di patate con i tuorli. ♦ Tostate il pangrattato con un'alta noce di burro fuso per qualche minuto mescolando; salate, pepate e profumate con la cannella. ♦ Aggiungete il composto al purè di patate e barbabietole e unite il grana grattugiato. ♦ Stendete la pasta sottile e ricavatene tanti dischetti di circa 6 cm di diametro. Farciteli con il ripieno, piegateli a mezzaluna e sigillate i bordi, premendoli con i rebbi di una forchetta. ♦ Lessate le mezzelune in abbondante acqua salata, scolateli, disponeteli in un piatto da portata e spolverizzateli con il grana. ♦ Fate fondere il burro rimasto a fuoco basso, versatelo sulle mezzelune e spolverizzate con semi di papavero.

INGREDIENTI

PER LA PASTA:

Farina 00, 500 g

Uova, 4

Olio extravergine
d'oliva

Sale

PER IL RIPIENO:

Pecorino fresco,
500 g

Spinaci, 500 g

Uova, 2

Zucchero,
1 cucchiaio

Arancia, 1

Noce moscata

Cipolla, 1/2

Olio extravergine
d'oliva

Sale

PER IL CONDIMENTO:

Salvia, 4-5 foglie

Pecorino stagionato
grattugiato

Burro, 100 g

PASTA RIPIENA

Preparazione:
50 MIN.

Difficoltà: 🍳🍳

Vino:
CILENTO AGLIANICO

Agnolotti all'arancia

Preparate la pasta per gli agnolotti seguendo le indicazioni fornite a pag. 25. ♦ Pulite gli spinaci, lessateli in acqua salata, scolateli, strizzateli e fateli rosolare in poco olio e cipolla tagliata a fette sottilissime. ♦ Grattugiate il pecorino fresco in una zuppiera, unite gli spinaci freddi, le uova, lo zucchero, il succo dell'arancia e un pizzico di noce moscata, mescolando a lungo gli ingredienti per amalgamarli bene. ♦ Stendete la pasta in modo da ottenere un numero pari di sfoglie rettangolari e deponete dei pezzetti di ripieno su metà delle sfoglie distanziandoli con regolarità. ♦ Coprite ogni sfoglia con un'altra sfoglia e chiudete con cura i bordi; tagliate con la rotella i singoli agnolotti e premete i bordi. ♦ Fate cuocere gli agnolotti in abbondante acqua salata e conditeli con burro fuso, aromatizzato con la salvia e il pecorino stagionato grattugiato.

Cappelletti di magro ai fegatini

Preparate la pasta per i cappelletti seguendo le indicazioni fornite a pag 27, e lasciatela riposare. ◆ Scottate nel frattempo in acqua bollente salata le erbette, scolatele e strizzatele, poi passatele al frullatore. ◆ Mettetele in una ciotola, unite il parmigiano grattugiato, le uova, un pizzico di sale, insaporite con pepe e noce moscata, quindi amalgamate bene. ◆ Con l'apposita formina dentellata tagliate nella sfoglia dei quadrati di 3 cm di lato e disponete al centro di ciascuno un po' di ripieno, quindi, ripiegandoli a triangolo, unitene i bordi e sigillateli premendo con le dita. Infine unite i capi opposti del triangolo di pasta e schiacciateli tra pollice e indice. ◆ Lavate i fegatini e tagliateli a pezzetti. Preparate un battuto con il cipollotto e gli aghi di rosmarino e doratelo in un tegame con l'olio; aggiungete i fegatini e l'alloro e fate rosolare il tutto innaffiando con il vino bianco; salate e pepate. ◆ Una volta evaporato il vino, unite la passata di pomodoro e mettete a cuocere i cappelletti. Scolateli e versateli in una terrina. ◆ Conditeli con il sugo e con del parmigiano, quindi servite.

INGREDIENTI

PER LA PASTA:
Farina 00, 500 g
Uova, 4
Olio extravergine
 d'oliva
Sale

PER IL RIPIENO:
Erbette, 250 g
Parmigiano, 250 g
Uova, 2
Noce moscata
Sale, pepe

PER IL CONDIMENTO:
Fegatini di pollo,
 200 g
Passata
 di pomodoro,
 2 mestoli
Cipollotto, 1
Rosmarino
Alloro, 2 foglie
Vino bianco secco,
 1 bicchiere
Olio extravergine
 d'oliva
Sale, pepe

Preparazione:
1 H

Difficoltà: ♙ ♙

Vino:
CARSO CABERNET
SAUVIGNON

PASTA RIPIENA

Cannelloni gratinati alla provola

PER LA PASTA:
Farina 00, 500 g
Uova, 4
Olio extravergine
d'oliva, 1 cucchiaio
Sale

PER IL RIPIENO:
Cavolo verza, 1/2
Provola affumicata,
150 g
Aglio, 2 spicchi
Pomodoro rosso, 1
Vino bianco,
1/2 bicchiere
Olio extravergine
d'oliva
Sale, pepe

PER COMPLETARE:
Besciamella,
1 tazzina
Pepe

Preparate la pasta per i cannelloni seguendo le indicazioni fornite a pag 25, poi ritagliate dalla sfoglia dei rettangoli di circa 12x16 cm, scottateli in abbondante acqua leggermente salata e lasciateli asciugare su canovacci puliti. ◆ Nel frattempo lavate e tagliate la verza a listarelle, quindi mettetela a cuocere in un po' d'olio con due spicchi d'aglio. Saltatela per 7-8 minuti a fuoco vivo, bagnandola con il vino bianco e aggiustando di sale e pepe. Aggiungete da ultimo la provola a dadini. ◆ Farcite i cannelloni con il composto preparato e aggiungete il pomodoro ridotto a cubetti e, dopo averli arrotolati, disponeteli in una pirofila imburrata. ◆ Infornate i cannelloni a 200 °C per circa 25 minuti e serviteli ben caldi accompagnati dalla besciamella (vedi pag. 107) e da una spolverata di pepe.

PASTA RIPIENA

Preparazione:
1 H

Difficoltà:

Vino:
LIZZANO ROSSO

INGREDIENTI

PER LA PASTA:
Farina 00, 500 g
Uova, 4
Olio extravergine
  d'oliva
Sale

PER IL RIPIENO:
Germogli d'ortica,
  200 g
Ricotta, 100 g
Formaggio
  freschissimo, 100 g
Uovo, 1
Parmigiano
Noce moscata
Sale, pepe

PER IL CONDIMENTO:
Germogli d'ortica,
  50 g
Parmigiano
Burro, 40 g

Preparazione:
1 H

Difficoltà: 🍴🍴

Vino:
ROSSO CONERO

Tortelli
ai germogli d'ortica

Preparate la pasta per i tortelli seguendo le indicazioni fornite a pag 25. ♦ Lessate i germogli, scolateli, strizzateli e sminuzzateli, prima di unirli, in una terrina, con la ricotta, il formaggio fresco, l'uovo, 2 manciate di parmigiano grattugiato, una presa di sale, un pizzico di pepe e uno di noce moscata. Amalgamate bene il tutto fino a ottenere un composto omogeneo. ♦ Con l'apposita formina tonda e dentellata tagliate nella sfoglia dei dischi di 4 cm di lato e disponete al centro di ciascuno un po' di ripieno, quindi, coprendoli con un altro disco, unitene i bordi e sigillateli premendo con le dita. ♦ Fate appassire i germogli d'ortica per il condimento in un po' di burro; a parte sciogliete e fate dorare il rimanente burro in un pentolino con uno spicchio d'aglio schiacciato. ♦ Cuocete i tortelli, scolateli bene e disponeteli in una terrina. Coprite con i germogli, versate il burro fuso dopo aver eliminato l'aglio, quindi mescolate. ♦ Spolverate poi con il parmigiano grattugiato e servite ben caldi.

Ravioli ripieni con sugo di granchio

Preparate la pasta per i ravioli seguendo le indicazioni fornite a pag. 25, stendetela e tagliatela a rettangoli. ◆ Scegliete una qualità di pesce povero ovvero gallinella, pesce cappone o coda di rospo. Pulite il pesce e cuocetelo in acqua fredda con un ciuffo di prezzemolo e le verdure. ◆ Appena cotto, togliete tutte le spine e fate un impasto con la polpa, prezzemolo tritato, parmigiano grattugiato, il tuorlo dell'uovo, sale e poco pepe. ◆ Dividete l'impasto in nocciolíne e distribuitelo sui rettangoli di pasta, che ripiegherete per formare i ravioli. ◆ Lasciate riposare e preparate il condimento. Estraete dal granchio la polpa, tritate finemente la cipolla che vi è rimasta e cuocetela con un filo d'olio. ◆ Aggiungete poi la polpa del granchio che avete diviso in pezzettini e allungate il tutto con il vino bianco, fatelo evaporare lentamente e spegnete. ◆ In acqua bollente, leggermente salata, cuocete i ravioli. Appena cotti, aggiungete una manciata di prezzemolo tritato e una noce di burro. ◆ Condite adesso con il sugo di granchio e servite in tavola ben caldo.

INGREDIENTI

PER LA PASTA:
Farina 00, 500 g
Uova, 4
Olio extravergine d'oliva
Sale

PER IL RIPIENO:
Pesce "povero", 800 g
Prezzemolo
Cipolle bianche, 2
Carota, 1
Parmigiano grattugiato
Uovo, 1
Sale, pepe

PER IL CONDIMENTO:
Granchio, 1
Vino bianco, 1/2 bicchiere
Prezzemolo tritato
Olio extravergine d'oliva
Burro

Preparazione: 1 H E 20 MIN.

Difficoltà: ☺ ☺ ☺

Vino: COLLI EUGANEI SERPRINO

PASTA RIPIENA

INGREDIENTI

PER LA PASTA:
Farina 00, 500 g
Uova, 4
Olio extravergine
 d'oliva
Sale

PER IL RIPIENO:
Pecorino dolce,
 200 g
Ricotta, 200 g
Noce moscata
Sale, pepe

PER IL CONDIMENTO:
Carciofi, 6
Scalogno, 1
Panna, 300 g
Prezzemolo
Brodo vegetale,
 1 mestolo
Olio extravergine
 d'oliva
Sale, pepe

Preparazione:
1 H

Difficoltà: 🎩 🎩

Vino:
DOLCETTO D'ALBA

PASTA RIPIENA

Agnolotti ai formaggi in salsa

Preparate la pasta per gli agnolotti seguendo le indicazioni fornite a pag. 25. ♦ Nel frattempo preparate il ripieno mescolando, in una ciotola, la ricotta passata al setaccio e il pecorino grattugiato a filetti, amalgamate bene e insaporite con un pizzico di sale, una spolverata di pepe macinato fresco e la noce moscata grattugiata. ♦ Stendete la pasta in una sfoglia sottile e ricavatene dei quadrati di circa 7-8 cm. Mettete al centro di ognuno un mucchietto di ripieno, quindi copriteli con altri quadrati, unite i bordi e sigillateli premendo con le dita. ♦ Mondate poi i carciofi e riduceteli a lamelle; lasciatene alcune per guarnire il piatto e fate stufare le altre con un filo d'olio, lo scalogno tritato e il brodo vegetale; dopo circa 10 minuti unite la panna, salate, pepate e frullate fino a ottenere una salsina omogenea. ♦ Versate quest'ultima in una larga padella, portatela a bollore e saltatevi gli agnolotti; completateli con prezzemolo tritato e serviteli subito.

PER LA PASTA:
Farina 00, 500 g
Uova, 4
Olio extravergine
d'oliva
Sale

PER IL RIPIENO:
Tartufo di media
grandezza, 1
Mollica di pane,
200 g
Cipolla piccola, 1
Uovo, 1
Panna da cucina,
1 cucchiaio
Latte
Burro
Sale, pepe in grani

PER IL CONDIMENTO:
Cipolla, 1/2
Parmigiano
grattugiato
Burro

PASTA RIPIENA

Preparazione:
50 MIN.

Difficoltà: 😊 😊

Vino:
ROSSO DI MONTALCINO

Ravioli con ripieno al tartufo

Preparate la pasta per i ravioli seguendo le indicazioni fornite a pag 25 e lasciatela riposare sulla spianatoia infarinata. ♦ Preparate ora il ripieno con la mollica di pane imbevuta di panna, l'uovo sbattuto, poco sale, una macinata di pepe e il tartufo pulito e finemente tritato. ♦ Ritagliate con uno stampino dei dischi di pasta, disponete al centro di ognuno un mucchietto di ripieno e ripiegate su se stessi i dischetti; inumidite con dell'acqua i bordi e schiacciateli bene così da evitare la fuoriuscita del ripieno durante la cottura. ♦ In un tegame fate ammorbidire la cipolla finemente tritata con un po' di burro. ♦ Lessate i ravioli in abbondante acqua salata, scolateli e conditeli, quindi versateli in una zuppiera e spolverateli con parmigiano grattugiato. ♦ Portate in tavola accompagnando con altro parmigiano servito a parte.

Cannelloni salsiccia e mozzarella

Preparate la pasta per i cannelloni seguendo le indicazioni fornite a pag 25, poi ritagliate dalla sfoglia dei rettangoli di circa 12x16 cm, scottateli in abbondante acqua leggermente salata e lasciateli asciugare su canovacci puliti. ◆ Pulite e lavate le bietoline, scottatele in acqua bollente salata, strizzatele e sminuzzatele. ◆ Fate appassire la verdura e la polpa della salsiccia nel burro; tagliate la mozzarella a dadini, quindi, in una terrina, amalgamate con un cucchiaio di legno le bietoline, la mozzarella, la salsiccia, le uova, una generosa manciata di parmigiano, un pizzico di sale e uno di pepe. ◆ Cuocete la pasta in abbondante acqua salata, scolatela e fatela asciugare su un canovaccio. Stendete a questo punto le sfoglie su una spianatoia e distribuite il ripieno, poi arrotolatele. Imburrate una pirofila e disponetevi con ordine i cannelloni. ◆ Ricoprite di besciamella (vedi pag. 107), condite con la conserva di pomodoro, spolverate con il parmigiano, aggiungete alcuni fiocchi di burro e infornate. Lasciate gratinare, quindi servite.

INGREDIENTI

PER LA PASTA:
Farina 00, 500 g
Uova, 4
Olio extravergine
  d'oliva, 1 cucchiaio
Sale

PER IL RIPIENO:
Bietoline, 300 g
Salsiccia, 200 g
Mozzarella, 200 g
Uova, 2
Parmigiano
Burro
Sale, pepe

PER IL CONDIMENTO:
Conserva
  di pomodoro,
  4 cucchiai
Besciamella,
  1 mestolo
Parmigiano
Burro

Preparazione:
50 MIN.

Difficoltà: 🍷 🍷

Vino:
CARSO CABERNET FRANC

PASTA RIPIENA

Pasta fresca

☞ Sommario ☜

Bigoli in crema con salsiccia e zucca

Preparate i bigoli con qualche ora di anticipo, seguendo le indicazioni fornite a pag. 22. ♦ Preparate il condimento: fate sciogliere lo stracchino con il latte, soffriggete la cipolla e aggiungete la salsiccia a pezzettini. Unite la zucca tagliata a cubetti piccoli e cuocete per circa 4 minuti. Nel frattempo cuocete i bigoli in abbondante acqua salata. ♦ Scolate la pasta al dente e saltatela in padella con la salsiccia e la zucca, aggiungendo la crema di stracchino. Aggiustate di sale e pepe e servite con una spolverata di prezzemolo tritato fresco. ♦ Guarnite con il pomodoro a crudo (*foto della ricetta alle pagine precedenti*).

INGREDIENTI

PER LA PASTA:
Farina 00, 250 g
Semola, 200 g
Uova, 4
Sale

PER IL CONDIMENTO:
Stracchino, 150 g
Salsiccia, 160 g
Zucca, 100 g
Cipolla, 30 g
Olio extravergine
 d'oliva, 0,5 dl
Sale, pepe

PER GUARNIRE:
Pomodoro crudo, 1

Preparazione:
20 MIN. + 2 H

Difficoltà: 😋 😋

Vino:
ALTO ADIGE TERLANO

PASTA FRESCA

Fettuccine con le granceole

Semola di grano
duro, 400 g

Olio extravergine
d'oliva, 10 g

Sale

Granceole, 4

Cipollotto fresco, 1

Finocchietto
selvatico, 40 g

Pomodori maturi,
200 g

Aglio, 1 spicchio

Vino bianco secco

Olio extravergine
d'oliva

Sale

Preparate le fettuccine seguendo le indicazioni fornite a pag. 18. ♦ Dedicatevi poi alla preparazione del condimento: spellate e tagliate i pomodori a cubetti. Tritate il cipollotto e lo spicchio d'aglio. Svuotate le granceole, poi tagliatene a pezzettini la polpa. ♦ Fate soffriggere nell'olio il cipollotto e l'aglio, bagnate con il vino, fatelo evaporare e unite la polpa di pesce. ♦ Cuocete per qualche minuto a fuoco medio, poi togliete dal fuoco e aggiungete i pomodori. ♦ In una pentola con poca acqua e poco sale fate bollire il finocchietto per 10 minuti, aggiungete la pasta e cuocete; il liquido deve consumarsi quasi del tutto. ♦ Scolate la pasta, condite con il sugo, aggiustate di sale, aggiungete olio crudo e servite.

PASTA FRESCA

Preparazione:
1 H

Difficoltà: 😊 😊

Vino:
CERVETERI BIANCO

Garganelli al rognone di vitello

Preparate i garganelli seguendo le indicazioni fornite a pag. 24. ◆ Lavate molto bene il rognone. Tagliatelo a pezzetti e rosolatelo a fuoco basso per 10 minuti nel burro, aggiungendo lo spicchio d'aglio schiacciato e un pizzico di sale. Togliete l'aglio soltanto a fine cottura. ◆ Cuocete i garganelli in abbondante acqua salata, scolateli e versateli in padella. Fateli saltare per un minuto insieme al rognone. ◆ Quindi aggiungete il prezzemolo tritato fine e spolverate con il pecorino grattugiato e con un pizzico di pepe macinato. Servite subito.

▨ Rognone ▨

È il rene dell'animale macellato. Ha forma e dimensioni variabili da specie a specie. Anche il suo valore gastronomico varia secondo gli animali e soprattutto la loro età, tra tutti il più apprezzato è quello di vitello. Il rognone deve essere cotto poco, altrimenti diventa duro e, come tutte le interiora, va consumato appena comprato o al massimo entro 12 ore, se conservato in frigo.

INGREDIENTI

PER LA PASTA:
Farina 00, 250 g
Semola, 150 g
Uova, 2
Tuorlo, 1
Sale

PER IL CONDIMENTO:
Rognone di vitello, 150 g
Prezzemolo
Aglio, 1 spicchio
Pecorino stagionato
Burro, 40 g
Sale, pepe

Preparazione: 40 MIN.

Difficoltà: 😋 😋

Vino: COSTE DELLA SESIA CROATINA

PASTA FRESCA

INGREDIENTI

PER LA PASTA:
Farina 00, 400 g
Farina di semola,
  80 g
Sale

PER IL CONDIMENTO:
Fagiolini piccoli,
  100 g
Zucchine, 2
Peperone, 1
Salsa di pomodoro,
  1 tazza
Basilico, 1 ciuffo
Porro, 1
Parmigiano
  reggiano
Olio extravergine
  d'oliva
Sale

PASTA FRESCA

Preparazione:
50 MIN.

Difficoltà: 🍲🍲

Vino:
COLLI MACERATESI RIBONA

336

Cavatelli alle verdure

Preparate i cavatelli seguendo le indicazioni fornite a pag. 18. ◆ Nel frattempo lavate e pulite le verdure, scottate in acqua bollente e salata i fagiolini, tagliate a listarelle il peperone e le zucchine. ◆ Fate quindi imbiondire nell'olio il porro tritato, unitevi i peperoni, i fagiolini e, dopo 5 minuti, le zucchine e la salsa di pomodoro (vedi pag. 122). Salate e portate a cottura mantenendo le verdure croccanti. ◆ Cuocete i cavatelli in abbondante acqua salata, scolateli e versateli nella padella con le verdure. ◆ Fate saltare il tutto per alcuni minuti, quindi aggiungete il basilico tritato e una manciata di parmigiano grattugiato. Servite subito.

Tagliolini al topinambur

PER LA PASTA:
Farina 00, 500 g
Uova, 4
Farina di mais,
1 manciata
Olio extravergine
d'oliva, 1 cucchiaio
Sale

PER IL CONDIMENTO:
Tuberi
di topinambur, 4
Lardo, 100 g
Aglio, 1 spicchio
Pelati, 1 scatola
Olio extravergine
d'oliva
Sale

Preparate i tagliolini seguendo le indicazioni fornite a pag. 27. ◆ Intanto pulite bene i tuberi e tagliateli in piccoli pezzi. Uniteli al lardo a dadini e all'aglio, cuocendo a fuoco basso in olio per 20 minuti. ◆ Aggiungete poi i pelati e continuate a rimestare addensando. Cuocete i tagliolini in abbondante acqua salata e, dopo averle scolate, versatevi sopra il sugo ottenuto e servite.

▓ Topinambur ▓

Il topinambur è un tubero ricavato da una pianta erbacea originaria del Nord America, introdotto in Europa nel Cinquecento. La polpa è carnosa e bianca, di sapore delicato, vagamente simile al carciofo, di cui è un buon sostituto in quanto più economico e pratico. I valori nutrizionali del topinambur sono simili a quelli del carciofo, infatti ha poche calorie e contiene una buona quantità di fibre solubili, come l'inulina, che aiutano ad abbassare la glicemia.

PASTA FRESCA

Preparazione:
40 MIN.

Difficoltà: ♟

Vino:
FALERNO DEL MASSICO

Bigoli
salsiccia e peperoni

Preparate i bigoli con qualche ora di anticipo, seguendo le indicazioni fornite a pag. 22. ◆ Fate dorare nell'olio il cipollotto tritato con il prezzemolo. Unite al soffritto il peperone precedentemente pulito e tagliato a listarelle, un pizzico di sale, la polpa della salsiccia e lasciate rosolare alcuni minuti. ◆ Aggiungete la salsa di pomodoro (vedi pag. 122) e fate consumare a fuoco basso. Cuocete i bigoli in abbondante acqua salata, scolateli e versateli nella padella con il sugo. ◆ Fate saltare per un minuto, quindi insaporite con il pecorino grattugiato, una macinata di pepe e servite.

INGREDIENTI

PER LA PASTA:
Farina 00, 250 g
Semola, 200 g
Uova, 4
Sale

PER IL CONDIMENTO:
Salsiccia di suino,
  150 g
Salsa di pomodoro,
  3 cucchiai
Peperone, 1
Cipollotto, 1
Prezzemolo,
  1 ciuffo
Pecorino stagionato
Olio extravergine
  d'oliva
Sale, pepe

Preparazione:
30 MIN. + 2 H

Difficoltà: 🎩 🎩

Vino:
CORTONA CHARDONNAY

PASTA FRESCA

PER LA PASTA:
Farina di semola,
    400 g
Farina bianca, q.b.
Zafferano, 1 pizzico
Sale

PER IL CONDIMENTO:
Patate, 400 g
Cipolle, 200 g
Pecorino grattugiato
Olio extravergine
    d'oliva
Sale, pepe in grani

Malloreddus con le patate

Preparate i malloreddus con qualche ora di anticipo seguendo le indicazioni fornite a pag. 18. ◆ Preparate il condimento: sbucciate le patate e tagliatele a cubettini, affettate le cipolle. Portate a bollore una pentola d'acqua salata e ponete a cuocere le patate; dopo circa 15 minuti versate la pasta. ◆ Scolate sia la pasta sia le patate al dente e passate tutto in un tegame nel quale, nel frattempo, avrete fatto rosolare le cipolle finemente affettate con alcuni cucchiai d'olio. ◆ Spadellate per qualche istante su fiamma moderata, condendo con pecorino e una macinata di pepe; quindi servite. ◆ Ricordate che i malloreddus vanno utilizzati ben asciutti: è bene, quindi, prepararli un giorno prima di cucinarli.

PASTA FRESCA

Preparazione:
1 H + 12 H

Difficoltà: ♟ ♟ ♟

Vino:
VERMENTINO DI GALLURA

Maltagliati piccanti acciughe e uvetta

PER LA PASTA:

Farina 00, 500 g

Uova, 4

Farina di mais,
1 manciata

Olio extravergine
d'oliva, 1 cucchiaio

Sale

PER IL CONDIMENTO:

Acciughe fresche,
400 g

Peperoncini dolci,
150 g

Uvetta, 1 cucchiaio

Pinoli, 1 cucchiaio

Salvia, 5 foglie

Aglio, 2 spicchi

Olio extravergine
d'oliva

Sale, pepe

Preparate i maltagliati seguendo le indicazioni fornite a pag. 27. ◆ Mettete a bagno l'uvetta per circa 15 minuti. ◆ Private le acciughe della testa, apritele a libro, togliete la lisca e sciacquatele con cura sotto l'acqua corrente. Dopo averle lavate, asciugatele bene e tagliatele a tocchetti abbastanza grandi. ◆ In un tegame con qualche cucchiaio d'olio fate dorate l'aglio tritato e poi aggiungetevi i peperoncini, facendoli cuocere per circa 5 minuti. ◆ Scolate adesso l'uvetta e versatela nel tegame, aggiungendo anche le acciughe, la salvia e i pinoli. Continuate la cottura per non più di 10 minuti, regolando di sale e insaporendo con un pizzico di pepe. ◆ Fate cuocere i maltagliati in abbondante acqua salata, scolateli e conditeli con il sugo alle acciughe.

PASTA FRESCA

Preparazione:
30 MIN.

Difficoltà:

Vino:
FRIULI AQUILEIA RIESLING

Orecchiette zucchine e ricotta

Preparate le orecchiette seguendo le indicazioni fornite a pag. 19. ◆ Tagliate le zucchine a lamelle sottili e fatele dorare in una padella con il burro fino a renderle croccanti. Mettete a cuocere le orecchiette in abbondante acqua salata, scolatele, versatele nella padella con le zucchine e fatele saltare per qualche istante. ◆ Aggiungete poi la ricotta fresca, un pizzico di pepe, il basilico tritato fine e una manciata di pecorino grattugiato. Mescolate bene il tutto e, infine, portate in tavola.

seguendo le indicazioni fornite a pag. 19.

INGREDIENTI

PER LA PASTA:
Farina 00, 160 g
Farina di semola, 240 g
Sale

PER IL CONDIMENTO:
Zucchine, 3
Ricotta fresca, 3 cucchiai
Basilico, 1 ciuffo
Pecorino stagionato
Burro, 30 g
Sale, pepe

Preparazione: 40 MIN.

Difficoltà: 🍴🍴

Vino:
FRIULI GRAVE
PINOT BIANCO

PASTA FRESCA

▨ Orecchiette ▨

Tipo di pasta tradizionale della Puglia, ma anche della Basilicata e di aree confinanti. A seconda delle località hanno dimensioni un po' diverse, ma sempre piccole e rotonde la cui forma ricorda approssimativamente quella di piccole orecchie, da cui deriva appunto il nome. La forma a conchiglia e la superficie rugosa rendono questo tipo di pasta molto adatto a raccogliere il sugo.

343

PER LA PASTA:

Farina 00, 500 g

Uova, 4

Farina di mais,
1 manciata

Olio extravergine
d'oliva, 1 cucchiaio

Sale

PER IL CONDIMENTO:

Melanzane, 280 g

Salsiccia, 240 g

Ricotta, 100 g

Spinaci, 45 g

Parmigiano
grattugiato

Burro

Olio extravergine
d'oliva

Sale

| Preparazione: 1 H |
| Difficoltà: 🧑‍🍳 🧑‍🍳 |
| Vino: OFFIDA ROSSO |

PASTA FRESCA

Tagliatelle golose

Riducete le melanzane a dadini e cospargetele di sale, quindi lasciate riposare tra due piani schiacciati da un peso per eliminare il liquido amarognolo. ◆ Preparate nel frattempo le tagliatelle seguendo le indicazioni fornite a pag. 27. ◆ Strizzate adesso i dadini di melanzana e friggeteli nell'olio. ◆Lessate e tritate gli spinaci, poi fateli insaporire nel burro. Dopo averla sbriciolata, soffriggete la salsiccia. ◆ Cuocete le tagliatelle nell'acqua salata portata a ebollizione e, durante la cottura, stemperate la ricotta utilizzando un po' dell'acqua della pasta. ◆ Scolate le tagliatelle, quindi amalgamatele con tutti gli altri ingredienti lavorati e servitele con abbondante parmigiano grattugiato.

Farina 00, 400 g
Farina di semola,
    80 g
Sale

PER IL CONDIMENTO:
Zucca, 300 g
Filetti di alici
    sottolio, 80 g
Aglio, 1 spicchio
Prezzemolo,
    1 mazzetto
Vino bianco,
    1/2 bicchiere
Parmigiano
    grattugiato
Peperoncino
    in polvere
Olio extravergine
    d'oliva,
    1/2 bicchiere
Sale

Cavatelli con zucca e alici

Preparate i cavatelli seguendo le indicazioni fornite a pag. 18. ◆ Mondate la zucca, eliminando la buccia e i semi, quindi tagliate la polpa a pezzi. ◆ In un capace tegame scaldate l'olio con l'aglio, quando quest'ultimo è dorato eliminatelo, aggiungete le alici e fatele disfare aiutandovi con un cucchiaio di legno. ◆ Aggiungete poi la zucca e lasciatela stufare a fuoco lento fino a quando risulta quasi disfatta; regolate di sale e irrorate a metà cottura con il vino bianco. Completate infine con il prezzemolo e un pizzico di peperoncino. ◆ Lessate i cavatelli in abbondante acqua salata, scolateli al dente e fateli saltare nel tegame del condimento; trasferiteli in una zuppiera calda e portate in tavola con parmigiano grattugiato servito a parte.

PASTA FRESCA

Preparazione:
1 H

Difficoltà: 🍳 🍳

Vino:
FIANO DI AVELLINO

Pappardelle funghi e asparagi

Preparate le pappardelle seguendo le indicazioni fornite a pag. 27. ♦ Nel frattempo pulite i funghi con uno spazzolino e uno strofinaccio di cotone senza usare l'acqua, poi affettateli a lamelle sottili. ♦ Scottate per un paio di minuti gli asparagi in acqua salata bollente e conservate solo le punte. ♦ Fate dorare i funghi nel burro con uno spicchio d'aglio schiacciato, incoperchiate e cuocete a fuoco basso per 10 minuti, quindi aggiungete le punte d'asparagi, salate, pepate e portate a cottura. Togliete l'aglio solo alla fine. ♦ Cuocete le pappardelle, scolatele bene e versatele in padella con il sugo, aggiungendo un trito di prezzemolo. ♦ Fatele saltare per un minuto e servitele coperte di parmigiano grattugiato.

INGREDIENTI

PER LA PASTA:
Farina 00, 500 g
Uova, 4
Farina di mais, 1 manciata
Olio extravergine d'oliva, 1 cucchiaio
Sale

PER IL CONDIMENTO:
Funghi porcini, 200 g
Asparagi, 12
Prezzemolo, 1 ciuffo
Aglio, 1 spicchio
Parmigiano
Burro, 40 g
Sale, pepe

Preparazione: 1 H E 10 MIN.

Difficoltà: 🎩 🎩

Vino: COLLIO MERLOT

PASTA FRESCA

Gnocchi alla lariana

INGREDIENTI

PER GLI GNOCCHI:
Farina, 500 g
Uova, 2
Noce moscata
Latte
Sale, pepe

PER IL CONDIMENTO:
Pancetta, 1 fetta spessa
Pomodori, 2
Cipolla, 1
Aglio, 1 spicchio
Formaggio tenero e grasso, 100 g
Olio extravergine d'oliva
Sale

In una terrina amalgamate la farina con le uova sbattute, aiutandovi con un po' di latte; deve risultare un composto piuttosto denso, non compatto ma semiliquido; insaporitelo con sale, pepe e noce moscata, poi lasciatelo riposare. ♦ Preparate un sugo freddo mescolando la cipolla affettata con i pomodori grossolanamente tritati, la pancetta e il formaggio tagliati a cubetti; salate e lasciate riposare a temperatura ambiente. ♦ Nel frattempo scaldate in un tegamino l'olio e aromatizzatelo con lo spicchio d'aglio, che va tolto appena prende colore. ♦ Aiutandovi con un cucchiaio versate il composto di farina in una pentola di abbondante acqua salata in ebollizione o brodo bollente; fate cuocere gli gnocchi per circa 10 minuti. ♦ Quindi prelevateli con una schiumarola e deponeteli in una larga zuppiera; conditeli con il sugo freddo e l'olio ben caldo, mescolate e servite immediatamente.

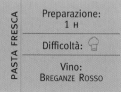

PASTA FRESCA

Preparazione:
1 H

Difficoltà:

Vino:
BREGANZE ROSSO

348

INGREDIENTI

PER LA PASTA:
Farina bianca, 400 g
Borragine, 300 g
Uova, 2
Sale

PER IL CONDIMENTO:
Funghi freschi, 500 g
Pinoli, 20 g
Cipolla, 1
Aglio, 1 spicchio
Prezzemolo,
 1 mazzetto
Passata
 di pomodoro
Olio extravergine
 d'oliva
Sale, pepe

Preparazione:
1 H E 40 MIN.

Difficoltà: 🍳 🍳 🍳

Vino:
ISONZO SAUVIGNON

PASTA FRESCA

Picagge verdi al tocco

Innanzitutto preparate le picagge lavorando sulla spianatoia la farina, le uova, la borragine lessata e passata al passaverdura, il sale e tanta acqua quanta occorre per ottenere un impasto consistente. ◆ Con il matterello tirate una sfoglia sottile e tagliatela a strisce di circa 10x3 cm. Lasciatele asciugare sulla spianatoia leggermente infarinata. ◆ Passate quindi alla preparazione del "tocco". Mondate bene i funghi e tagliateli a fette sottili, quindi metteteli in un tegame in cui avete fatto imbiondire la cipolla e l'aglio, poi eliminato. ◆ Unite 2 cucchiai di passata di pomodoro e i pinoli a pezzetti, salate e fate cuocere a fuoco moderato per un'ora. Solo alla fine aggiungete il prezzemolo tritato e una macinata di pepe. ◆ Lessate ora le picagge, scolatele appena affiorano in superficie e conditele con il sugo in un piatto da portata caldo. Servite subito.

350

Fettuccine al vino dolce

Preparate le fettuccine seguendo le indicazioni fornite a pag. 27. ◆ Tagliate a sottili listarelle sia lo speck sia il prosciutto e rosolateli in poco olio, in modo che coloriscano appena; bagnate poi con il vino e lasciate evaporare a fiamma dolce. ◆ Aggiungete quindi il passato di pomodoro e, non appena prende a sobbollire, allungate il sugo con la panna. Salate, pepate e proseguite la cottura per circa 10 minuti. ◆ Lessate le fettuccine in abbondante acqua salata, scolatele al dente e spadellatele con il sugo, completando con una spolverata di parmigiano.

INGREDIENTI

PER LA PASTA:
Farina 00, 500 g
Uova, 4
Farina di mais,
  1 manciata
Olio extravergine
  d'oliva, 1 cucchiaio
Sale

PER IL CONDIMENTO:
Speck, 1 fetta
  di 150 g
Prosciutto cotto,
  1 fetta di 150 g
Passata
  di pomodoro,
  300 g
Vino bianco dolce,
  2 bicchieri
Panna liquida,
  2 bicchieri
Parmigiano
  grattugiato
Olio extravergine
  d'oliva
Sale, pepe

Preparazione:
55 MIN.

Difficoltà: 🍲 🍲

Vino:
LISON-PRAMAGGIORE
SAUVIGNON

PASTA FRESCA

<u>PER LA PASTA:</u>
Farina di grano
saraceno, 300 g
Farina 00, 150 g
Sale

<u>PER IL CONDIMENTO:</u>
Pomodori, 300 g
Vino bianco
Senape di Digione,
2 cucchiaini
Cipolla, 1/2
Prezzemolo,
1 mazzetto
Pepe verde in grani,
1 cucchiaio
Burro, 40 g
Sale

Pizzoccheri piccanti senape e pepe verde

Preparate i pizzoccheri seguendo le indicazioni fornite a pag. 21. ◆ Sbollentate i pomodori in acqua bollente, privateli della pelle e dei semi, poi spezzettateli e mettete i dadini in una terrina con il sale. Sbucciate la cipolla e affettatela; pestate i grani di pepe. ◆ Fate imbiondire la cipolla nel burro, unitevi la senape, il pepe verde, una spruzzata di vino e mescolate bene. ◆ Appena il vino sarà evaporato, aggiungete i pomodori, fateli scaldare e cospargete con il prezzemolo tritato. Cuocete i pizzoccheri in abbondante acqua bollente, scolateli al dente e conditeli con il sugo preparato, con qualche fiocchetto di burro e un po' di pepe verde.

PASTA FRESCA

Preparazione:
45 MIN.

Difficoltà: 😃 😃

Vino:
VALTELLINA SUPERIORE

PER LA PASTA:

Farina 00, 500 g

Uova, 4

Farina di mais,
1 manciata

Polvere
di pomodoro
secco, 20 g

Peperoncino rosso
in polvere,
1 cucchiaino

Olio extravergine
d'oliva, 1 cucchiaio

Sale

PER IL CONDIMENTO:

Melanzane, 150 g

Pomodoro maturo, 1

Cipollotto, 1

Prezzemolo,
1 ciuffo

Pecorino stagionato

Olio extravergine
d'oliva

Sale

Preparazione:
45 MIN.

Difficoltà: 🍥🍥

Vino:
LISON-PRAMAGGIORE
ROSSO

Tagliatelle indiavolate

Preparate le tagliatelle seguendo le indicazioni fornite a pag. 27, aggiungendo all'impasto di base anche la polvere di pomodoro e il peperoncino rosso. ◆ Tagliate le melanzane a listarelle e rosolatele nell'olio con il cipollotto tritato fine. Aggiungete il pomodoro pelato e tagliato a strisce, poi lasciate consumare per alcuni minuti. ◆ Cuocete le tagliatelle, scolatele bene, versatele in padella e fatele saltare. ◆ Quindi spolverate con il trito di prezzemolo e con abbondante pecorino stagionato grattugiato e servite subito.

Pici
con carciofi e olive

Preparate i pici seguendo le indicazioni fornite a pag. 20. ◆ Poi passate alla preparazione del condimento. Tritate finissimi gli aghi del rosmarino, dorateli nell'olio con l'aglio. Aggiungete i cuori di carciofo tagliati a spicchi, le olive snocciolate e precedentemente rosolate, e i pomodori pelati e sminuzzati. Salate, pepate e portate a cottura, mantenendo una fiamma non eccessiva e mescolando di tanto in tanto con un cucchiaio di legno. ◆ Cuocete a parte i pici in abbondante acqua salata, scolateli quando sono cotti al dente e versateli nella casseruola in cui avete cucinato il condimento. ◆ Amalgamate il tutto in modo da insaporire bene, spolverate con il pecorino grattugiato e infine servite.

INGREDIENTI

PER LA PASTA:
Farina 00, 400 g
Olio extravergine d'oliva, 1 cucchiaio
Sale

PER IL CONDIMENTO:
Carciofi, 8 cuori
Olive nere, 12
Pomodori da sugo maturi, 4
Aglio, 1 spicchio
Rosmarino, 1 rametto
Pecorino stagionato
Olio extravergine d'oliva
Sale, pepe

Preparazione: 1 H

Difficoltà: 🍼 🍼

Vino: BOLGHERI ROSSO

PASTA FRESCA

INGREDIENTI

PER LA PASTA:
Farina 00, 500 g
Uova, 4
Farina di mais,
1 manciata
Olio extravergine
d'oliva, 1 cucchiaio
Sale

PER IL CONDIMENTO:
Zucchine medie
con fiori, 6
Limone, 1/2
Grana grattugiato,
60 g
Cipolla, 1
Brodo vegetale, 1 l
Pangrattato, 40 g
Prezzemolo, 10 g
Zafferano, 10 g
Olio extravergine
d'oliva
Sale, pepe

Preparazione:
1 H E 20 MIN.

Difficoltà: 🍳 🍳 🍳

Vino:
CORTONA RIESLING ITALICO

Tagliolini al limone con fiori di zucchina

Preparate i tagliolini seguendo le indicazioni fornite a pag. 27. ♦ Nel frattempo separate i fiori dalle zucchine e in una padella fate saltare metà delle zucchine, tagliate a rondelle, con mezza cipolla e l'olio. ♦ Salate, pepate, aggiungete un mestolo di brodo, il grana, metà del prezzemolo e per ultimo il pangrattato. Passate tutto nel mixer. ♦ Dopo aver eliminato i pistilli, pulite i fiori, riempiteli con il composto ottenuto al mixer e chiudeteli bene. Conditeli con un filo d'olio, sistemateli delicatamente in una teglia e cuocete per 15 minuti. ♦ Tagliate le zucchine rimaste a *julienne* e mettetele in una padella con la restante cipolla e l'olio, correggete di sale e pepe, aggiungete lo zafferano, 2 cucchiai di brodo e lasciate cuocere per 3 minuti. ♦ Lessate nel brodo i tagliolini, scolateli e versateli nella padella con le zucchine. Saltate il tutto e spremeteci sopra il limone. ♦ Disponete i tagliolini "a nido" sul piatto di portata, con un fiore di zucchina al centro e gli altri a corolla. Completate con un filo d'olio a crudo e servite.

Pappardelle gialle ricotta e pancetta

PER LA PASTA:
Farina 00, 500 g
Uova, 4
Farina di mais,
  1 manciata
Olio extravergine
  d'oliva, 1 cucchiaio
Sale

PER IL CONDIMENTO:
Pancetta, 100 g
Ricotta, 100 g
Pecorino
  grattugiato, 80 g
Zafferano, 0,5 g
Brodo di carne, 1
Latte, 2 cucchiai
Panna, 1,5 dl
Olio extravergine
  d'oliva
Sale, pepe

PER GUARNIRE:
Prezzemolo, alcune
  foglie

Preparazione:
45 MIN.

Difficoltà: 🍳 🍳

Vino:
BARCO REALE
DI CARMIGNANO

PASTA FRESCA

Preparate le pappardelle seguendo le indicazioni fornite a pag. 27. ◆ Rosolate in una padella la pancetta tagliata a dadini con un po' d'olio extravergine d'oliva. Aggiungete il latte, la panna, un pizzico di sale e uno di pepe. ◆ A questo punto amalgamate al condimento la ricotta e 40 g di pecorino, mescolando molto bene. Versate lo zafferano in un po' di brodo caldo e aggiungetelo alla salsa. ◆ Fate cuocere le pappardelle in abbondante acqua salata, scolatele al dente e fatele saltare per un attimo nella salsa. ◆ Servite in una zuppiera, condendo con il restante pecorino e guarnite con foglioline di prezzemolo.

Malloreddus con salsa di cinghiale

Preparate i malloreddus con qualche ora di anticipo seguendo le indicazioni fornite a pag. 18 e lasciateli asciugare su canovacci leggermente infarinati. ♦ In un tegame rosolate la cipolla tritata in abbondante olio, aggiungete la polpa di cinghiale macinata, insaporite con sale e pepe e lasciatela rosolare per qualche minuto prima di unire la passata di pomodoro e qualche foglia di alloro. ♦ Fate cuocere lentamente per un paio di ore, quindi lessate i malloreddus in acqua salata, scolateli e conditeli con il sugo e il pecorino sardo grattugiato. ♦ Portate in tavola accompagnando con altro pecorino servito a parte.

INGREDIENTI

PER LA PASTA:
Farina di semola, 400 g
Farina bianca, q.b.
Zafferano, 1 pizzico
Sale

PER IL CONDIMENTO:
Polpa di cinghiale macinata, 450 g
Passata di pomodoro, 450 g
Cipolla, 1
Alloro
Pecorino sardo grattugiato
Olio extravergine d'oliva
Sale, pepe

Preparazione:
30 MIN. + 14 H

Difficoltà: 🍳 🍳 🍳

Vino:
ARBOREA TREBBIANO

PASTA FRESCA

PER GLI GNOCCHI:
Farina, 300 g
Patate, 800 g
Uovo, 1
Sale

PER IL CONDIMENTO:
Vongole surgelate,
  150 g
Pesto già pronto,
  4-5 cucchiai
Prezzemolo,
  qualche ciuffetto
Aglio, 1 spicchio
Vino bianco,
  1/2 bicchiere
Olio extravergine
  d'oliva, 2 cucchiai
Sale

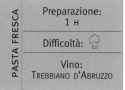

Preparazione:
1 H

Difficoltà:

Vino:
TREBBIANO D'ABRUZZO

PASTA FRESCA

Gnocchi al pesto e conchiglie

Fate lessare le patate finché diventano tenere, sbucciatele, passatele nello schiacciapatate e impastatele sulla spianatoia insieme con la farina, l'uovo e un pizzico di sale. ◆ Lavorate il composto fino a ottenere un impasto abbastanza sodo, aggiungendo, se necessario, altra farina. ◆ Formate quindi dei bastoncini del diametro di un grosso dito e tagliate degli gnocchi lunghi 2 cm. ◆ Mettete in una padella olio, aglio e vino bianco. Una volta ritirato il vino, aggiungete le vongole e cuocete per 2-3 minuti. Tenete in caldo. Mescolate al pesto pronto (se preferite farlo, vedi pag. 38), salate se necessario. ◆ Nel frattempo lessate gli gnocchi per pochi minuti in acqua bollente salata. Appena vengono a galla, toglieteli con una schiumarola. Adagiateli in una zuppiera e conditeli con qualche cucchiaiata di pesto e vongole. Portate in tavola ben caldo.

Farina 00, 400 g
Uova, 4
Olio extravergine
d'oliva, 1 cucchiaio
Sale

PER IL CONDIMENTO:
Spalla d'agnello,
800 g
Pomodori maturi,
500 g
Funghi secchi, 80 g
Cipolla, 1/2
Prezzemolo tritato,
1 cucchiaio
Pecorino
grattugiato, 60 g
Farina, 1 cucchiaio
Vino bianco secco,
1/2 bicchiere
Strutto, 10 g
Peperoncino rosso
in polvere
Olio extravergine
d'oliva, 2 cucchiai
Sale

Preparazione:
1 H E 30 MIN.

Difficoltà: 😀 😀 😀

Vino:
BARBERA
DEL MONFERRATO

PASTA FRESCA

Filatieddi
al sugo d'agnello

Preparate la pasta per i filatieddi seguendo le indicazioni a pag. 24. ♦ Fate sciogliere in una casseruola lo strutto, unitevi l'agnello a pezzetti, conditelo con sale e peperoncino e rosolatelo a fuoco lento e a pentola coperta per circa 25 minuti. ♦ Fate rinvenire i funghi secchi in acqua tiepida per 15 minuti e tritateli. Togliete l'agnello dalla casseruola e tenetelo in caldo; aggiungete al fondo di cottura l'olio e i funghi, fateli insaporire per alcuni minuti e poi uniteli all'agnello. ♦ Sempre nel fondo di cottura fate imbiondire la cipolla tritata, bagnate con il vino e fatelo evaporare. ♦ Togliete dal fuoco, incorporate la farina alla cipolla e rimettete sul fornello mescolando; appena la farina sarà rossastra aggiungetevi i pomodori passati, salate e cuocete per 20 minuti. ♦ Unite al sugo i pezzi d'agnello e i funghi, coprite e cuocete per 10 minuti. Unite infine il prezzemolo tritato. ♦ Lessate i filatieddi, scolateli al dente, versateli in un piatto da portata caldo e conditeli con il sugo d'agnello caldo e con il pecorino grattugiato.

Pisarei cotechino e peperone

Preparate i pisarei seguendo le indicazioni fornite a pag. 20. ♦ Lessate intanto il cotechino seguendo le istruzioni che troverete sulla confezione, quindi, dopo aver aspettato che intiepidisca, spellatelo e tagliatelo a dadini molto piccoli. ♦ Se il cotechino è di quelli caserecci, ricordatevi di tenerlo avvolto in un telo bianco di cotone, che cucirete alle estremità con del filo bianco per tutto il tempo della cottura. ♦ Abbrustolite il peperone nel forno, togliete la buccia e liberatelo dai semi e dai filamenti, quindi tagliatelo a filettini. Rosolate nell'olio i dadini di cotechino e le striscioline di peperone con l'aglio e con un pizzico di sale. Aggiungete anche la conserva di pomodoro e lasciate consumare per alcuni minuti. ♦ Cuocete a questo punto la pasta, scolatela al dente e versatela nel tegame del condimento. Fate saltare la pasta per un paio di minuti, cospargete con formaggio parmigiano grattugiato e infine portatela in tavola ben calda.

INGREDIENTI

PER LA PASTA:
Farina 00, 300 g
Pangrattato, 100 g
Sale

PER IL CONDIMENTO:
Cotechino, 1/2
Peperone, 1
Aglio, 1 spicchio
Conserva
  di pomodoro,
  1 mestolo
Parmigiano
  grattugiato
Olio extravergine
  d'oliva
Sale

Preparazione:
1 H E 10 MIN.

Difficoltà: 🍴 🍴

Vino:
ELORO PIGNATELLO

PASTA FRESCA

363

Farina 00, 400 g
Olio extravergine
    d'oliva, 1 cucchiaio
Sale

PER IL CONDIMENTO:
Pomodori da sugo
    ben maturi, 4
Porro, 1
Basilico, 1 ciuffo
Ricotta salata
    stagionata
Olio extravergine
    d'oliva
Sale, pepe

Pici rossi basilico e ricotta salata

Preparate i pici seguendo le indicazioni fornite a pag. 20. ◆ Poi pelate i pomodori e tagliateli a listarelle, pulite accuratamente il porro, tagliatelo a fettine sottili e fatelo imbiondire nell'olio. Aggiungete il pomodoro, un pizzico di sale e fate consumare portando a cottura. ◆ Cuocete la pasta in abbondante acqua salata bollente, scolatela al dente e rovesciatela nella padella in cui avete preparato il condimento, facendola saltare per un minuto. ◆ Cospargete con abbondante ricotta salata grattugiata, aggiungete un pizzico di pepe, un trito di basilico e servite.

PASTA FRESCA

Preparazione:
1 H

Difficoltà: ♟

Vino:
VAL DI CORNIA CILIEGIOLO

Strozzapreti colorati

PER LA PASTA:
Farina 00, 200 g
Farina integrale,
    200 g
Uova, 2
Spinaci, 300 g
Sale

PER IL CONDIMENTO:
Zucchine, 2
Peperoni, 2
Salsa di pomodoro,
    1 tazza
Prezzemolo,
    1 ciuffo
Prosciutto cotto,
    1 fetta spessa
Cipolla, 1
Olio extravergine
    d'oliva
Sale, pepe

PER GUARNIRE:
Basilico, 1 ciuffo
Pecorino stagionato
Pepe

Preparate gli strozzapreti seguendo le indicazioni fornite a pag. 26. ◆ Preparate poi un trito con cipolla e prezzemolo, fatelo dorare nell'olio, quindi aggiungete il prosciutto tagliato a dadini. ◆ Lasciate rosolare per alcuni minuti prima di aggiungere le zucchine a fettine e i peperoni, precedentemente ripuliti e tagliati a listarelle. ◆ Cuocete a fuoco vivo rimestando con un cucchiaio di legno, poi unite la salsa di pomodoro (vedi pag. 122) e lasciate consumare a fuoco basso. Cuocete la pasta, scolatela e versatela in una zuppiera. ◆ Condite e guarnite con il basilico tritato, il pecorino grattugiato e una spolverata di pepe macinato al momento.

PASTA FRESCA

Preparazione:
1 H

Difficoltà: ♙

Vino:
CIRCEO SANGIOVESE

366

Trofie con le seppie

Preparate le trofie con qualche ora di anticipo seguendo le indicazioni fornite a pag. 22. ◆ Spellate e togliete l'osso alle seppie, lavatele bene sotto l'acqua corrente, poi staccate i tentacoli e tagliate a striscioline le sacche. ◆ Fate imbiondire nell'olio un trito con il cipollotto, lo spicchio d'aglio e il peperoncino rosso. Aggiungete i filettini di seppia e i tentacoli precedentemente tritati e salate. ◆ Fate rosolare innaffiando con il vino bianco; una volta evaporato, unite la salsa di pomodoro (vedi pag. 122) e portate a cottura su fuoco basso. ◆ Cuocete la pasta in abbondante acqua salata, scolatela al dente e versatela in padella con il condimento. ◆ Fate saltare per un paio di minuti, aggiungete anche un trito di basilico fresco e infine servite.

INGREDIENTI

PER LA PASTA:
Farina 00, 400 g
Sale

PER IL CONDIMENTO:
Seppie, 400 g
Salsa di pomodoro, 1 tazza
Basilico, 1 ciuffo
Cipollotto, 1
Aglio, 1 spicchio
Vino bianco secco, 1 bicchiere
Peperoncino rosso, 1/2
Olio extravergine d'oliva
Sale

Preparazione: 45 MIN.

Difficoltà: 🍴🍴

Vino:
CAPALBIO ROSATO

PASTA FRESCA

INGREDIENTI

PER LA PASTA:
Farina 00, 160 g
Farina di semola,
  240 g
Sale

PER IL CONDIMENTO:
Capesante, 200 g
Pisellini novelli,
  200 g
Pomodorini ciliegia,
  200 g
Prezzemolo, 30 g
Cipolla, 1/2
Olio extravergine
  d'oliva
Sale, pepe macinato
  fresco

Orecchiette al verde con capesante

Preparate le orecchiette seguendo le indicazioni fornite a pag. 19. ♦ Mettete a lessare i piselli in abbondante acqua salata e nel frattempo fate dorare la cipolla tritata in una padella con qualche cucchiaio d'olio. ♦ Scolate i piselli appena risulteranno teneri e versateli nella padella, salate leggermente e aggiungete qualche cucchiaio d'acqua. ♦ Lasciate insaporire, quindi frullate la metà dei piselli in modo da ottenere una crema piuttosto fluida e conservate a parte il resto. ♦ In una padella fate saltare le capesante con un poco d'olio, unite i restanti piselli e i pomodorini spellati. ♦ Cuocete le orecchiette, scolatele al dente e conditele con le capesante e la salsa di piselli. ♦ Profumate con il prezzemolo tritato, una macinata di pepe e un filo d'olio a crudo.

PASTA FRESCA

Preparazione:
45 MIN.

Difficoltà: 🎩🎩

Vino:
COLLI DELLA SABINA
BIANCO

INGREDIENTI

PER LA PASTA:
Farina 00, 400 g
Sale

PER IL CONDIMENTO:
Olive nere, 100 g
Pomodori da sugo, 3
Porro, 1
Prezzemolo, 1 ciuffo
Basilico, 1 ciuffo
Vino bianco secco,
 1 bicchiere
Pecorino stagionato
Olio extravergine
 d'oliva
Sale, pepe

Trofie alla ligure

Preparate le trofie con qualche ora di anticipo seguendo le indicazioni fornite a pag. 22. ♦ Snocciolate quindi le olive. Preparate un trito con il prezzemolo e il porro e fatelo imbiondire in una padella con l'olio. ♦ Unitevi i pomodori pelati e tagliati a listarelle, le olive affettate e poco sale. Quindi spruzzate il tutto di vino bianco e fate evaporare, portando a cottura a fuoco basso. ♦ Cuocete a questo punto le trofie in abbondante acqua salata, scolatele e versatele nella padella con il sugo preparato. ♦ Fatele saltare per un paio di minuti, aggiungete il basilico finemente tritato e cospargete con una manciata di pecorino grattugiato. Pepate e portate subito in tavola.

Preparazione:
35 MIN. + 4 H

Difficoltà:

Vino:
COLLINE DI LEVANTO
BIANCO

PASTA FRESCA

Gnocchi occitani

Dopo aver lessato e sbucciato le patate, passatele nello schiacciapatate e fatele ricadere sulla spianatoia. ◆ Impastatele con la farina, l'uovo, la crema di formaggio e una presa di sale fino a ottenere un composto morbido e consistente, aggiungendo, se occorre, altra farina. ◆ Formate dei bastoncini del diametro di un dito e tagliate degli gnocchi lunghi 4 cm. ◆ Con le mani infarinate modellate gli gnocchi dando loro una forma leggermente romboidale ma spessa. ◆ Portate a ebollizione una pentola d'acqua calda e tuffatevi gli gnocchi pochi alla volta; scolateli con la schiumarola man mano che salgono a galla, versateli in una zuppiera. ◆ Conditeli con la panna scaldata leggermente con un po' di scorza del limone grattugiata e prezzemolo tritato.

INGREDIENTI

PER GLI GNOCCHI:
Patate, 800 g
Farina, 300 g
Uovo, 1
Crema di formaggio
  fresco, 50 g
Sale

PER IL CONDIMENTO:
Panna da cucina,
  1 dl
Prezzemolo,
  1 mazzetto
Limone, 1

Preparazione:
1 H

Difficoltà: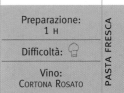

Vino:
CORTONA ROSATO

PASTA FRESCA

Pasta integrale

☞ Sommario ☜

Rigatoni al pesto di rucola con fagiolini

Lavate accuratamente la rucola, tagliatela a pezzetti e passatela al mixer con le mandorle, i filetti d'acciuga, 2 cucchiai di parmigiano grattugiato, l'aglio e l'olio. Regolate di sale e insaporite con una spolverata di pepe. ◆ Lavate i fagiolini, spuntateli, fateli a pezzetti e metteteli in una pentola con abbondante acqua salata. Cuoceteli per circa 5 minuti. ◆ Mettete nella stessa acqua di cottura dei fagiolini anche i rigatoni e portate a termine la cottura. ◆ Ammorbidite con un mestolino di brodo di cottura la salsa precedentemente ottenuta e conditeci la pasta e i legumi scolati al dente. ◆ Aggiungete, infine, le olive tagliate a rondelle e i pomodorini a quarti e mescolate con cura. ◆ Cospargete con il parmigiano a scaglie e servite (*foto della ricetta alle pagine precedenti*).

INGREDIENTI

Rigatoni integrali, 400 g

Fagiolini, 150 g

Olive nere snocciolate, 100 g

Pomodorini ciliegia, 10

Rucola, 1 mazzetto

Acciughe sottolio, 50 filetti

Mandorle pelate, 2 cucchiai

Aglio, 1 spicchio

Parmigiano grattugiato, 50 g

Olio extravergine d'oliva

Sale, pepe

Preparazione: 35 MIN.

Difficoltà: ♟ ♟

Vino: FRIULI AQUILEIA RIESLING

PASTA INTEGRALE

Penne integrali,
 400 g

Piselli freschi, 250 g

Carciofi, 2

Passata
 di pomodoro,
 2 cucchiai

Parmigiano
 grattugiato

Olio extravergine
 d'oliva

Sale

Penne
alla campagnola

Mondate i carciofi eliminando le parti più dure e le foglie esterne. ◆ Tagliate la parte più tenera a fettine e mettetela in un tegame con qualche cucchiaio d'olio, i piselli, 1/2 bicchiere d'acqua e la passata di pomodoro. Salate e fate cuocere per circa 20 minuti, controllando che le verdure non si asciughino troppo e aggiungendo, se necessario, ancora poca acqua calda. ◆ Nel frattempo, cuocete la pasta in abbondante acqua salata, scolatela al dente e versatela in una zuppiera, condendola con le verdure. Portatela quindi in tavola servendo a parte il parmigiano grattugiato.

PASTA INTEGRALE

Preparazione:
35 MIN.

Difficoltà: 🎩 🎩

Vino:
GOLFO DEL TIGULLIO
BIANCO

Spaghetti profumati alla maggiorana

Cuocete la pasta in abbondante acqua salata. ◆ Nel frattempo mescolate in una zuppiera la ricotta con un po' d'acqua di cottura della pasta. ◆ A parte sbriciolate la mollica di pane in un pentolino, aggiungete l'olio e fate tostare leggermente. ◆ Scolate quindi la pasta al dente e riversatela nella zuppiera amalgamandola alla salsa di ricotta; unite anche la mollica rosolata, la maggiorana tritata e un pizzico di pepe. Mescolate il tutto e servite subito.

INGREDIENTI

Spaghetti integrali, 400 g

Ricotta, 150 g

Maggiorana fresca, 1 mazzetto

Mollica di pane integrale raffermo, 50 g

Olio extravergine d'oliva, 1/2 bicchiere

Sale, pepe

Preparazione: 15 MIN.

Difficoltà:

Vino: ALTO ADIGE MERLOT ROSATO

PASTA INTEGRALE

INGREDIENTI

Orecchiette
  integrali, 400 g
Ricotta fresca
  (preferibilmente
  di capra), 100 g
Broccoletti, 100 g
Cipolla, 1/2
Olio extravergine
  d'oliva
Sale

Orecchiette bianche e verdi

Mondate e lavate i broccoletti, poi lessateli insieme alle orecchiette in abbondante acqua salata. ◆ Nel frattempo affettate finemente la cipolla, mettetela in un tegame con un po' d'olio e lasciatela appassire a fuoco lento. ◆ Dopo una decina di minuti, durante i quali potete eventualmente bagnare la cipolla con un po' dell'acqua di cottura della pasta, aggiungete la ricotta e mescolate delicatamente per farla sciogliere, quindi regolate di sale. ◆ Quando le orecchiette sono cotte al dente, scolatele e unitele al condimento, mescolando con cura e condendo con un filo d'olio crudo; trasferitele in una zuppiera calda e portatela in tavola.

Preparazione:
20 MIN.

Difficoltà: 🧑‍🍳🧑‍🍳

Vino:
COLLI SALUZZESI
PELAVERGA

INGREDIENTI

Fusilli integrali,
400 g

Polpa di tacchino,
150 g

Polpa di coniglio,
150 g

Salvia, 1 foglia

Carota, 1

Cipolla, 1

Vino bianco, 1 dl

Brodo di pollo,
1 mestolino

Rosmarino,
1 rametto

Sedano, 1 costa

Parmigiano
grattugiato,
3 cucchiai

Olio extravergine
d'oliva

Sale, pepe

Fusilli integrali al ragù leggero

Dopo aver tritato la cipolla, il sedano e la carota, passate sotto l'acqua la polpa di tacchino e di coniglio, asciugatela e tagliuzzatela a dadini. ◆ In un tegame con un po' d'olio fate rosolare il trito di ortaggi, poi aggiungete i dadini di coniglio e di tacchino e fateli cuocere per qualche minuto. ◆ Bagnate con il vino bianco, fatelo evaporare a fuoco vivace, poi salate, pepate e unite la salvia e il rosmarino tritati. ◆ Diluite il tutto con il brodo caldo e continuate la cottura del ragù a fuoco medio per circa 20-25 minuti. Nel frattempo, fate cuocere la pasta in abbondante acqua salata. ◆ Scolatela al dente, conditela con il ragù di carni bianche. ◆ Cospargetela con una spolverata di parmigiano grattugiato e servitela in tavola calda.

Preparazione:
45 MIN.

Difficoltà: ♕

Vino:
TRENTINO LAGREIN
ROSATO

Linguine
al pesto matto

Mettete nel bicchiere del frullatore (meglio sarebbe usare il mortaio e il pestello) i pinoli, le foglie di salvia spezzettate, un pizzico di sale, quattro cucchiai d'olio e due d'acqua, quindi fate frullare per alcuni minuti. ◆ Aggiungete il parmigiano grattugiato e frullate ancora per pochi istanti, quanto basta per ottenere una crema densa. ◆ Lessate la pasta in abbondante acqua salata, scolatela al dente e versatela in una zuppiera calda con il "pesto matto", quindi mescolate con cura e portate in tavola, guarnendo il piatto con le nocciole sbriciolate.

▓ Pinoli ▓

I pinoli possono essere impiegati freschi, oppure leggermente tostati in forno prima dell'uso. Il loro contenuto di grassi fa sí che si irrancidiscano facilmente, per questo si consiglia di acquistarli sfusi, preferendoli a quelli in confezioni chiuse di incerta età. Hanno svariati usi: possono essere utilizzati in molti ripieni, in salse e sughi. I pinoli sono uno degli ingredienti principali del pesto classico ligure di cui la ricetta sopra è una variante.

INGREDIENTI

Linguine integrali, 400 g

Pinoli, 50 g

Salvia, qualche foglia

Parmigiano grattugiato, 60 g

Olio extravergine d'oliva

Sale

PER GUARNIRE:
Nocciole sbriciolate

Preparazione:
15 MIN.

Difficoltà: ♙

Vino:
CINQUE TERRE

PASTA INTEGRALE

Spaghetti integrali,
   400 g
Uvetta, 100 g
Pinoli, 100 g
Olio extravergine
   d'oliva
Sale

Spaghetti dolci uvetta e pinoli

Questa ricetta è molto semplice e veloce, e vi consente di preparare in poco tempo un piatto di pasta dal sapore inusuale, ma certamente stuzzicante. ◆ Fate rinvenire l'uvetta in poca acqua tiepida e nel frattempo lessate gli spaghetti in abbondante acqua salata. Scolateli al dente e conditeli con un po' d'olio, l'uvetta scolata e strizzata e i pinoli. ◆ Versate poi il tutto in una teglia unta d'olio e infornate a 180 °C per 5-10 minuti, finché si forma una leggera crosticina. ◆ Togliete gli spaghetti dal forno e serviteli ben caldi.

PASTA INTEGRALE

Preparazione:
10 MIN. + 20 MIN.

Difficoltà: ♢

Vino:
PETIT ARVINE
VALLE D'AOSTA

Penne integrali,
380 g

Rughetta, 100 g

Pomodori pachino,
500 g

Cipolla, 1/2

Semi
di cardamomo, 2

Curry, 1 cucchiaio

Peperoncino

Basilico, 4 foglie

Olio extravergine
d'oliva

Sale

Penne integrali spezie e rughetta

In abbondante acqua salata fate cuocere la pasta aggiungendo al posto del sale il curry. ◆ Nel frattempo preparate il condimento facendo leggermente rosolare la cipolla tritata nell'olio, aggiungete il cardamomo. ◆ Tagliate a metà i pomodori pachino e aggiungeteli nella padella. Unite anche la rughetta spezzettata e insaporite con il pepe e un po' di peperoncino. Amalgamate e fate cuocere per un minuto. ◆ Scolate la pasta al dente e fatela ripassare nella padella con il sugo. ◆ Mescolate bene in modo da far insaporire la pasta, aggiungete il basilico e servite calda.

▓ Cardamomo ▓

È una pianta aromatica e una spezia usata soprattutto in Oriente, ma presente anche in alcune preparazioni della cucina italiana. Il cardamomo è caratterizzato da frutti a capsula di forma oblunga o tondeggiante che contengono numerosi semi bruni o grigiastri, aromatici e piccanti. Si possono utilizzare direttamente in cucina come condimento di diverse pietanze. Il cardamomo possiede qualità medicinali che favoriscono le funzioni digestive.

PASTA INTEGRALE

Preparazione:
30 MIN.

Difficoltà: 🍳

Vino:
GARDA MARZEMINO

Sedanini provolone piccante e biete

Portate a ebollizione l'acqua, salatela e fatevi cuocere la pasta. ◆ Nel frattempo scaldate il latte, aggiungete 130 g di provolone piccante fatto a pezzetti, la fecola diluita con acqua fredda e il pepe. ◆ Mescolate bene fino a quando il provolone si sarà sciolto e la fonduta risulterà cremosa. Scottate a vapore le bietole per circa 2-3 minuti. ◆ Sgocciolatele bene, disponetele sui piatti da portata. ◆ Versatevi sopra i sedanini, condite con la fonduta e il restante provolone grattugiato e portate in tavola.

INGREDIENTI

Sedanini integrali, 400 g
Bietole, 150 g
Provolone piccante, 150 g
Latte, 1/2 bicchierino
Fecola, 4 g
Sale, pepe

Preparazione: 25 MIN.

Difficoltà: 🍳

Vino: ALTO ADIGE PINOT BIANCO

PASTA INTEGRALE

INGREDIENTI

Strozzapreti
  integrali, 400 g
Piselli freschi
  sgranati, 150 g
Cipolle, 2
Sedano, 2 gambi
Carote, 2
Maggiorana
Timo
Olio extravergine
  d'oliva
Sale

Strozzapreti al ragù vegetale

Innanzitutto pulite le verdure, tritate le cipolle, il sedano e le carote e mettetele in un tegame; lasciatele stufare nella loro stessa acqua per 10 minuti. Aggiungete poi i piselli e un bicchiere d'acqua calda, proseguendo la cottura per 20 minuti. ◆ Prima di spegnere il fuoco aggiungete qualche cucchiaio d'olio, una presa abbondante di timo, una di maggiorana e un pizzico di sale. ◆ Lessate nel frattempo la pasta in abbondante acqua salata, scolatela al dente e versatela in una zuppiera calda insieme con il ragù vegetale; rimestate con cura e servite.

Preparazione:
40 MIN.

Difficoltà: 🍄🍄

Vino:
BREGANZE BIANCO

INGREDIENTI

Spaghettini
integrali, 380 g

Patate, 2

Cipolla, 1

Salumi (pancetta,
salame, prosciutto
crudo), 70 g

Toma piemontese
non troppo
stagionata, 200 g

Burro

Olio extravergine
d'oliva

Sale, pepe nero

Spaghettini
con toma piemontese

In una casseruola con poco olio e un po' di burro fate appassire la cipolla tagliata finissima, per almeno 10 minuti.♦ Aggiungete i salumi precedentemente tagliati a listarelle e lasciate insaporire per pochi minuti. ♦ Nel frattempo portate a ebollizione una pentola d'acqua e fatevi cuocere gli spaghettini insieme alle patate precedentemente sbucciate e tagliate a piccoli pezzi in modo tale che possano cuocere con la pasta. ♦ Scolate gli spaghettini piuttosto al dente e versarli insieme alle patate nella casseruola con il condimento. ♦ Mescolate aggiungendo la toma tagliata a dadini molto piccoli, pepate e lasciate riposare il tutto per qualche istante a pentola coperta.

PASTA INTEGRALE

Preparazione:
20 MIN.

Difficoltà: ♢

Vino:
VALLE D'AOSTA
PINOT NERO

388

Fusilli rustici radicchio e uva passa

Lavate e asciugate il radicchio, poi tagliatelo a listarelle sottili. ◆ Nel frattempo scaldare in una tegame qualche cucchiaio d'olio e fatevi appassire lo spicchio d'aglio, la cipolla e la carota tritate; poi aggiustate di sale e pepe. ◆ Aggiungete il radicchio, bagnatelo con il vino bianco e fatelo cuocere a fuoco lento, mescolando di tanto in tanto, nel caso fosse necessario bagnate ogni tanto con un po' di brodo vegetale caldo. ◆ Durante la cottura, spolverate con la noce moscata, versate il latte, e dopo averlo fatto asciugare un po', aggiungere l'uva passa e lo speck tagliato a dadini piccoli. ◆ Cuocete la pasta in abbondante acqua salata, scolatela al dente e conditela con il sugo ottenuto. Prima di servire cospargete con del parmigiano grattugiato.

INGREDIENTI

Fusilli integrali, 400 g

Radicchio di Treviso, 3/4 cespi

Speck, 150 g

Uva passa, 1 cucchiaio

Carota, 1/2

Aglio, 1 spicchio

Cipolla, 1/2

Vino bianco secco, 1/2 bicchiere

Brodo vegetale (facoltativo)

Noce moscata

Latte, 1/2 bicchiere

Parmigiano

Olio extravergine d'oliva

Sale, pepe nero

Preparazione: 30 MIN.

Difficoltà: ♨

Vino: TRENTINO LAGREIN ROSATO

PASTA INTEGRALE

Penne alla carote

INGREDIENTI

Penne integrali,
  400 g

Carote di media
  grandezza, 10

Sedano, 2 gambi

Aglio, 2 spicchi

Cipolle, 2

Rosmarino,
  1 rametto

Semi di sesamo,
  10 g

Tamari (facoltativo)

Olio extravergine
  d'oliva

Sale

Pulite accuratamente le carote sotto acqua corrente e asciugatele; pulite il sedano. ◆ Affettate sottilmente le cipolle e l'aglio, e fateli saltare a fuoco vivace in un tegame con un po' d'olio e il rosmarino. ◆ Tagliate le carote a listarelle sottili nel senso della lunghezza e a pezzi piuttosto piccoli i gambi di sedano. ◆ Mettete quindi anche queste verdure nel tegame, unitevi i semi di sesamo e, dopo qualche minuto, abbassate la fiamma; continuate la cottura per circa 20 minuti a tegame coperto mescolando spesso per evitare che le verdure si attacchino al fondo. ◆ Tenete presente che la buona riuscita di questa ricetta dipende in gran parte dalla cottura delle carote: devono risultare cotte ma ancora piuttosto al dente. ◆ Lessate le penne in abbondante acqua salata, scolatele al dente e versatele nel tegame del condimento. Lasciate sul fuoco per qualche istante e insaporite con il tamari. Portate in tavola in una zuppiera calda.

PASTA INTEGRALE

Preparazione:
30 MIN.

Difficoltà: 🍳 🍳

Vino:
TOCAI FRIULANO

Orecchiette
integrali, 400 g
Peperone rosso, 1
Lattuga, 1 cespo
Cipolla, 1
Vino bianco, 1 dl
Olio extravergine
d'oliva, 4 cucchiai
Sale, pepe

Orecchiette lattuga e peperoni

Tagliate la cipolla e il peperone a listarel
le molto sottili. Poneteli a rosolare in una
padella antiaderente con qualche cuc
chiaio d'olio per circa 20 minuti; bagnate
con il vino bianco e lasciate sfumare a fiam
ma moderata. ◆ Quasi al termine della
cottura, unite la lattuga, tagliata prece
dentemente a listarelle. Nel frattempo, in
acqua bollente salata fate cuocere le orec
chiette integrali. ◆ Scolate la pasta anco
ra al dente, conditela con il sugo di pepe
roni e la lattuga e servite in tavola.

PASTA INTEGRALE

Preparazione:
35 MIN.

Difficoltà:

Vino:
BIANCO DI CUSTOZA

Rigatoni integrali ai mari del Nord

Tagliate a fettine sottili i filetti d'aringa e a listarelle il salmone affumicato. ♦ Togliete la buccia dal cetriolo, tagliatelo a metà nel senso della lunghezza, poi affettatelo sottilmente, ottenendo delle fettine a mezzaluna. ♦ Emulsionate in una ciotolina la senape con il succo di limone, l'olio e un pizzico di sale. Fate lessate in una pentola con acqua bollente non troppo salata salata i rigatoni. ♦ Scolateli al dente e condite la paste calde con la salsa alla senape. ♦ Aggiungete l'aringa, il salmone, il cetriolo e mescolate con cura. ♦ Unite le foglioline d'aneto, o di prezzemolo, guarnite con le uova di salmone e servite.

INGREDIENTI

Rigatoni integrali, 380 g

Filetti d'aringa affumicata, 150 g

Salmone affumicato affettato, 150 g

Cetriolo, 1

Aneto o prezzemolo, 1 ciuffo

Senape in polvere, 1 cucchiaio

Succo di limone, 2 cucchiai

Olio extravergine d'oliva, 6 cucchiai

Sale

PER GUARNIRE:

Uova di salmone, 2 cucchiai

Preparazione: 25 MIN.

Difficoltà: 🍵

Vino: EST! EST! EST! DI MONTEFIASCONE

PASTA INTEGRALE

Sedanini integrali,
  380 g
Cipolla, 1
Mele grosse, 2
Pancetta a dadini,
  100 g
Gherigli di noce,
  30 g
Vino bianco
Grano tenero, 30 g
Olio extravergine
  d'oliva, 3 cucchiai
Sale pepe

Sedanini integrali mele e noci

Sbucciate la cipolla, tritatela fine, mettetela in una larga padella con l'olio e fatela appassire a fuoco basso. ♦ Unite la pancetta e rosolatela bene, mescolando con un cucchiaio di legno. ♦ Bagnate con mezzo bicchiere di vino bianco, alzate un po' la fiamma e lasciatelo evaporare quasi completamente. ♦ Sbucciate le mele, togliete i semi, tagliatele a cubetti e aggiungeteli alla pancetta. Cuocete ancora il tutto per qualche minuto: le mele dovranno ammorbidirsi senza sfaldarsi. ♦ Intanto lessate i sedanini, scolateli al dente tenendo da parte un po' d'acqua di cottura e rovesciateli nella padella con le mele e la pancetta. ♦ Aggiungete l'acqua tenuta da parte, lasciate sul fuoco per un minuto in modo che la pasta si insaporisca. Trasferite nei piatti e cospargete con gherigli di noce spezzettati e con il grana a scaglie prima di servire.

Preparazione:
30 MIN.

Difficoltà: ♨ ♨

Vino:
GARDA CORTESE

INGREDIENTI

Penne integrali,
380 g
Pomodori perini,
300 g
Zucchine, 150 g
Finocchio, 100 g
Spinaci, 100 g
Carote, 80 g
Scalogni, 2
Sedano, 1 cuore
Parmigiano
grattugiato,
2 cucchiai
Olio extravergine
d'oliva, 2 cucchiai
Sale, pepe

Penne
alle verdure miste

Dopo aver accuratamente lavato tutte le verdure tagliate i pomodori, le zucchine, le carote, il sedano e il finocchio a filettini della dimensione di un fiammifero, gli scalogni a fettine e gli spinaci a listarelle. ◆ Ponete in una padella antiaderente l'olio, il sedano, le carote, il finocchio, le zucchine e gli scalogni e fate cuocere a fuoco moderato, dopo 5 minuti aggiungete gli spinaci e condite con sale e pepe. Unite adesso i pomodori e continuate la cottura per circa 20 minuti. ◆ Nel frattempo fate cuocere le penne in abbondante acqua salata, scolateli al dente e condite con il sugo preparato. ◆ Prima di servire spolverizzate con del parmigiano grattugiato.

Preparazione:
40 MIN.

Difficoltà:

Vino:
CILENTO AGLIANICO

Fusilli aromatici alle zucchine

Spuntate le zucchine e tagliatele a rondelle. ◆ Nel frattempo in un tegame con poco olio fate dorare la cipolla affettata sottilmente. ◆ Unitevi poi le zucchine e le erbe aromatiche, escluso il prezzemolo, salate e fate cuocere per qualche minuto a fuoco basso. Nel frattempo fate cuocere la pasta in abbondante acqua salata. ◆ Scolate i fusilli al dente e conditeli con il composto di zucchine ed erbe aromatiche. ◆ Prima di portare in tavola, irrorate con un filo d'olio crudo e una spolverata di prezzemolo.

Tagliare le zucchine a rondelle

Innanzitutto spuntate le zucchine. Poggiate ogni zucchina sul tagliere, tenendola ferma con una mano, e con l'altra procedete a tagliarla trasversalmente. Per procedere velocemente basterà, facendo molta attenzione, tagliare le rondelle tenendo premuta la punta della lama contro il tagliere, sollevando rapidamente il manico. Fate sì che la lama stia presso le nocche della mano con cui tenete la zucchina, e retrocedete con questa via via che tagliate; otterrete così, inoltre, fette dello spessore desiderato.

INGREDIENTI

Fusilli integrali, 400 g
Zucchine, 300 g
Cipolla, 1/2
Maggiorana fresca
Mentuccia fresca
Basilico fresco
Prezzemolo
Olio extravergine d'oliva
Sale

Preparazione: 25 MIN.

Difficoltà:

Vino: CASTEL DEL MONTE ROSATO

PASTA INTEGRALE

Spaghetti piccanti alle melanzane

Spaghetti integrali,
400 g

Melanzane, 2
(di circa 450 g)

Pomodori perini
freschi
(o pomodori pelati
in scatola), 4

Peperoncini piccanti
secchi, 2

Capperi sotto sale,
1 cucchiaino

Aglio, 2 spicchi

Basilico, 4-6 foglie

Concentrato
di pomodoro,
1 cucchiaio

Olio extravergine
d'oliva, 6 cucchiai

Sale

Lavate, asciugate, private del calice le melanzane, dividetele in cubetti di circa 1 cm e 1/2 di lato. ◆ Scaldate 3 cucchiai d'olio in un tegame piuttosto ampio, unite gli spicchi d'aglio e i cubetti di melanzane e, su fiamma medio-alta fateli dorare uniformemente, mescolando spesso. Occorreranno cieca 8 minuti. ◆ Tuffate per un minuto in acqua bollente i perini, spellateli e divideteli in quarti; oppure tagliate in quattro i pelati in scatola. ◆ Uniteli alle melanzane insieme ai capperi ben sciacquati, i peperoncini, le foglie di basilico spezzettate. Fate cuocere, mescolando, per 4-5 minuti. Il sugo risulterà piuttosto asciutto. ◆ Aggiungete adesso il concentrato di pomodoro stemperato in 3-4 cucchiai d'acqua e l'olio restante. Date un altro paio di minuti di cottura, spegnete la fiamma e lasciate raffreddare completamente. Se lo desiderate, eliminate gli spicchi d'aglio e i peperoncini. ◆ Fate cuocere gli spaghetti in abbondante acqua salata, scolateli quando sono ancora molto al dente e conditeli con il sugo preparato.

PASTA INTEGRALE

Preparazione:
45 MIN.

Difficoltà: 🍷🍷

Vino:
ALCAMO BIANCO

Sedanini integrali,
380 g

Ricotta fresca, 150 g

Limone, 1

Panna fresca, 1 dl

Prezzemolo,
1 ciuffo

Parmigiano
grattugiato, 50 g

Olio extravergine
d'oliva

Sale, pepe

Sedanini delicati in salsa

Dopo aver lavato e asciugato il limone, grattugiate la scorza gialla, facendo attenzione a non intaccare la pellicina bianca. ◆ Tritate il prezzemolo e mettete la ricotta in una terrina dopo averla sbriciolata. Aggiungete la scorza del limone precedentemente grattugiata e la panna e lavorate il composto fino a ottenere una crema omogenea. ◆ In un tegame antiaderente scaldate un po' d'olio e versateci il composto di ricotta. Fatelo cuocere per pochi minuti a fiamma bassa, mescolando regolarmente per evitare che la crema formi dei grumi. Salate, pepate, aggiungete il prezzemolo tritato e togliete dal fuoco. ◆ Nel frattempo fate cuocere la pasta in abbondante acqua salata, scolatela al dente e versatela in padella con la crema di ricotta. ◆ Spolverizzatela con il parmigiano grattugiato, insaporitela con una manciata di pepe e servite.

PASTA INTEGRALE

Preparazione:
25 MIN.

Difficoltà:

Vino:
VALLE D'AOSTA PINOT
BIANCO

Linguine integrali con ceci e alloro

INGREDIENTI

Linguine integrali, 400 g
Ceci lessati, 250 g
Cipolla, 1
Alloro, 2 foglie
Pomodori maturi, 2
Olio extravergine d'oliva
Sale, pepe

In un tegame con un po' d'olio fate soffriggere la cipolla tritata finemente. Appena sarà appassita, aggiungete i ceci e le foglie d'alloro che eliminerete a fine cottura. Lasciate cuocere per pochissimi minuti, appena il tempo di insaporire. ◆ Tagliate i pomodori pelati a filetti e metteteli nel tegame bagnando il tutto con un cucchiaio d'acqua calda. Salate e cuocete per circa 10 minuti. ◆ Nel frattempo fate lessate la pasta in abbondante acqua salata, scolatela al dente e versatela nel tegame con il sugo. ◆ Mescolate bene e versatevi sopra una spolverata di pepe nero macinato prima di servire in tavola.

Preparazione: 35 MIN.

Difficoltà:

Vino: CANAVESE BARBERA

PASTA INTEGRALE

INGREDIENTI

Penne integrali,
380 g

Cavolo verza,
6 foglie

Carote, 4

Scamorza
affumicata, 40 g

Semi di cumino,
1 pizzico

Scalogno, 1

Olio extravergine
d'oliva, 2 cucchiai

Sale

Penne integrali con verza e carote

Eliminate la parte più dura delle foglie di verza, lavatele e tagliatele a striscioline. ♦ Raschiate le carote e tagliatele a fettine sottili, in senso longitudinale; sbucciate lo scalogno e tritatelo fine. ♦ Scaldate l'olio in una padella antiaderente, unite il cumino e tostatelo per pochi istanti, finché sprigionerà il suo aroma; aggiungete lo scalogno, la verza, le carote e una presa di sale, bagnate con poca acqua e cuocete a fiamma media per 5-6 minuti, mescolando ogni tanto. ♦ Lessate le penne e scolatele al dente, versatele nella padella con le verdure e fate saltare il tutto con fiamma vivace. ♦ A fuoco spento, unite la scamorza tagliata a lamelle, mescolate con cura e servite.

Preparazione:
25 MIN.

Difficoltà: 😊 😊

Vino:
CABERNET
COLLIO GORIZIANO

Tagliolini integrali,
400 g

Olive nere, 150 g

Pistacchi, 100 g

Rucola fresca, 50 g

Parmigiano
grattugiato, 40 g

Olio extravergine
d'oliva

Sale

Tagliolini al pesto di olive e pistacchi

Innanzitutto mondate e lavate la rucola, poi snocciolate le olive e sminuzzatele, tritate i pistacchi e frullate il tutto per un paio di minuti. ◆ Aggiungete alcuni cucchiai d'olio, un pizzico di sale e il parmigiano grattugiato e frullate ancora per alcuni minuti, in modo da ottenere una crema densa. ◆ Fate lessare i tagliolini al dente in abbondante acqua salata, scolateli e versateli in una zuppiera calda insieme al condimento di olive, rimestate bene e portate in tavola accompagnando, a piacere, con altro parmigiano grattugiato servito a parte.

Preparazione:
35 MIN.

Difficoltà: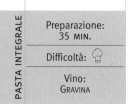

Vino:
GRAVINA

PASTA INTEGRALE

Rigatoni deliziosi

Scottate i pomodori per qualche minuto in acqua bollente, pelateli, privateli dei semi e dopo averli tagliati a pezzi metteteli nel frullatore. ♦ Unite anche il prezzemolo e metà del basilico, i pistacchi, la panna, un pizzico di sale e l'olio. ♦ Frullate tutto fino ad ottenere una crema morbida e omogenea, aggiungete ancora un po' d'olio, se necessario. Fate cuocere i rigatoni in abbondante acqua salata. ♦ Appena cotti, scolateli e metteteli in una terrina calda; unite il tuorlo, mescolate velocemente perché non si rapprenda a contatto con la pasta calda e condite con la crema preparata. ♦ Prima di portare in tavola, guarnite i rigatoni con il basilico rimasto spezzettato.

INGREDIENTI

Rigatoni integrali, 400 g
Pomodori perini maturi, 10
Pistacchi sgusciati, 4 cucchiai
Uovo, 1
Panna, 3 cucchiai
Prezzemolo, 1 ciuffo
Basilico, 10 foglie
Olio extravergine d'oliva
Sale

Preparazione: 25 MIN.

Difficoltà:

Vino:
COLLI MARTANI SANGIOVESE

PASTA INTEGRALE

INGREDIENTI

Tagliatelle integrali,
380 g

Lenticchie secche,
200 g

Cipolla, 1

Carota, 1

Sedano, 1 gambo

Alloro, 1 foglia

Rosmarino,
1 rametto

Vino bianco,
1/2 bicchiere

Olio extravergine
d'oliva

Sale, pepe in grani

Preparazione:
1 H E 15 MIN. + 12 H

Difficoltà: 😊 😊

Vino:
ROSATO COLLI PERUGINI

Tagliatelle con crema di lenticchie

Dopo aver tenuto in ammollo per 12 ore le lenticchie, lessatele per 45 minuti insieme alla foglia d'alloro. ♦ Nel frattempo spazzolate bene la carota sotto l'acqua corrente e pulite il sedano e la cipolla; tagliate le verdure a pezzetti, quindi fatele stufare in un capiente tegame con poca acqua per 20 minuti. ♦ Trascorso questo tempo versate nel bicchiere del frullatore le verdure, metà delle lenticchie e qualche cucchiaio d'olio e frullate il tutto per pochi istanti, fino a ottenere una crema densa. ♦ Versate la crema nel tegame, aggiungete l'altra metà delle lenticchie, il rosmarino tritato, il vino bianco e fate cuocere per altri 15 minuti, bagnando con un po' d'acqua calda se il sugo tende ad asciugarsi troppo; quindi regolate di sale e insaporite con un po' di pepe, preferibilmente macinato al momento. ♦ Nel frattempo lessate le tagliatelle in abbondante acqua salata, scolatele al dente, trasferitele in una zuppiera calda e conditele con la crema di lenticchie; infine servite in tavola.

INGREDIENTI

Pennette integrali,
  400 g

Zucchina, 1

Asparagi, 10

Cavolfiore, 1/4

Carota, 1

Senape forte,
  2 cucchiai

Limone, 1

Aceto bianco,
  1 cucchiaio

Dragoncello tritato,
  1 cucchiaio

Olio extravergine
  d'oliva, 5 cucchiai

Sale, pepe

Pennette
ai sapori dell'orto

Ricavate il succo dal limone e mettetelo con la senape, l'aceto, l'olio, il dragoncello tritato, il sale e il pepe nero in una tazza. Con una forchetta fate amalgamare bene il condimento. ♦ Fate cuocere a vapore le verdure, toglietele al dente, poi tagliate a rondelle la zucchina e la carota. ♦ Dividete in cimette il cavolfiore e tagliate gli asparagi a tocchetti lunghi circa 2 cm. Nel frattempo lessare in abbondante acqua salata i rigatoni. ♦ Scolateli al dente in una zuppiera e versatevi sopra le verdure cotte e condite con la salsa preparata in precedenza. Mescolate il tutto e servite.

Preparazione:
25 MIN.

Difficoltà: ♙

Vino:
COLLIO SAUVIGNON

Caserecce in crema di formaggio e rucola

Dopo aver pulito il cipollotto, fatelo scottare in acqua bollente salata, scolatelo, asciugatelo bene e frullatelo, aggiungendo un un filo d'olio. ♦ Tagliate il prosciutto crudo a listarelle sottili e mettetelo a rosolare in una padella insieme con il cipollotto frullato. Aggiungete i germogli di rucola, mescolate e spegnete il fuoco. ♦ Fate lessare le caserecce in abbondante acqua salata e nel frattempo mettete in una padella il burro con il latte e la crescenza fatta a pezzettini. ♦ Mescolate con cura finché il formaggio non sarà fuso. ♦ Scolate la pasta al dente, versatela nella padella con la crema di formaggio e unite un po' dell'acqua di cottura della pasta, il prosciutto a listarelle e la rucola. ♦ Mescolate bene, aggiungete alcune scaglie di grana, pepate e servite immediatamente.

INGREDIENTI

Caserecce integrali, 400 g
Crescenza, 100 g
Germogli di rucola, 150 g
Cipollotto, 1
Prosciutto crudo dolce, 100 g
Latte, 4-5 cucchiai
Grana in scaglie, 30 g
Burro, 40 g
Olio extravergine d'oliva, 2 cucchiai
Sale, pepe

Preparazione: 30 MIN.

Difficoltà: 🍳 🍳

Vino: GUARDIOLO BIANCO

PASTA INTEGRALE

INGREDIENTI

Fusilli integrali,
380 g

Radicchio di Treviso,
1 cespo grande

Gorgonzola
cremoso, 150 g

Cipollotti, 2

Burro, 30 g

Parmigiano
grattugiato,
2 cucchiai

Gherigli di noce, 10

Pinoli, 1 cucchiaio

Limone, 1

Olio extravergine
d'oliva, 3 cucchiai

Sale, pepe

Preparazione:
40 MIN.

Difficoltà: 🍲 🍲

Vino:
SCHIAVA

Fusilli rossi, bianchi e gialli

Lavate e sciacquate il radicchio, staccate le foglie e tagliatele a strisce sottili. ◆ Affettate finemente i cipollotti e fateli appassire nell'olio a fuoco basso. Appena si sono coloriti, unite il radicchio e fatelo saltare a fuoco vivace per circa 7 minuti: dovrà essere morbido ma croccante. ◆ In una padella fate fondere il burro, aggiungete il gorgonzola a pezzetti e amalgamate perché si crei una crema morbida e molto densa. ◆ Tritate finemente i gherigli di noce, già spellati; spezzettate i pinoli, anch'essi spellati e grattugiate la scorza del limone. ◆ Dopo aver lessato e scolato al dente i fusilli, conditeli con il radicchio, poi con la crema di gorgonzola, le noci e i pinoli e infine con la scorza di limone grattugiata. ◆ Condite con sale, pepe e parmigiano, mescolate bene e servite immediatamente.

INGREDIENTI

Rigatoni integrali,
400 g

Asparagi, 600 g

Latte parzialmente
scremato, 200 g

Cipolla, 20 g

Grana grattugiato,
20 g

Curry

Peperoncino

Olio extravergine
d'oliva

Sale

Rigatoni cremosi agli asparagi

Lessate in abbondante acqua gli asparagi; a cottura ultimata scolateli e tagliateli a dadini. ♦ In una padella fate dorare la cipolla tritata con l'olio, aggiungete poi gli asparagi, il latte, regolate di sale e aromatizzate con un pizzico di peperoncino e un pizzico di curry. ♦ A cottura ultimata frullate il tutto fino a ottenere una crema piuttosto densa. ♦ Condite la pasta, precedentemente lessata in acqua salata, con la crema ottenuta, aggiungete il grana grattugiato e servite.

▨ Preparare gli asparagi ▨

A qualsiasi varietà appartengano, devono essere privati dell'estremità del gambo, terrosa e legnosa. Con un coltellino adatto, raschiate delicatamente il gambo fino alla metà della parte verde o viola, muovendo la lama dalla punta del turione verso la base. Poi lavate gli asparagi in acqua corrente, ma senza lasciarli a bagno. Per la cottura si consiglia di utilizzare una pentola stretta e alta, nella quale gli asparagi possano essere collocati agevolmente a punta in su (dopo essere stati legati in un unico mazzo).

PASTA INTEGRALE

Preparazione:
35 MIN.

Difficoltà: 🍳 🍳

Vino:
ALTA LANGA ROSATO

Penne piccanti ai peperoni fritti

Dopo aver pulito i peperoni, tagliateli a piccoli pezzetti e fateli friggere per pochi minuti in abbondante olio. Scolateli, salateli e teneteli in caldo. ◆ In una padella con poco olio fate rosolare l'aglio tritato con la salvia, l'alloro e il peperoncino piccante tritati. ◆ Cuocete le penne in abbondante acqua bollente salata, scolatele al dente e fatele saltare in padella con i peperoni fritti, il soffritto aromatico e qualche cucchiaio della loro acqua di cottura. ◆ Lasciate insaporire le penne per pochi minuti, spolverizzate con il prezzemolo tritato e il provolone grattugiato e servite.

INGREDIENTI

Penne integrali, 400 g
Peperoni gialli, 2
Peperoni rossi, 2
Aglio, 2 spicchi
Salvia, 4 foglie
Alloro, 1 foglia
Prezzemolo, 1 cucchiaio
Provolone dolce grattugiato, 50 g
Peperoncino rosso piccante, 1
Olio extravergine d'oliva
Sale

Preparazione: 25 min.

Difficoltà:

Vino: GALATINA ROSSO

PASTA INTEGRALE

Insalate di pasta

☞ Sommario ☜

Pasta e fantasia

Fate rassodare le uova e raffreddatele. Dopodiché mondate, lavate e preparate le verdure: tagliate a metà i pomodorini; dividete a metà il peperone, togliete semi e filamenti, tagliate le falde a strisciolne; affettate finemente il cuore di cipolla e tagliate a rondelle il sedano. ♦ Lessate la pasta in abbondante acqua salata, scolatela al dente, conditela in una zuppiera con un cucchiaio d'olio e rigiratela. ♦ Quando è quasi fredda, aggiungete i cetrioli a fettine, i capperi strizzati, i piselli già lessati, i funghi sgocciolati, i formaggi tagliati a dadini, il tonno sminuzzato. Unite anche le verdure crude, tenendo da parte metà dei pomodori. ♦ Preparate a questo punto la vinaigrette emulsionando bene in un barattolino a chiusura ermetica olio, aceto, succo di limone, senape, maggiorana e mentuccia tritate, sale e pepe. ♦ Versate poi il condimento sulla pasta e mescolate con cura, quindi trasferite la preparazione su un largo piatto di servizio. ♦ Sgusciate quindi le uova e tagliatele a rondelle; decorate il centro della preparazione e il bordo del piatto con le rondelle alternate a mezzi pomodorini. Passate in frigorifero circa 40 minuti per far raffreddare e servite (*foto della ricetta alle pagine precedenti*).

INGREDIENTI

Farfalle, 380 g
Pomodori ciliegia, 10
Peperone giallo, 1
Sedano, 2 cuori
Cipolla, 1 cuore
Uova, 4
Tonno sottolio, 150 g
Pisellini, 100 g
Champignon sottolio, 100 g
Emmental, 50 g
Taleggio, 50 g
Cetrioli sottaceto, 10
Capperi, 3 cucchiai
Olio extravergine d'oliva

PER LA VINAIGRETTE:
Maggiorana
Mentuccia
Succo di limone, 3 cucchiai
Aceto di vino bianco, 1 cucchiaio
Senape delicata, 2 cucchiaini
Olio extravergine d'oliva, 5 cucchiai
Sale, pepe

Preparazione: 40 MIN. + 40 MIN.

Difficoltà: 🍴🍴

Vino: ROSSO DI CERIGNOLA

INSALATE DI PASTA

INGREDIENTI

Pennette rigate,
400 g

Cozze, 700 g

Provola, 200 g

Pomodori pachino,
200 g

Olive nere
snocciolate, 100 g

Basilico, 1 ciuffetto

Olio extravergine
d'oliva

Sale, pepe

Pennette saporite allo scoglio

Cuocete le pennette in abbondante acqua bollente salata e scolatele al dente. ◆ Raffreddatele sotto l'acqua corrente, poi sistematele in una zuppiera e irroratele con un po' d'olio. ◆ Nel frattempo lavate e raschiate le cozze, ponetele in una casseruola con 2 cucchiai d'olio, fatele aprire, sgusciatele e tenetele da parte. ◆ Lavate i pomodori, tagliateli a dadini e salateli. Tagliate a dadini anche la provola. Lavate e tritate il basilico. ◆ Condite quindi le pennette con i pomodori, la provola, le cozze, le olive e il basilico. Aggiustate di pepe e irrorate con altro olio.

Preparazione:
30 MIN.

Difficoltà:

Vino:
CINQUE TERRE

Conchigliette al limone

Mondate la cipolla e affettatela molto finemente, poi miscelatela con un po' d'olio crudo, sale e pepe in una zuppiera. ◆ Nel frattempo lessate le conchigliette in abbondante acqua salata, scolatele al dente, quindi lasciatele raffreddare. Per la buona riuscita del piatto ricordate di scolare la pasta bene al dente, per non correre il rischio che scuocia mentre si raffredda. ◆ Versatele poi nella zuppiera e conditele con la salsina cruda precedentemente preparata, il prezzemolo tritato e il succo di un limone. ◆ Servite in tavola su un piatto da portata guarnito con fettine di limone e ciuffetti di prezzemolo.

INGREDIENTI

Conchigliette, 400 g
Limone, 1
Cipolla piccola, 1
Prezzemolo,
 1 mazzetto
Olio extravergine
 d'oliva
Sale, pepe

PER GUARNIRE:
Limone, 1
Prezzemolo,
 2 ciuffetti

Preparazione:
15 MIN.

Difficoltà: ♙

Vino:
CASTEL SAN LORENZO
ROSATO

INSALATE DI PASTA

Maccheroncini,
400 g

Pomodori verdi, 5

Olive nere
snocciolate, 100 g

Finocchio, 1

Yogurt, 1,5 dl

Paprica,
1 cucchiaino

Salsa di soia, alcune
gocce

Limone, 1/2

Basilico, 1 ciuffetto

Olio extravergine
d'oliva

Sale

Maccheroncini estivi

Cuocete come prima cosa in acqua salata i maccheroncini molto al dente, scolateli e lasciateli raffreddare, condendoli con un filo d'olio. ◆ Private dei semi i pomodori e tagliateli a tocchetti, tagliate a pezzetti le olive e a dadini il finocchio. ◆ Mescolate tutte le verdure e conditele con lo yogurt, alcune gocce di salsa di soia, il succo di 1/2 limone, un pizzico di sale e un pizico di paprica. ◆ Condite con queste verdure la pasta e spolverate con basilico tritato. Lasciate riposare almeno 3 ore in frigorifero prima di servire.

Preparazione:
35 MIN. + 3 H

Difficoltà: ♔

Vino:
DOLCETTO DELLE LANGHE
MONREGALESI SUPERIORE

INSALATE DI PASTA

INGREDIENTI

Orecchiette, 380 g
Tonno sottolio,
  200 g
Champignon, 100 g
Prosciutto cotto,
  1 fetta spessa
Olive nere, 8
Carciofini sottolio, 4
Basilico, 1 ciuffo
Olio extravergine
  d'oliva
Sale, pepe

Orecchiette fresche tonno e funghi

Cuocete le orecchiette in abbondante acqua salata. Una volta al dente scolatele e raffreddatele sotto l'acqua corrente. ♦ Mettetele quindi in una zuppiera e conditele con poco olio extravergine d'oliva. ♦ Pulite gli champignon, lavateli e affettateli sottilissimi. Snocciolate e sminuzzate le olive. Tagliate il prosciutto a dadini. Sbriciolate con una forchetta il tonno. Tagliate a spicchi i carciofini e tritate finemente il basilico. ♦ Versate tutti gli ingredienti nella zuppiera dove avete trasferito le orecchiette, aggiungete olio, salate, pepate e amalgamate bene il tutto per insaporire. Quindi portate in tavola.

Preparazione:
30 MIN.

Difficoltà: ♙ ♙

Vino:
CARSO CABERNET FRANC

Fusilli peperoni e provola

Lessate la pasta in abbondante acqua salata, quindi scolatela al dente, conditela con un po' d'olio e lasciatela raffreddare. ♦ Nel frattempo arrostite i peperoni, spellateli e tagliateli a striscioline molto sottili; tagliate a dadini la provola affumicata. ♦ A questo punto potete condire la pasta con la provola, i peperoni, le foglie di basilico sminuzzate e un'abbondante macinata di pepe nero. ♦ Irrorate con altro olio e servite.

INGREDIENTI

Fusilli, 380 g
Provola affumicata, 150 g
Peperoni, 2
Basilico, 10 foglie
Olio extravergine d'oliva
Sale, pepe

Preparazione: 40 MIN.

Difficoltà: 🍄🍄

Vino: SANNIO BARBERA

INSALATE DI PASTA

Farfalle, 380 g
Gamberetti, 300 g
Avocado maturo, 1
Sedano bianco,
 1 cuore
Yogurt, 1 vasetto
Capperi sotto sale,
 20 g
Prezzemolo, 1 ciuffo
Limone, 1
Aglio, 1 spicchio
Vino bianco
Peperoncino
 piccante
Olio extravergine
 d'oliva, 4 cucchiai
Sale, pepe

Farfalle con avocado in salsa di yogurt

Sgusciate i gamberi e fateli saltare in una padella con metà dell'olio e l'aglio per pochi minuti. Bagnate con il vino bianco e proseguite la cottura finché il vino non sarà evaporato. Lessate le farfalle, scolatele al dente e lasciatele intiepidire. ◆ Sbucciate l'avocado, eliminate il nocciolo, tagliate la polpa a dadini e irroratela con succo di limone perché non annerisca. ◆ Tagliate il sedano a fettine, dissalate i capperi sotto l'acqua corrente e tritate il prezzemolo. ◆ Mescolate lo yogurt e l'olio rimasto, insaporite con un pizzico di sale, pepe e peperoncino e unite i capperi e il prezzemolo tritato. ◆ Condite le farfalle con la salsa preparata, aggiungete i gamberi e i cubetti di avocado e servite.

INSALATE DI PASTA

Preparazione:
25 MIN.

Difficoltà: 🍳 🍳

Vino:
FRIULI AQUILEIA
MALVASIA ISTRIANA

INGREDIENTI

Ditaloni rigati, 380 g

Ravanelli,
 1 mazzetto

Mortadella, 1 fetta
 spessa 1/2 cm

Pistacchi sgusciati,
 3 cucchiai

Erba cipollina,
 1 pizzico

Prezzemolo,
 1 manciata

Senape delicata,
 1 cucchiaino

Limone, 1/2

Olio extravergine
 d'oliva, 3 cucchiai

Sale, pepe

Ditaloni pistacchi e mortadella

Cuocete la pasta, scolatela al dente e passatela sotto l'acqua fredda. Mettetela in una zuppiera e conditela con un filo d'olio e qualche goccia di limone. ♦ Mondate, lavate, asciugate i ravanelli e affettateli a rondelle. Tagliate la fetta di mortadella a cubetti e tritate grossolanamente i pistacchi. ♦ Aggiungete tutti gli ingredienti alla pasta, aromatizzandola poi con un pizzico di erba cipollina finemente tagliuzzata. ♦ Preparate una salsina con l'olio, la senape, il prezzemolo tritato, il succo del limone, sale e pepe. Irrorate la pasta condita con la salsina ottenuta e servitela fresca.

INSALATE DI PASTA

Preparazione:
30 MIN.

Difficoltà:

Vino:
CORI ROSSO

Penne porri e camembert

Mondate, lavate e asciugate bene i porri, poi tagliateli a rondelle sottili e fatele soffriggere in un po' d'olio. Scolatele, salatele e lasciatele scolare su un po' di carta assorbente. ♦ Cuocete le penne al dente in abbondante acqua salata. Scolatele, passatele sotto l'acqua corrente e trasferitele in un'insalatiera. ♦ Quindi condite il tutto con il prosciutto tagliato a dadini, il camembert tagliato a dadini, le rondelle di porro e un filo d'olio. ♦ Spolverate infine con una grattugiata di noce moscata.

▦ Mondare i porri ▦

Procedete innanzitutto eliminando le radici alla base, facendo particolare attenzione a non tagliare la parte bianca del porro, perché poi non si sfaldi. Eliminate le foglie all'altezza in cui cominciano a diventare verdi e asportate l'eventuale parte verde ancora presente sulla sommità; tagliate poi il porro longitudinalmente. Tenendo una delle due metà con la base in alto, passatela sotto l'acqua fredda, scostando le guaine. Ripetete l'operazione con l'altra metà.

INGREDIENTI

Penne, 400 g
Porri, 2
Camembert, 200 g
Prosciutto cotto, 200 g
Noce moscata
Olio extravergine d'oliva
Sale

Preparazione: 30 MIN.

Difficoltà: ♀

Vino: VALLE D'AOSTA TORRETTE

INSALATE DI PASTA

INGREDIENTI

Fusilli, 400 g

Asparagi, 200 g

Salmone
  affumicato, 150 g

Vino bianco,
  1 cucchiaio

Olio extravergine
  d'oliva

Sale, pepe rosa
  in grani

Fusilli salmone e asparagi

Lessate al dente i fusilli in acqua leggermente salata, quindi scolateli, versateli in una zuppiera, conditeli con un filo d'olio e fateli raffreddare. ◆ Nel frattempo lessate gli asparagi in acqua leggermente salata e tagliateli a pezzettini. Poi conditeli con un po' d'olio e il cucchiaio di vino bianco. ◆ Tagliate il salmone a listarelle. Condite i fusilli con gli asparagi, il salmone e qualche grano di pepe rosa.

Preparazione:
30 min.

Difficoltà:

Vino:
FRIULI ANNIA
VERDUZZO FRIULANO

INGREDIENTI

Farfalle, 400 g

Mozzarella
  di bufala campana,
  300 g

Olive nere
  snocciolate, 50 g

Olive verdi
  snocciolate, 50 g

Pomodoro, 1

Peperone giallo, 1

Cipolla, 1

Limone, 1/2

Olio extravergine
  d'oliva, 5 cucchiai

Sale, pepe

Preparazione:
30 MIN. + 3 H

Difficoltà: 🍴 🍴

Vino:
MONTI LESSINI DURELLO

Farfalle bella Capri

Lessate molto al dente le farfalle in acqua salata, poi fatele raffreddare, condendole con un cucchiaio d'olio. ◆ Passate il peperone nel forno per 5-10 minuti, così da abbrustolirlo e spellarlo. Poi tagliatelo a pezzetti, eliminando i semi. ◆ Tagliate la mozzarella a cubetti. Tagliate a cubetti anche il pomodoro, eliminando i semi. Sbucciate e affettate la cipolla a rondelle sottili. ◆ Condite le farfalle con tutte le verdure tagliate, la mozzarella e le olive intere, insaporendo con un'emulsione ottenuta mescolando 4 cucchiai d'olio, il succo di limone, un pizzico di sale e uno di pepe. Lasciate riposare in frigorifero almeno 3 ore prima di servire.

▩ Mozzarella di bufala ▩

È un prodotto a denominazione di origine protetta per il quale è previsto che il latte provenga solo da animali allevati in precise aree della Campania e del basso Lazio. Per conservare al meglio la mozzarella di bufala si consiglia di mantenerla sempre immersa nel suo liquido, fino al momento di mangiarla, e di conservarla in un luogo fresco. Essendo un alimento composto soltanto da prodotti naturali (latte, sale, caglio), senza alcun conservante, deve essere consumata in tempi brevi.

Maccheroni mediterranei

Lessate la pasta in abbondante acqua bollente salata, scolatela, mettetela in una grossa ciotola a raffreddare e conditela con 1 cucchiaio d'olio. ♦ Lavate, asciugate, tagliate a spicchi i pomodori e aggiungeteli alla pasta, assieme ai cetrioli sbucciati e affettati, alle olive intere e al formaggio. ♦ Cospargete con la cipolla sbucciata e affettata finemente e mescolate con cura. ♦ Preparate a questo punto il condimento per i maccheroni sbattendo bene con una forchetta l'olio rimasto, il succo filtrato del limone, l'origano e la menta sminuzzati, sale e pepe. ♦ Quindi condite la pasta e trasferitela su un piatto rotondo, largo e basso, circondandola con rondelle di limone alternate a rametti di origano e foglioline di menta.

INGREDIENTI

Maccheroni, 300 g
Pomodori da insalata rossi e sodi, 3
Cetrioli, 2
Olive greche, 1 manciata
Cipolla rossa di Tropea, 1
Feta a cubetti, 1 tazza
Limone, 1/2
Origano, 1 cucchiaio
Menta fresca, 1 cucchiaio
Olio extravergine d'oliva, 4 cucchiai
Sale, pepe

PER GUARNIRE:
Limone
Menta, alcune foglioline
Origano, 2 rametti

Preparazione: 30 MIN.

Difficoltà: ♙♙

Vino: PIAVE MERLOT

INSALATE DI PASTA

Pennette, 380 g

Storione affumicato, 100 g

Rucola, 1 mazzetto

Pomodori maturi e sodi, 300 g

Cipolla, 1/2

Succo di limone, 2 cucchiai

Olio extravergine d'oliva, 5 cucchiai

Sale, pepe

Pennette con rucola e storione

Sbollentate i pomodori, privateli della pelle e dei semi e tagliateli a dadini. ◆ Emulsionate in una ciotolina il succo di limone, l'olio, un pizzico di sale e una macinata di pepe. ◆ Mettete poi i dadini di pomodoro in una terrina insieme alla cipolla affettata e allo storione a pezzetti, irrorate con metà della salsa e mescolate. ◆ Fate cuocere le pennette, scolatele al dente e fatele raffreddare sotto l'acqua corrente. Dopo averle di nuovo scolate, trasferitele in un'insalatiera. ◆ Condite la pasta con la salsa rimasta e unitevi anche il composto di pomodori e storione. Mescolate bene aggiungendo la rucola e servite.

Preparazione: 25 MIN.

Difficoltà:

Vino: MONTEPULCIANO D'ABRUZZO CERASUOLO

INGREDIENTI

Eliche, 380 g

Melanzane, 2

Pomodori maturi
e sodi, 3

Mozzarella
di bufala, 1

Origano

Basilico genovese,
qualche fogliolina

Olio extravergine
d'oliva

Sale

Eliche ai dadini di melanzana

Lavate bene le melanzane, spuntatele, tagliatele a cubetti di circa 1 cm, salatele e lasciate che espellano l'amaro per 1 ora circa. ◆ Trascorso il tempo, scolatele bene, friggetele in olio bollente e scolatele su un sacchetto di carta da pane. ◆ Lessate la pasta in acqua bollente salata; mentre cuoce, tagliate a dadini la polpa dei pomodori pelati, sgocciolate la mozzarella dal liquido di conserva e fatela a cubetti. ◆ Scolate la pasta, mettetela in una zuppiera, unite un cucchiaio d'olio, mescolatela e fatela raffreddare. ◆ Aggiungete a quel punto le melanzane, i pomodori e la mozzarella, cospargete con origano, basilico tagliuzzato, sale e completate con un paio di cucchiai d'olio.

INSALATE DI PASTA

Preparazione:
30 MIN. + 1 H

Difficoltà: ♙ ♙

Vino:
ALCAMO BIANCO

434

Sedanini delicati al sapore d'estate

Lavate i pomodori, scottateli in acqua bollente per circa un minuto in modo da poterli sbucciare meglio. Pelateli, privateli di tutti i semi e tagliateli a listarelle. ◆ Pelate poi le carote, tagliatele a *julienne* e fatele cuocere in una padella con dell'olio per circa 5 minuti. ◆ Nel frattempo spezzettate il tonno. Pulite gli asparagi, scottateli in acqua bollente salata 5 minuti, poi scolateli e tagliateli a rondelle fini. ◆ Cuocete i sedanini in abbondante acqua salata, scolateli al dente e fateli raffreddare immediatamente passandoli sotto l'acqua corrente. ◆ Unite alla pasta tutti gli ingredienti precedentemente preparati, aggiustate di sale, irrorate con un filo d'olio a crudo e servire.

INGREDIENTI

Sedanini, 380 g
Asparagi, 120 g
Pomodori, 100 g
Tonno sottolio, 100 g
Carota, 90 g
Olio extravergine d'oliva
Sale

Preparazione: 30 MIN.

Difficoltà:

Vino: OSTUNI BIANCO

INSALATE DI PASTA

INGREDIENTI

Ruote, 400 g
Prosciutto crudo,
  150 g
Pecorino, 100 g
Pomodori maturi, 4
Peperoni gialli, 2
Olio extravergine
  d'oliva
Sale, pepe in grani

Ruote saporite alla villanella

Lessate le ruote al dente in abbondante acqua salata, versatele in un'insalatiera, conditele con un po' d'olio e lasciatele raffreddare. ◆ Arrostite i peperoni, spellateli, tagliateli a listarelle e salateli. ◆ Tagliate a cubetti i pomodori, che avrete precedentemente spellato e privato dei semi, e salateli. Tagliate a striscioline il prosciutto. ◆ Condite le ruote con i peperoni, il prosciutto, i pomodori, il pecorino tagliato a filangé e un'abbondante macinata di pepe nero.

Preparazione:
40 MIN.

Difficoltà: ☺

Vino:
DONNICI ROSSO

Penne, 380 g
Broccoli, 300 g
Mozzarella, 200 g
Parmigiano, 50 g
Aceto, 1 spruzzata
Aglio, 1 spicchio
Noce moscata
Olio extravergine
  d'oliva
Sale

Penne broccoli e mozzarella

Dividete i broccoli in cimette e scottateli per qualche minuto in acqua bollente. Lasciateli poi a raffreddare nello scolapasta spolverizzati di noce moscata. ◆ In un pentolino scaldate l'olio con dell'aglio schiacciato e una spruzzatina d'aceto. Mettete i broccoli in una zuppiera e cospargeteli con il condimento all'aceto. ◆ Lessate le penne in abbondante acqua salata, scolatele e fermatene la cottura sotto l'acqua fredda. ◆ A questo punto versate la pasta nella zuppiera dei broccoli, unite la mozzarella tagliata a cubetti, il parmigiano a scaglie e servite.

INSALATE DI PASTA

Preparazione:
30 min.

Difficoltà:

Vino:
Cerveteri Bianco

Farfalle
con piselli e nocciole

Cuocete la pasta in abbondante acqua salata e scolatela al dente. ◆ Fatela raffreddare con un getto veloce d'acqua fredda e scolatela nuovamente, asciugatela e versatela nella insalatiera. ◆ Aggiungete i pisellini lessati, conditela con quattro cucchiai d'olio diluito in uno di senape dolce, il sale e il pepe. ◆ Al momento di portarla a tavola, aggiungete le scaglie di grana, le nocciole, mescolate bene, decorate con del prezzemolo tritato e servite subito.

INGREDIENTI

Farfalle, 400 g
Pisellini lessati, 200 g
Nocciole
Senape dolce, 1 cucchiaio
Grana a scaglie, 100 g
Prezzemolo
Olio extravergine d'oliva, 4 cucchiai
Sale, pepe

Preparazione: 40 MIN.

Difficoltà: ☖

Vino: CISTERNA D'ASTI

INSALATE DI PASTA

INGREDIENTI

Pipe rigate, 380 g

Pesce spada
affumicato, 200 g

Finocchi, 2

Finocchietto
selvatico,
1 rametto

Mandorle, 100 g

Pangrattato,
1 cucchiaio

Aglio, 1 spicchio

Aceto balsamico,
2 cucchiai

Olio extravergine
d'oliva

Sale

Pipe con marinata di pesce spada

Tagliate il pesce spada a listarelle e mettetele in una terrina con l'olio, l'aceto balsamico, l'aglio tritato e il finocchietto selvatico e fate marinare per un'ora. ◆ Pulite i finocchi, lavateli, asciugateli e affettateli sottili; tritate le mandorle e tostatele per 2 minuti circa in una padella antiaderente assieme al pangrattato. ◆ Nel frattempo fate lessare la pasta in abbondante acqua salata, scolatela al dente a lasciatela raffreddare. ◆ Trasferitela in una terrina e conditela con le listarelle di pesce spada e la loro marinata. ◆ Unite anche i finocchi e il composto di mandorle e pangrattato; mescolate e, se necessario, regolate di sale e aggiungete ancora un filo d'olio a crudo.

Preparazione:
25 MIN. + 1 H

Difficoltà: ♀

Vino:
MONREALE GRILLO

INGREDIENTI

Maccheroni, 380 g

Radicchio
  di Treviso, 1 cespo

Indivia scarola,
  1 piccolo cespo

Sgombri sottolio,
  1 scatoletta

Olive verdi, 1 tazza

Porro, 1

Prezzemolo,

Limone, 1/2

Olio extravergine
  d'oliva, 4 cucchiai

Sale, pepe

Maccheroni invidiosi

Affettate intanto a striscioline le insalate, sciacquatele bene in uno scolapasta, sgrondatele a dovere e mettetele ad asciugare su un canovaccio. ◆ Lessate la pasta in abbondante acqua bollente salata, scolatela al dente e conditela in una zuppiera con un po' d'olio. ◆ Quando si è raffreddata a sufficienza, unite gli sgombri scolati e sminuzzati, le insalate, le olive e il porro accuratamente pulito e affettato sottilissimo. ◆ Preparate infine un'emulsione con olio, limone, sale, pepe e irrorate l'insalata di pasta con questo condimento. ◆ Spolverate con un po' di prezzemolo tritato, mescolate bene il tutto e passate la pasta in frigorifero per almeno mezzora prima di servire.

Preparazione:
35 MIN. + 30 MIN.

Difficoltà: 😊 😊

Vino:
COLLI EUGANEI ROSSO

Sedanini ananas e vodka

Fate cuocere la pasta in abbondante acqua salata. Scolatela al dente, mettetela in una zuppiera e lasciatela raffreddare. ◆ In una ciotola amalgamate bene la ricotta, il mascarpone, l'ananas sgocciolato e tagliato a cubetti, il tonno sgocciolato e spezzettato, i gherigli di noce tritati, sale e noce moscata e infine aggiungete anche un cucchiaio di vodka e uno d'acqua. ◆ Versate il composto ottenuto nella zuppiera insieme alla pasta, amalgamate bene tutti gli ingredienti e servite spolverizzando con prezzemolo tritato.

▨ Ananas ▨

Gli ananas in commercio pesano circa un chilo e mezzo, ma lo scarto è notevole: più del 40%. Per questo è pratica la versione in scatola. Infatti, tagliato a pezzi di diverse forme e dimensioni, l'ananas è il frutto in scatola più consumato in assoluto. Due le principali tipologie: al naturale o in sciroppo, quest'ultimo più adatto alla preparazione dei dessert (o dei piatti salati con una decisa connotazione agrodolce). E tanti i modi di tagliarlo: le classiche fette col buco, ma anche i dadi e i bastoncini, sono pratici e pronti all'uso.

INGREDIENTI

Sedanini, 380 g
Tonno sottolio, 150 g
Ananas sciroppato, 200 g
Ricotta, 100 g
Mascarpone, 100 g
Gherigli di noce, 10
Vodka, 1 cucchiaio
Noce moscata
Prezzemolo
Sale

Preparazione: 25 MIN.

Difficoltà: 🍴

Vino: GAVI

INSALATE DI PASTA

Farfalline, 400 g
Zucchine, 3
Fagiolini, 200 g
Piselli, 200 g
Pecorino dolce, 150
Aglio, 1 spicchio
Erba cipollina,
  1 ciuffetto
Basilico, 1 ciuffetto
Olio extravergine
  d'oliva
Sale, pepe

Farfalline verdi dell'ortolano

Lessate separatamente fagiolini, piselli e zucchine al dente. Tagliate quindi le zucchine a dadini e i fagiolini a pezzetti. ♦ Saltate fagiolini, zucchine e piselli in un po' d'olio con lo spicchio d'aglio, che toglierete non appena si indora. Insaporite infine con un trito di erba cipollina e basilico. Aggiustate di sale e di pepe. ♦ Intanto cuocete molto al dente le farfalline, scolatele e raffreddatele sotto l'acqua corrente. ♦ Unite la pasta alle verdure e per finire aggiungete il pecorino a dadini.

INSALATE DI PASTA

Preparazione:
40 min.

Difficoltà: ♔

Vino:
Aglianico del Taburno
Rosato

444

INGREDIENTI

Mezze penne, 380 g
Polipetti, 200 g
Champignon, 100 g
Peperone rosso, 1/2
Zucchina, 1
Olive snocciolate,
  1 manciata
Basilico, 10 foglie
Aceto balsamico,
  1 cucchiaio
Olio extravergine
  d'oliva, 5 cucchiai
Sale, pepe

Preparazione:
45 MIN.

Difficoltà: 🍳 🍳

Vino:
BIFERNO BIANCO

Mezze penne gustose ai polipetti

Lessate la pasta in abbondante acqua salata e scolatela al dente. Fatela raffreddare passandola velocemente sotto un getto d'acqua fredda, scolatela di nuovo e versatela in un'insalatiera. Irroratela con l'olio e mescolatela bene. ♦ Quindi, dedicatevi alla preparazione del condimento: tuffate i polipetti in acqua fredda e cuoceteli per circa mezzora a recipiente coperto. Trascorso questo tempo spegnete il fuoco, lasciateli raffreddare nell'acqua di cottura e poi affettateli. ♦ Mondate e lavate i funghi, la zucchina e il peperone, riduceteli a strisciolline. A questo punto versate tutti gli ingredienti nell'insalatiera con le mezze penne. ♦ Unite le olive, le foglioline di basilico lavate e mescolate bene. Insaporite con un pizzico di sale e una macinata di pepe. Mescolate ancora e servite.

Ditali con pollo e sedano al pesto

Lessate la pasta in abbondante acqua salata. ◆ Nel frattempo pestate insieme i pinoli, il basilico, l'aglio e unite il pecorino e l'olio. Se necessario aggiungete un cucchiaio dell'acqua di cottura della pasta per diluire il tutto. ◆ Scolate la pasta al dente, passatela sotto l'acqua corrente per un paio di minuti affinché si raffreddi e lasciatela scolare bene. Quando si sarà freddata conditela con il pesto ottenuto. ◆ Tagliate poi il pollo a fettine sottili e distribuitelo sulla pasta. ◆ Lavate, scolate il sedano, tagliatelo a fettine molto sottili senza togliere le foglioline e unite anch'esso alla pasta. Salate il tutto e mescolate delicatamente.

INGREDIENTI

Ditali, 400 g
Petto di pollo arrosto, 500 g
Sedano, 4 cuori
Basilico, 30 foglie
Pinoli, 40 g
Aglio, 3 spicchi
Pecorino grattugiato, 4 cucchiai
Olio extravergine d'oliva
Sale

Preparazione: 30 MIN.

Difficoltà: 🍳🍳

Vino: TREBBIANO D'ABRUZZO

INSALATE DI PASTA

Ruote, 380 g
Cavolfiore, 200 g
Aglio, 1 spicchio
Curry, 2 cucchiai
Farina, 1 cucchiaio
Peperoncino,
 1 cucchiaio
Olio extravergine
 d'oliva
Sale

Ruote curry
e cavolfiore

Riducete il cavolfiore a cimette. Soffrig-gete l'aglio in una padella con un po' d'o-lio, unitevi il cavolfiore, fatelo saltare per 2-3 minuti a fuoco vivace e cospargetelo con la farina. ♦ In un bicchiere d'acqua di-luite il curry, versatelo sul cavolfiore, re-golate di sale e fate raffreddare. ♦ Nel frattempo cuocete le ruote, scolatele al dente e fatele raffreddare, passandole sot-to l'acqua fresca corrente. ♦ Trasferitele poi in un'insalatiera e conditele con il ca-volfiore al curry e il peperoncino tritato fine. Mescolate bene, regolate di sale e servite.

Preparazione:
20 MIN.

Difficoltà:

Vino:
SAN SEVERO BIANCO

Fusilli, 380 g

Pomodori maturi, 7

Olive nere
snocciolate, 80 g

Filetti di alici
sottolio, 6

Erba cipollina secca,
2 cucchiai

Mozzarelline
a ciliegia, 20

Basilico, 12 foglie

Olio extravergine
d'oliva, 6 cucchiai

Sale

Fusilli alla caprese

Portate a bollore abbondante acqua salata e cuocere la pasta. ◆ Nel frattempo preparate il condimento: fate bollire per un minuto i pomodori in modo da poterli sbucciare meglio; privateli dei semi e dell'acqua di vegetazione e fateli a piccoli pezzetti. ◆ Dividete a metà le olive snocciolate e spezzettate i filetti delle alici. ◆ Mettete poi questi ingredienti con l'olio in una zuppiera, aggiungendovi anche le mozzarelline tagliate a metà. ◆ Scolare la pasta ancora al dente e passatela sotto l'acqua fredda per fermarne la cottura. Versatela nella zuppiera e prima di servire mescolatela con cura.

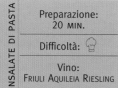

Erba cipollina

È una piccola pianta erbacea comunissima nei prati, caratterizzata da foglie filiformi e molto apprezzata per per il fresco e delicato profumo di cipolla che emana dalle sue foglie. Ha un sapore leggermente agliaceo, più delicato della normale cipolla. Si consuma fresca per insaporire insalate e condire formaggi oppure secca per insaporire minestre, salse e sughi.

Preparazione:
20 MIN.

Difficoltà: ⌁

Vino:
FRIULI AQUILEIA RIESLING

Farfalle ricche in salsa

Lessate le farfalle in abbondante acqua salata. ◆ Scolatele al dente e passatele sotto l'acqua fredda, per fermarne la cottura. ◆ Lavate e tagliate le fette di lingua a pezzettini, mondate il cetriolo e affettatelo a rondelle; sbollentate poi i pomodori, pelateli e tagliateli a dadini. ◆ Emulsionate l'olio e l'aceto in una terrina e unitevi le cipolle affettate, la paprica, la senape, il sale e il pepe. Sbattete il tutto energicamente con una forchetta. ◆ Condite adesso la pasta con la salsa preparata e aggiungete anche tutti gli altri ingredienti. Irrorate con altro olio e servite.

INGREDIENTI

Farfalle, 400 g
Lingua, 2 fette
  di circa 300 g
Cipolle, 2
Pomodori, 5
Cetriolo, 1
Senape,
  1 cucchiaino
Paprica,
  1/2 cucchiaino
Prezzemolo tritato,
  2 cucchiai
Olio extravergine
  d'oliva, 4 cucchiai
Sale, pepe

Preparazione:
25 MIN.

Difficoltà: ☕

Vino:
CISTERNA D'ASTI

INSALATE DI PASTA

Sedanini, 400 g
Melone, 200 g
Trota lessa, 200 g
Erba cipollina,
  1 ciuffetto
Limone, 1/2
Olio extravergine
  d'oliva
Sale

Sedanini
con trota e melone

Cuocete al dente i sedanini, in abbondante acqua salata. Poi scolateli e passateli sotto l'acqua corrente per fermarne la cottura. ◆ Nel frattempo tagliate a listarelle la polpa di trota e mettetela in un'insalatiera; scavate il melone con l'apposito attrezzo per ricavarne delle palline e aggiungetele alle listarelle di trota. Unite i sedanini, l'erba cipollina tritata e mescolate il tutto. ◆ Infine condite l'insalata con un'emulsione preparata mescolando il succo di limone con un po' d'olio e un pizzico di sale.

Preparazione:
30 MIN.

Difficoltà: ♟

Vino:
FIANO DI AVELLINO

INGREDIENTI

Penne, 400 g
Piselli, 100 g
Carota, 1
Ricotta, 2 cucchiai
Limone, 1/2
Prezzemolo,
 1 mazzetto
Tamari, 1 cucchiaio
Tahin, 1 cucchiaio
Olio extravergine
 d'oliva
Sale

Penne fredde piselli e ricotta

Preparate una salsa mescolando il tahin in poca acqua tiepida per formare un composto cremoso. ♦ Incorporatevi quindi, mescolando con molta cura, la ricotta, il tamari, poche gocce di limone e una generosa manciata di prezzemolo tritato. ♦ Aggiungete anche un cucchiaio d'olio goccia a goccia in modo da ottenere un composto omogeneo. ♦ Nel frattempo cuocete i piselli in poca acqua, quindi lasciateli raffreddare. Lavate la carota, pulitela e grattugiatela a parte. Lessate la pasta in abbondante acqua salata e scolatela bene al dente, quindi passatela velocemente sotto l'acqua fredda. ♦ Conditela a questo punto con la salsa, unite i piselli, la carota e ancora un po' di prezzemolo finemente tritato. Dopo aver mescolato bene, portate in tavola.

Preparazione:
40 MIN.

Difficoltà: ♟♟

Vino:
GUARDIOLO FALANGHINA

454

Fusilli al seitan e mandorle

Mettete a cuocere i fusilli in abbondante acqua salata. ◆ Nel frattempo saltate le mandorle tagliate a scagliette nell'olio di sesamo. Dopo 1-2 minuti circa aggiungete il seitan che avrete tagliato a *julienne* e fate saltare il tutto per altri 2-3 minuti. ◆ Scolate quindi i fusilli ancora al dente, conditeli con il sugo, fateli raffreddare e portateli in tavola.

▨ Seitan ▨

Il seitan è un alimento tipico orientale, molto utilizzato nelle diete vegetariane e macrobiotiche. Il suo sapore ricco e gustoso si presta a molteplici usi, sostanzialmente tutti quelli in cui normalmente impieghereste la carne. Il seitan è molto ricco di proteine (15-20%) e povero di grassi e carboidrati, è un alimento molto saziante e ha un gusto neutro che si sposa molto bene con qualunque sugo a base di verdure e legumi.

Preparazione: 25 MIN.

Difficoltà: ♕

Vino:
ROSSO ORVIETANO
SANGIOVESE

INSALATE DI PASTA

Pasta sprint

☞ Sommario ☜

Sedanini veloci con feta e spinaci

Tritate finemente lo scalogno e fatelo dorare in padella a fiamma bassa con olio e burro; unite poi le nocciole pestate. ♦ Intanto lavate accuratamente gli spinaci, conservando le foglie e scartando i gambi più duri. ♦ Tagliuzzateli e versateli in padella, bagnando con un po' d'acqua di cottura della pasta. Fate cuocete profumando con noce moscata grattugiata, sale e pepe. ♦ Aggiungete poi la feta sminuzzata e fatela sciogliere leggermente a fuoco basso. ♦ Nel frattempo lessate i sedanini in abbondante acqua salata, scolateli al dente e saltateli in padella con la salsa di spinaci e la feta. ♦ Spolverate con pepe nero e servite (*foto della ricetta alle pagine precedenti*).

INGREDIENTI

Sedanini, 380 g
Feta, 100 g
Nocciole sgusciate, 70 g
Spinaci in foglia freschi, 1 mazzetto
Scalogno, 1
Burro, 1 noce
Noce moscata
Olio extravergine d'oliva, 2 cucchiai
Sale, pepe nero

Preparazione: 15 MIN.

Difficoltà: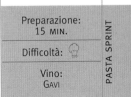

Vino: GAVI

PASTA SPRINT

Farfalle, 400 g
Limone, 1
Panna da cucina,
  2,5 dl
Basilico,
  1/2 mazzetto
Erba cipollina,
  1/2 mazzetto
Burro, 50 g
Sale, pepe

PER GUARNIRE:
Limone, 1/2
Basilico, alcune
  foglie

Farfalle con panna e limone

Lasciate ammorbidire a temperatura ambiente il burro tagliato a pezzettini, quindi lavoratelo in una zuppiera con il succo del limone e la panna, fino a ottenere una crema morbida. ◆ Insaporite con una presa di sale, un pizzico di pepe e un trito finissimo delle erbe aromatiche. ◆ Lessate le farfalle in abbondante acqua salata e scolatele al dente, poi trasferitele nella zuppiera con il burro al limone e mescolatele accuratamente prima di servire. ◆ Portate in tavola nella zuppiera guarnita con fettine di limone e qualche fogliolina di basilico.

PASTA SPRINT

Preparazione:
  20 MIN.

Difficoltà:

Vino:
VALDADIGE ROSATO

Fusilli con verza e mollica di pane

Dissalate e diliscate le acciughe. In una padella con poco olio fate rosolare a fuoco basso l'aglio, il peperoncino, le acciughe. ♦ Dopo pochi minuti togliete l'aglio e il peperoncino, sbriciolate il panino e versate le briciole nella padella. Tenetele sul fuoco per pochi minuti, appena il tempo di farle dorare. ♦ Nel frattempo fate cuocere i fusilli in abbondante acqua salata insieme alla verza mondata e tagliata a listarelle. ♦ Scolate la pasta quando è ancora al dente, versatela nella padella con il condimento, mescolate facendo amalgamare bene gli ingredienti e servite.

INGREDIENTI

Fusilli, 400 g
Cavolo verza, 1
Acciughe, 2-3
Panino raffermo, 1
Aglio, 1 spicchio
Peperoncino, 1
Olio extravergine d'oliva, 5 cucchiai
Sale

Preparazione: 20 MIN.

Difficoltà: ♙

Vino: MARINO BIANCO

PASTA SPRINT

461

Spaghetti, 380 g
Gorgonzola, 120 g
Gherigli di noce, 8
Vodka, 1 cucchiaiata
Prezzemolo,
 1 mazzetto
Burro, 70 g
Sale

Spaghetti alla russa gorgonzola e noci

Mentre portate a ebollizione una pentola con abbondante acqua salata, tritate il prezzemolo e i gherigli di noce. ◆ Passate al setaccio il gorgonzola e raccoglietelo in un recipiente; aggiungete la vodka e il trito di prezzemolo, mescolando con cura. ◆ Fate fondere il burro su fuoco basso o a bagnomaria, quindi unitelo a poco a poco al formaggio fino a ottenere un composto omogeneo e cremoso; alla fine aggiungete i gherigli di noce. Appena l'acqua bolle, salatela e versatevi gli spaghetti. ◆ Scolateli al dente e versateli nella zuppiera dove avrete messo la salsa. Mescolate la pasta affinché gli ingredienti siano ben amalgamati e servite subito in piatti caldi.

PASTA SPRINT

Preparazione:
20 MIN.

Difficoltà: ♟

Vino:
FRIULI GRAVE ROSSO

INGREDIENTI

Pennette, 400 g

Ricotta, 300 g

Menta fresca,
  10 foglie

Tamari, 3 cucchiai

Gomasio, 3 cucchiai

Olio extravergine
  d'oliva

Sale

Preparazione:
15 MIN.

Difficoltà:

Vino:
SCIACCA RISERVA RAYANA

Pennette con ricotta e menta

Fate cuocere la pasta in abbondante acqua salata. Nel frattempo versate la ricotta in una zuppiera e con un cucchiaio di legno lavoratela bene fino a renderla cremosa (aggiungere, se necessario, qualche cucchiaio dell'acqua di cottura della pasta). ♦ Insaporite a questo punto la crema di ricotta con le foglie di menta sminuzzate e con il tamari. ♦ Quando la pasta è cotta al dente, scolatela e versatela direttamente nella zuppiera dove avete preparato il condimento. ♦ Aggiungete alla pasta un filo d'olio, mescolate bene, insaporite con il gomasio e portate subito in tavola.

Gomasio

Il gomasio è un condimento naturale ed energetico composto da semi di sesamo e sale integrale marino e si può considerare un'alternativa gustosissima al sale. Ha molte qualità in quanto i semi di sesamo sono ricchi di proteine, vitamine del gruppo B, calcio, sali minerali. Come tutti i semi oleosi costituiscono un alimento importante, soprattutto per i vegetariani.

Linguine con i fiori di zucca

Mondate i fiori di zucca, lavateli in acqua fredda, asciugateli e divideteli in quattro parti. ◆ Tagliate il prosciutto cotto a listarelle e fatelo soffriggere in una padella con il burro, poi unitevi anche i fiori di zucca e fateli rosolare. ◆ Aggiungete adesso lo zafferano sciolto in poca acqua, la panna, sale e pepe e lasciate cuocere per 2-3 minuti a fuoco dolce. ◆ Cuocete in abbondante acqua salata le linguine, scolatele al dente e fatele saltare per qualche minuto nella padella con il condimento. ◆ Trasferite su un piatto da portata, cospargete con il parmigiano grattugiato e servite subito.

INGREDIENTI

Linguine, 400 g
Fiori di zucca, 10
Prosciutto cotto, 40 g
Zafferano, 1 bustina
Panna, 2,5 dl
Parmigiano grattugiato, 4 cucchiai
Burro, 10 g
Sale, pepe

Preparazione: 20 MIN.

Difficoltà: 🍳

Vino: COLLI EUGANEI PINOT BIANCO

PASTA SPRINT

Tagliolini freschi
all'uovo, 380 g

Salmone
affumicato, 100 g

Zucchine piccole, 2

Aglio, 1 spicchio

Pepe verde
in salamoia,
1 cucchiaio

Panna, 1 dl

Vino bianco,
1 bicchiere

Limone non
trattato, 1

Prezzemolo tritato,
1 cucchiaio

Burro, 30 g

Sale

Tagliolini
al pepe verde

Mondate e lavate le zucchine, tagliatele a fette sottili nel senso della lunghezza e poi a striscioline. ◆ Fate sciogliere il burro in una padella, unite lo spicchio d'aglio sbucciato e schiacciato, il pepe verde e le zucchine. Cuocete tutto per 5 minuti a fiamma media, salate e spegnete il fuoco. ◆ Frullate il salmone con la panna, il vino, una presa di sale e la scorza grattugiata di mezzo limone. Mettete la crema ottenuta in un pentolino e lasciatela su fuoco basso, mescolando. ◆ Lessate la pasta in abbondante acqua salata, scolatela e conditela subito con la salsa di salmone, diluita con un paio di cucchiai dell'acqua di cottura della pasta. ◆ Mescolate velocemente, aggiungete il sugo alle zucchine, il prezzemolo tritato, mescolate ancora e servite.

PASTA SPRINT

Preparazione:
20 MIN.

Difficoltà: ♀

Vino:
FRIULI AQUILEIA
CHARDONNAY

Conchiglie all'anguilla aromatiche

Tagliate l'anguilla a tocchetti e fatela rosolate in una padella antiaderente con la cipolla tritata e qualche cucchiaio d'olio. ◆ Non appena avrà preso uniformemente colore aggiungete i pomodori spezzettati e l'alloro; poco dopo unite i piselli sgranati, l'aglio tritato e regolate di sale. Portate il sugo a cottura. ◆ Nel frattempo cuocete la pasta in abbondante acqua salata, scolatela al dente, conditela con il sugo all'anguilla e portatela in tavola.

Preparazione:
20 MIN.

Difficoltà: 🍲🍲

Vino:
MONTI LESSINI SPUMANTE

Creste di gallo piccanti

INGREDIENTI

Creste di gallo,
  400 g
Pomodori pelati,
  400 g
Paprica
Tabasco, 3 gocce
Aglio, 3 spicchi
Pecorino piccante
Peperoncino
  in polvere
Olio extravergine
  d'oliva
Sale

Sgocciolate dal liquido di conservazione i pelati e tagliuzzateli. ♦ Mettete dell'olio in una larga padella antiaderente e fatevi dorare gli spicchi d'aglio, poi unite i pomodori e cuoceteli a fuoco vivace per qualche minuto, salando e aromatizzando con il peperoncino, la paprica e il tabasco. ♦ Nel frattempo fate cuocere le creste di gallo in abbondante acqua salata. Scolatele al dente, conditele subito con il pecorino grattugiato e poi unite il sugo preparato, mescolando il tutto prima di portare in tavola.

▨ Tabasco ▨

È una salsa molto piccante a base di peperoncino, aceto, sale, zucchero e aromi. Prende il nome da uno stato del Messico, dove la coltivazione del peperoncino è particolarmente fiorente. Si trova in commercio in bottigliette e si usa al posto del peperoncino fresco (ne bastano poche gocce per insaporire salse, condimenti e cocktail).

Preparazione:
20 MIN.

Difficoltà: ♙

Vino:
ISONZO DEL FRIULI
RIESLING

PASTA SPRINT

Rigatoni, 400 g
Bacon a fette, 200 g
Cipolla, 1/2
Acini d'uva
  moscatello, 20
Panna, 2 dl
Parmigiano
  grattugiato
Olio extravergine
  d'oliva
Sale, pepe

Rigatoni
con uva e bacon

Mettete a lessare i rigatoni in abbondante acqua salata. ◆ Nel frattempo, friggete in una padella con un po' d'olio le fette di bacon; quando sono diventate croccanti, toglietele dal fuoco e fatele asciugare su della carta assorbente da cucina. ◆ Nella stessa padella, soffriggete la cipolla tritata e, quando sarà appassita, aggiungete il bacon e gli acini d'uva. ◆ Togliete dal fuoco, aggiungete la panna, un pizzico di sale, poco pepe e una spolverata abbondante di parmigiano grattugiato. ◆ Scolate i rigatoni al dente e versateli nella padella con il sugo, mescolate bene per amalgamare tutti gli ingredienti e servite subito.

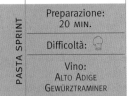

PASTA SPRINT

Preparazione:
20 MIN.

Difficoltà: ♔

Vino:
ALTO ADIGE
GEWÜRZTRAMINER

INGREDIENTI

Caserecce, 400 g
Pomodori ciliegia,
200 g
Pinoli, 2 cucchiai
Aglio, 2 spicchi
Capperi, 2 cucchiai
Olive nere
tostate, 10
Pomodori secchi, 10
Basilico fresco,
1 mazzetto
Olio extravergine
d'oliva, 2 cucchiai
Sale

Caserecce al pesto mediterraneo

Lavate i pomodori ciliegia, tagliateli e dadini e teneteli da parte. ♦ Tritate in un mixer l'aglio, i pinoli, le olive, i capperi, i pomodori secchi e il basilico fresco. ♦ Fate scaldare in una padella antiaderente l'olio e fatevi saltare i pomodori ciliegia precedentemente tagliati a dadini per circa 1 minuto. Aggiungete poi anche gli altri ingredienti tritati, salate e mescolate a fuoco vivo. ♦ Cuocete la pasta in abbondante acqua salata. Scolatela al dente, fatela saltare nel sugo e portatela in tavola calda.

Preparazione:
15 MIN.

Difficoltà: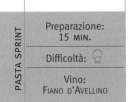

Vino:
FIANO D'AVELLINO

472

Spaghetti saporiti con cipolle rosse

Ponete sul fuoco una pentola con abbondante acqua; appena inizierà a bollire, salatela e, dopo pochi istanti, tuffateci gli spaghetti. ◆ Nel frattempo tagliate a fettine molto sottili le cipolle, mettetele in una padella, insieme all'olio e fatele dorare, a fuoco moderato, per circa 5 minuti. ◆ Tritate una manciata di prezzemolo, spezzettate le foglie di basilico e unite alle cipolle. Lasciate cuocere ancora 3 minuti a fuoco basso, poi fate sciogliete nel condimento la pasta d'acciughe. ◆ Scolate gli spaghetti al dente e conditeli con il sugo preparato, mescolando bene. Servite subito.

INGREDIENTI

Spaghetti, 400 g
Cipolle rosse, 5
Pasta d'acciughe,
 1 cucchiaio
Prezzemolo,
 1 manciata
Basilico, 6 foglie
Olio extravergine
 d'oliva, 4 cucchiai
Sale

Preparazione:
15 MIN.

Difficoltà: 🍳

Vino:
COLLINE LUCCHESI
SANGIOVESE

PASTA SPRINT

Penne, 400 g

Fettine di salmone affumicato, 200 g

Gherigli di noce, 10

Pistacchi spellati, 50 g

Cipollotto, 1

Uovo, 1

Cognac, 1 cucchiaio

Olio extravergine d'oliva

Sale, pepe in grani

Penne cognac e salmone

Fate soffriggere in qualche cucchiaio d'olio un trito fine di cipollotto con uno più grossolano di noci e pistacchi. ◆ Dopo qualche minuto bagnate con il cognac e lasciate evaporare, unite il salmone tagliato a filetti e una macinata di pepe fresco; lasciate insaporire ancora per qualche istante poi spegnete. ◆ Nel frattempo cuocete al dente le penne. ◆ Nella zuppiera mescolate il tuorlo d'uovo con qualche cucchiaio d'olio, versateci sopra la penne scolate al dente e condite con il sugo, mescolando con cura prima di servire.

PASTA SPRINT

Preparazione: 15 MIN.

Difficoltà: ♟

Vino: CORTESE DI GAVI

INGREDIENTI

Spaghetti, 380 g

Panna fresca, 1 bicchierino e 1/2

Curry in polvere, 1 cucchiaio

Zafferano, 1/4 di bustina

Olio extravergine d'oliva

Sale

Spaghetti speziati al curry

Mettete sul fuoco la pentola per la cottura degli spaghetti e, quando bolle, salatela e versatevi la pasta. ◆ Nel frattempo scaldate dell'olio in una casseruola, unitevi il curry, lo zafferano e, dopo 2 minuti, la panna. Mescolate con il cucchiaio di legno e fate sobbollire lentamente per qualche minuto, dopo aver messo una retina frangifiamma sotto la casseruola. ◆ Quando la pasta è cotta al dente, scolatela e conditela con la salsa al curry, mescolatela con cura e gustatela ben calda.

▨ Curry ▨

Si tratta di una miscela di spezie tradizionale delle cucine orientali e, in particolare, di quella indiana. Tra gli ingredienti della miscela figurano coriandolo, curcuma, pepe, cumino, ma anche zenzero, zafferano, noce moscata. A seconda dell'utilizzo di spezie diverse si avrà un curry "mild", mediamente piccante, o "sweet", molto piccante. Il suo gusto caratteristico è ormai entrato a pieno titolo nella cucina internazionale dove viene utilizzato per insaporire le preparazioni e dar loro un tocco di esoticità.

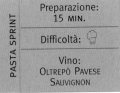

PASTA SPRINT

Preparazione: 15 MIN.

Difficoltà: ☺

Vino: OLTREPÒ PAVESE SAUVIGNON

476

Bavette rustiche fave e prosciutto

Tritate la cipolla e fatela imbiondire in una padella con dell'olio per qualche minuto. ◆ Unitevi poi le fave sgranate; portate a cottura a fuoco vivace, bagnando con un po' di brodo vegetale, e aggiustando di sale e pepe. ◆ Prima di togliere dal fuoco, unite anche il prosciutto tagliato a striscioline sottili e mescolate con cura. ◆ Cuocete la pasta in abbondante acqua salata. Scolatela al dente, versatela nella padella e conditela con il sugo di fave e prosciutto. ◆ Potete completare, se volete, con una spolverata di parmigiano grattugiato.

INGREDIENTI

Bavette, 400 g
Fave sgranate, 300 g
Prosciutto crudo, 60 g
Burro, 60 g
Cipolla, 1/2
Brodo vegetale
Parmigiano
Olio extravergine d'oliva
Sale, pepe

Preparazione: 20 MIN.

Difficoltà: 🍳

Vino: SANT'AGATA DEI GOTI ROSSO

PASTA SPRINT

INGREDIENTI

Fusilli, 400 g

Gamberetti lessati,
400 g

Pomodori ciliegia,
300 g

Groviera
grattugiato, 75 g

Pesto già pronto,
3 cucchiai

Olio extravergine
d'oliva

Sale

PER GUARNIRE:

Basilico, qualche
foglia

Preparazione:
20 MIN.

Difficoltà:

Vino:
MONTELLO E COLLI
ASOLANI PROSECCO

PASTA SPRINT

Fusilli ai gamberetti nel pesto

Mettete a bollire una pentola con abbondante acqua salata. ♦ Nel frattempo mescolate il pesto già pronto (se volete farlo, vedi pag. 38) al groviera grattugiato, ai gamberetti lessati e ai pomodorini tagliati a spicchi e privati dei semi. ♦ Fate cuocere i fusilli, scolateli al dente e mescolateli con la salsa, aggiungendo un po' d'olio, se ce ne fosse bisogno. ♦ Guarnite il piatto con qualche fogliolina di basilico e servite subito.

Spaghetti, 400 g
Pinoli, 50 g
Cipolla, 1/2
Prezzemolo,
 1 mazzetto
Vodka
Parmigiano
 grattugiato, 40 g
Olio extravergine
 d'oliva
Sale, pepe

Spaghetti
al sugo di pinoli

Cuocete gli spaghetti in una pentola con abbondante acqua salata. ◆ Nel frattempo preparate il condimento: mondate il prezzemolo, lavatelo, asciugatelo e tritatelo finemente, poi tritate grossolanamente i pinoli. ◆ Versate qualche cucchiaio d'olio in una casseruola, unitevi la cipolla sbucciata e tagliata a sottili fettine e fatela soffriggere per qualche minuto, quindi aggiungetevi il prezzemolo, i pinoli, sale e pepe. Lasciate cuocere a fuoco moderato per 5 minuti, bagnate con poca vodka e, appena quest'ultima è evaporata, spegnete il fuoco. ◆ Quando la pasta è cotta al dente, scolatela, versatela in una zuppiera, conditela con il sugo e cospargetela infine con il parmigiano grattugiato. ◆ Portatela in tavola accompagnando, a piacere, con altro parmigiano servito a parte.

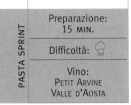

PASTA SPRINT

Preparazione:
15 MIN.

Difficoltà:

Vino:
PETIT ARVINE
VALLE D'AOSTA

Pici in salsa di yogurt al limone

Mettete a cuocere i pici in una pentola capiente con acqua bollente salata. ♦ Intanto, lavate con cura il limone, asciugatelo bene e, servendovi della grattugia, riducetene tutta la scorza a listarelle. Scaldate un ampia padella e scioglietevi il burro. ♦ Quindi unite la panna e il latte, portate a ebollizione e cuocete per circa 2 minuti, fino a che il condimento si sarà addensato. Incorporate alla salsa lo yogurt e, subito dopo, metà succo del limone. ♦ Scolate i pici al dente e conditeli con il sugo, facendoli insaporire per qualche istante nella padella. Serviteli guarniti con la scorza di limone grattugiata e il timo.

La scorza degli agrumi

Tutte le volte che dovete usare la scorza di un agrume (arance, limoni, cedri), ricordatevi di sceglierlo non trattato, per essere sicuri che sulla superficie non ci siano tracce delle sostanze chimiche comunemente usate nella coltivazione tradizionale, e lavatelo sempre sotto l'acqua corrente, strofinandolo con uno spazzolino. Ricordate che la parte colorata è aromatica e profumata, mentre quella bianca è amarognola e quindi da scartare, per non rovinare il gusto della preparazione.

INGREDIENTI

Pici, 400 g
Yogurt intero, 125 g
Limone, 1
Panna, 100 g
Latte, 80 g
Burro, 20 g
Sale

PER GUARNIRE:
Scorza di limone
Timo

Preparazione:
20 MIN.

Difficoltà:

Vino:
ALTO ADIGE PINOT GRIGIO

PASTA SPRINT

Fettuccine bianche
e verdi, 400 g

Gherigli di noce,
70 g

Pinoli, 1 cucchiaio

Aglio, 1 spicchio

Maggiorana fresca,
1 pizzico

Burro, 30 g

Parmigiano
grattugiato

Olio extravergine
d'oliva, 3 cucchiai

Sale

Paglia e fieno
in salsa di noci

Riunite nel mixer: noci, pinoli, aglio, maggiorana, olio e sale riducendo il tutto in crema liscia. Raccoglietela in una ciotola e tenetela da parte. ♦ Fate cuocere le fettuccine in abbondante acqua salata, scolatele, raccogliendo 2 cucchiai dell'acqua di cottura con cui poi diluirete la salsa di noci. ♦ Versate la pasta in una terrina, unite la salsa, il burro e l'acqua di cottura tenuta da parte, mescolate rapidamente, facendo amalgamare bene gli ingredienti. ♦ Servite in tavola, accompagnando con una spolverata di parmigiano grattugiato.

PASTA SPRINT

Preparazione:
15 MIN.

Difficoltà: ♙

Vino:
MOSCATO DI PANTELLERIA

INGREDIENTI

Bucatini, 400 g

Fagioli borlotti
in scatola, 300 g

Pancetta, 100 g

Cipolla, 1

Pomodori pelati, 4

Basilico, alcune
foglie

Olio extravergine
d'oliva

Sale

Bucatini
alla crema di fagioli

Tritate la cipolla, tagliate la pancetta a dadini, spezzettate i pomodori pelati e passate i fagioli al passaverdura. ◆ Dopodiché preparate una padella con un fondo d'olio e fatevi dorare la cipolla tritata. Aggiungete a questo punto la pancetta, i pomodori e la crema di fagioli. ◆ Fate cuocere i bucatini in abbondante acqua salata, scolatela al dente e versatela nella padella con il sugo. ◆ Mantecate bene il tutto, unite alcune foglie di basilico e servite la pasta calda.

Preparazione:
20 MIN.

Difficoltà:

Vino:
COLLIO MERLOT

Spaghetti veloci del venerdì

INGREDIENTI

Spaghetti, 380 g
Acciughe
  sotto sale, 2
Aglio, 1/2 spicchio
Ricotta stagionata
  grattugiata,
  1 cucchiaio
Parmigiano
  grattugiato,
  1 cucchiaio
Prezzemolo
Burro, 10 g
Olio extravergine
  d'oliva, 1 cucchiaio
Sale

Mettete sul fuoco una pentola con abbondante acqua e, quando bolle, salatela e buttatevi la pasta. ♦ Nel frattempo mondate, lavate, asciugate e tritate il prezzemolo, poi lavate e diliscate le acciughe e tagliatele a pezzetti. ♦ Fate quindi scaldare l'olio in una casseruola, soffriggetevi l'aglio leggermente schiacciato e, quando è ben dorato, eliminatelo e unite il prezzemolo e le acciughe. Fate sciogliere queste ultime mescolandole con un cucchiaio di legno, poi spegnete il fuoco. ♦ Quando la pasta è cotta, scolatela, versatela in una terrina, conditela con il burro, il sugo e i formaggi grattugiati, mescolate e portate in tavola. ♦ Gli spaghetti del venerdì qui proposti si preparano senza difficoltà e in pochissimo tempo e l'abbinamento delle acciughe con la ricotta stagionata li rende decisamente gustosi.

Preparazione:
15 MIN.

Difficoltà:

Vino:
FRIULI AQUILEIA RIESLING

PASTA SPRINT

INGREDIENTI

Penne, 380 g

Prosciutto cotto,
70 g

Piselli surgelati,
100 g

Cipolla tritata, 30 g

Panna, 1 dl

Paprica dolce

Prezzemolo tritato,
1 cucchiaio

Olio extravergine
d'oliva, 2 cucchiai

Sale

Preparazione:
20 MIN.

Difficoltà:

Vino:
GARDA CORTESE

Penne multicolore

Portate a ebollizione abbondante acqua salata e nel frattempo fate appassire la cipolla in una larga padella antiaderente con l'olio; quando diventa dorata unite i piselli surgelati, bagnate con un mestolino d'acqua calda e cuocete a fiamma viva per una decina di minuti. ◆ Aggiungete il prosciutto tagliato a striscioline e fatelo insaporire nel condimento per qualche minuto, mescolando bene. ◆ Fate cuocere le penne e scolatele al dente e trasferitele subito nella padella con il prosciutto e i piselli. ◆ Unite la panna, mantenete il fuoco vivace e mescolate in modo che la pasta risulti ben amalgamata. ◆ Prima di servire, profumate con la paprica, cospargete con il prezzemolo tritato e servite subito.

INGREDIENTI

Spaghettini, 380 g
Pancetta affettata,
 80 g
Cipolle bianche, 4
Aglio, 3 spicchi
Prezzemolo,
 1 mazzetto
Pecorino
 grattugiato, 30 g
Parmigiano
 grattugiato, 30 g
Olio extravergine
 d'oliva
Sale

Spaghettini alla moda abruzzese

Mondate le cipolle e tritatele finemente, poi fatele rosolare insieme agli spicchi d'aglio interi in una casseruola. ♦ Appena l'aglio prende un bel colore dorato toglietelo e unite alla cipolla le fette di pancetta tagliate grossolanamente, proseguendo la cottura a fuoco moderato per 5 minuti. ♦ Lessate gli spaghetti in abbondante acqua salata, scolateli piuttosto al dente e versateli subito nel tegame del sugo, con un po' della loro acqua di cottura. ♦ Fateli saltare per un paio di minuti a fiamma moderata, quindi, a fuoco spento, aggiungete un filo d'olio, il pecorino e il parmigiano grattugiati e il prezzemolo tritato fine. Mescolate bene e portateli in tavola.

PASTA SPRINT

Preparazione:
20 MIN.

Difficoltà: 🎩 🎩

Vino:
CONTROGUERRA CILIEGIOLO

Linguine cremose al formaggio

Fate cuocere la pasta in acqua bollente salata. ◆ Nel frattempo fate sciogliere il gorgonzola e la robiola in un tegame con il burro già caldo, schiacciando con una forchetta e mescolando continuamente. Aggiungete a poco a poco la panna, aggiustando con una presa di sale e un pizzico di pepe. Il composto dovrà riuscite cremoso e liscio. ◆ Scolate le linguine ancora al dente in una zuppiera e conditele ben calde con la salsa cremosa di formaggi, aggiungendovi anche una spolverata di grana grattugiato.

INGREDIENTI

Linguine, 400 g
Gorgonzola dolce, 100 g
Robiola, 80 g
Panna, 200 g
Grana grattugiato
Burro, 1/2 noce
Sale, pepe

Preparazione:
15 MIN.

Difficoltà: ♨

Vino:
BARBERA DELL'OLTREPÒ

PASTA SPRINT

INGREDIENTI

Bavette, 400 g
Acciughe fresche,
  200 g
Fontina, 100 g
Tuorli, 3
Burro, 20 g
Sale, pepe in grani

Bavette filanti

Spezzettate i filetti d'acciuga con la forchetta e tagliate a pezzettini la fontina.
♦ Sbattete poi in una terrina i tuorli e il formaggio, e lasciate riposare il composto per qualche tempo. ♦ Nel frattempo fate sciogliere il burro a fiamma bassissima in un tegamino e aggiungetevi le acciughe spezzettate, poi il misto di uova e formaggio, mescolando bene. ♦ Mettete sul fuoco la pentola per la cottura della pasta e, quando l'acqua inizia a bollire, calatevi le bavette. Cuocetele al dente, scolatele e riversatele nel tegame della salsa. ♦ Lasciate quindi sul fuoco qualche attimo, rigirando con un cucchiaio di legno e, dopo aver cosparso di pepe macinato al momento, portate in tavola.

PASTA SPRINT

Preparazione:
20 MIN.

Difficoltà: 🍳 🍳

Vino:
ALTA LANGA ROSATO

Maccheroni, 400 g
Pomodori pelati,
  400 g
Cipolla, 1
Burro, 50 g
Panna, 2,5 dl
Basilico
Peperoncino, 1
Parmigiano
  Grattugiato
Olio extravergine
  d'oliva
Sale

Maccheroni in salsa rosa

Tritate la cipolla e fatela rosolare in una padella con l'olio e il peperoncino. ♦ Unite poi i pomodori pelati spezzettati, e fateli cuocere per circa 10 minuti a fuoco vivace, aggiungendo la panna a fine cottura ♦ Fate cuocere i maccheroni in abbondante acqua salata, intanto in un tegame fate fondere il burro con il basilico tritato a fuoco basso. Scolate la pasta al dente e insaporitela con il burro e il basilico. ♦ Unite poi anche la salsa rosa, mescolate bene per qualche istante e spolverate con del parmigiano grattugiato prima di portate in tavola.

Preparazione:
20 MIN.

Difficoltà: 🍳

Vino:
SANT'AGATA DEI GOTI
FALANGHINA

Sedanini curry e cipolle

Tagliate le cipolle a fettine sottili. ♦ Mettetele in un tegame insieme ai piselli con pochissimo olio e un po' d'acqua e fate cuocere il tutto per circa 10 minuti a fuoco vivace, mettendo un pizzico di sale e il curry durante la cottura. Spegnete poi il fuoco e aggiungete la panna. ♦ Nel frattempo lessate la pasta in acqua bollente salata. Scolate i sedanini al dente e versateli nel tegame e mescolando prima di portare in tavola.

▦ Panna ▦

La panna è un liquido denso scremato dal latte che si caratterizza per l'elevato contenuto di grassi. Infatti si ottiene dal latte proprio con un processo di centrifugazione che separa le molecole di grasso dal resto del liquido. Esistono essenzialmente due tipi di panna: da cucina e da montare. Quella per cucinare è meno calorica, in quanto il contenuto di grassi è attorno al 20%. È generalmente usata per legare condimenti o ingredienti vari.

INGREDIENTI

Sedanini, 400 g
Cipolle, 3
Piselli surgelati, 1 scatola
Curry in polvere, 3 cucchiai
Panna, 2,5 dl
Olio extravergine d'oliva
Sale

Preparazione: 20 MIN.

Difficoltà:

Vino: MERLARA BIANCO

PASTA SPRINT

INGREDIENTI

Pipe rigate, 380 g
Cicorino da taglio,
150 g
Pancetta a dadini,
50 g
Aglio, 2 spicchi
Peperoncino
piccante
Olio extravergine
d'oliva, 3 cucchiai
Sale

Pipe rigate
cicorino e pancetta

Fate cuocere la pasta in acqua bollente salata. ◆ Nel frattempo tagliate a striscioline il cicorino e fatelo saltare in una padella con l'olio e gli spicchi d'aglio schiacciati. ◆ Mettete in un'altra padella la pancetta e fatela rosolare senza aggiungere condimento, poi unitela al cicorino e lasciate insaporire tutto per qualche istante; poi togliete l'aglio. ◆ Regolate di sale, unite un pezzetto di peperoncino sbriciolato, quindi aggiungete le pipe scolate al dente. ◆ Fate saltare su fiamma vivace per un paio di minuti e portate in tavola.

Preparazione:
15 MIN.

Difficoltà: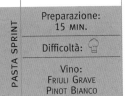

Vino:
FRIULI GRAVE
PINOT BIANCO

Tagliatelle, 400 g

Prosciutto cotto,
100 g

Cipolla, 1/2

Latte, 1/2 bicchiere

Peperoncino

Parmigiano
grattugiato

Olio extravergine
d'oliva

Sale, pepe

Farfalline delicate al cotto

Mettete le tagliatelle a lessare in abbondante acqua salata. ◆ Nel frattempo fate dorare in una padella con qualche cucchiaio d'olio la cipolla tritata finemente. Tagliate a listarelle sottili il prosciutto cotto, versatelo nella padella e fate cuocere a fuoco basso per circa 3 minuti. ◆ Regolate di sale e aggiungete un pizzico di peperoncino in polvere e il latte, facendo andare a fiamma bassissima per 2-3 minuti. ◆ Appena cotta, scolate la pasta e versatela nella padella con il condimento preparato, mescolando per far amalgamare bene gli ingredienti. ◆ Spolverate con il parmigiano grattugiato e mescolate rapidamente. Servite subito.

PASTA SPRINT

Preparazione:
20 MIN.

Difficoltà: ♟

Vino:
ROSSO NOVELLO

496

Mezze penne tonno naturale e zucchine

In una padella con un fondo d'olio, aggiungete l'aglio tritato e il tonno ben sgocciolato. ◆ Fate soffriggere per un minuto, dopodiché bagnate con il vino bianco e fate cuocere a fuoco basso fino a quando sarà evaporato. ◆ Nel frattempo mettete a lessare le mezze penne in abbondante acqua salata e tritate le due zucchine. Spremete il limone e irrorate con il succo ottenute le zucchine, aggiungendo sale e pepe a piacimento. ◆ Scolate la pasta al dente e versatela nella padella con il tonno, fatela saltare un minuto, mescolandola bene, e poi trasferitela in una ciotola. ◆ Aggiungete infine le zucchine tritate, mescolate di nuovo affinché tutti gli ingredienti siano ben amalgamati e portate la pasta calda in tavola.

INGREDIENTI

Mezze penne, 400 g

Tonno al naturale, 120 g

Zucchine, 2

Aglio, 1 spicchio

Vino bianco secco, 1/2 bicchiere

Limone, 1

Olio extravergine d'oliva

Sale, pepe

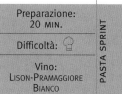

Preparazione: 20 MIN.

Difficoltà:

Vino: LISON-PRAMAGGIORE BIANCO

PASTA SPRINT

Pasta al microonde

☞ Sommario ☜

Sformato goloso porro e prosciutto

Pulite i porri e tagliateli a rondelle, metteteli in un pirex con l'olio e i pomodori sbucciati e tagliati a cubetti, coprite e cuocete per 8-10 minuti a 650 Watt. Aggiungete il sale e il pepe, mescolate e tenete in caldo. ◆ Intanto cuocete al dente le mafaldine in modo tradizionale. Tagliate il prosciutto crudo a strisce sottili. ◆ Preparate la besciamella al formaggio: fate sciogliere il burro in un recipiente per 1 minuto a 650 Watt. Aggiungete la farina, mescolate, fate andare a 500 Watt per 1-2 minuti. ◆ Unite il latte poco alla volta mescolando bene e cuocete per 2-3 minuti a 650 Watt mescolando spesso. ◆ Togliete dal microonde, aggiungete pepe, sale, noce moscata e mescolate bene con una frusta. Aggiungete il formaggio grattugiato, mescolate e rimettete nel forno per 2-3 minuti a 650 Watt. ◆ Scolate le mafaldine, condite con il sugo di porro e pomodoro, il prosciutto tagliato a listarelle e amalgamate il tutto. ◆ Imburrate un recipiente e versatevi la pasta, copritela con la besciamella e mettetela nel microonde. Cuocete in combinazione microonde e grill per 10-12 minuti (*foto della ricetta alle pagine precedenti*).

INGREDIENTI

Mafaldine, 300 g
Prosciutto crudo, 100 g
Pomodori maturi, 4
Porri, 2
Olio extravergine d'oliva, 1 cucchiaio
Sale, pepe

PER LA BESCIAMELLA AL FORMAGGIO:
Parmigiano, 150 g
Farina, 20 g
Latte, 3 dl
Noce moscata
Burro, 30 g
Sale, pepe

Preparazione: 35 MIN.

Difficoltà: 😋 😋

Vino: SANT'AGATA DEI GOTI ROSSO

PASTA AL MICROONDE

Lasagne pronte,
300 g

Polpa di pomodoro,
300 g

Melanzane medie,
300 g

Ricotta, 180 g

Noci sgusciate, 10

Parmigiano
grattugiato

Olio extravergine
d'oliva

Sale, pepe

PASTA
AL MICROONDE

Preparazione:
30 MIN. + 1 H

Difficoltà: 😊 😊

Vino:
ALCAMO BIANCO

Lasagne ricotta e melanzane

Versate in una pirofila adatta un po' d'olio e la polpa di pomodoro passata, insaporite con sale e 1 pizzico di pepe e preparate una salsa cuocendo 5 minuti circa a 500 Watt. ♦ Mettete poi le noci nel microonde con un bicchiere d'acqua per 4-5 minuti alla stessa potenza; pelatele e pestatele. ♦ Lavate e asciugate le melanzane; affettatele, salatele e lasciatele riposare per circa un'ora per far scolare il liquido di vegetazione. ♦ Cuocetele in un contenitore adatto con un cucchiaio d'acqua e uno d'olio per 2-3 minuti a 650 Watt. ♦ Tritatele. ♦ Se necessario, sbollentate le lasagne per pochi attimi in acqua salata bollente. ♦ Ungete una pirofila con un po' d'olio, fate un primo strato di lasagne con sopra un po' di salsa di pomodoro, di melanzane tritate, di ricotta sbriciolata e di noci, bagnate con poco olio e quindi proseguite alternando le lasagne al condimento. ♦ Terminate con uno strato di lasagne, un po' di ricotta tagliata a sottili fettine, una spolverata di parmigiano e un po' d'olio. ♦ Fate andare nel forno a 500 Watt per 7-8 minuti.

Fusilli alla crema di peperoni

Lavate accuratamente le falde di peperone, sgocciolatele bene e riducetele a cubetti; tritate la cipolla. ◆ Sistemateli in un pirex con l'olio, coprite e fate cuocere a 500 Watt per 8-10 minuti. ◆ Mescolate una volta a metà cottura e quindi fate riposare per un minuto. Salate e unite il formaggio. Mescolate bene perché risulti cremoso. ◆ Intanto cuocete i fusilli e serviteli con la crema di peperoni.

INGREDIENTI

Fusilli, 380 g

Peperoni gialli piccoli, 2

Cipolla, 1/2

Formaggio morbido (robiola o ricotta), 80 g

Olio extravergine d'oliva

Sale

Preparazione:
15 min.

Difficoltà:

Vino:
Monreale Bianco

PASTA AL MICROONDE

Sfoglie delicate alla ricotta

INGREDIENTI

Sfoglie di pasta
  fresca all'uovo,
  175 g
Ricotta di pecora,
  400 g
Besciamella, 200 g
Parmigiano
  grattugiato, 50 g
Mozzarella, 150 g
Zafferano,
  1/2 bustina
Menta fresca
  (o essiccata),
  5 foglie
Arancia
  non trattata, 1
Olio extravergine
  d'oliva, 1 cucchiaio
Sale

Scottate le sfoglie di pasta, aggiungendo all'acqua di cottura un po' d'olio perché non si attacchino. Stendetele quindi su un panno ad asciugare. ♦ Mescolate la ricotta e la besciamella (vedi pag. 107), unite lo zafferano, la scorza grattugiata dell'arancia, la menta tritata e il parmigiano, mescolando fino a ottenere una crema soffice e salate. ♦ In una pirofila adatta al microonde versate uno strato di crema. Adagiate una sfoglia di pasta, pochissimo sale e alcune fettine di mozzarella. ♦ Proseguite nello stesso modo tenendo conto che con la cottura la pasta cresce di circa 1 cm, e che l'ultimo strato dovrà essere di crema. ♦ Infornate per 7-8 minuti nel microonde a 500 Watt. Servite caldo.

PASTA
AL MICROONDE

Preparazione:
25 MIN.

Difficoltà: 🎩🎩

Vino:
COLLI AMERINI BIANCO

Tagliatelle, 380 g

Scampi, 500 g

Mascarpone fresco,
200 g

Vino bianco secco,
3 cucchiai

Scalogno, 1

Prezzemolo tritato,
2 cucchiai

Burro, 1 noce

Sale, pepe

PER GUARNIRE:
Pepe rosa in grani

Tagliatelle agli scampi in salsa

Soffriggete per un minuto a 650 Watt lo scalogno tritato insieme al burro. ◆ Aggiungete gli scampi puliti e interi e fate andare per 5 minuti a 500 Watt bagnando con il vino bianco. ◆ Sgusciate gli scampi cotti. Frullate metà degli scampi e mettete il composto ottenuto in una terrina adatta al microonde. ◆ Aggiungete il mascarpone, un po' di sale e di pepe, amalgamate bene e cuocete per 2-3 minuti a 250 Watt. ◆ Scolate intanto la pasta, che avrete cotto nel modo tradizionale, e versatela nella terrina. Unite quindi il resto degli scampi e il prezzemolo tritato. ◆ Mescolate bene il tutto e guarnite con pepe rosa in grani.

PASTA
AL MICROONDE

Preparazione:
15 MIN.

Difficoltà:

Vino:
MONTECOPATRI

Penne alla siciliana

Pulite il pesce spada e tagliatelo a cubetti regolari di circa 2 cm di lato. Pulite e tritate finemente la cipolla e l'aglio. ♦ Versate alcuni cucchiai d'olio in un recipiente adatto al microonde, aggiungete il trito e fate rosolare facendo cuocere per 2-3 minuti a 650 Watt. Non appena il trito prenderà a imbiondire, unite il pesce. ♦ Bagnate con il vino bianco e, dopo circa 3-4 minuti alla stessa potenza, unite i pomodori che avrete pelato, privato dei semi e tritato finemente. ♦ Condite con sale, una macinata di pepe fresco, l'alloro e i capperi sciacquati e asciugati. Lasciate cuocere per 10-12 minuti a 650 Watt, controllando ogni tanto il grado di cottura. ♦ Scolate la pasta al dente e passatela nel tegame insieme al pesce spada per insaporirla e servite guarnendo con il basilico tritato.

INGREDIENTI

Penne, 400 g

Pesce spada, 2 tranci

Pomodori maturi, 400 g

Capperi sotto sale, 25 g

Cipolla, 1

Aglio, 2 spicchi

Alloro, 1 foglia

Basilico, 1 ciuffetto

Vino bianco secco, 1/2 bicchiere

Olio extravergine d'oliva

Sale, pepe in grani

Preparazione: 25 MIN.

Difficoltà: 🍳 🍳

Vino: MONREALE GRILLO

PASTA AL MICROONDE

INGREDIENTI

Vermicelli, 400 g

Cozze, 1 kg

Pomodori maturi, 400 g

Olive nere, 50 g

Olive verdi, 50 g

Acciuga sotto sale diliscata, 1

Aglio, 1 spicchio

Vino bianco, 1/2 bicchiere

Prezzemolo tritato, 2 cucchiai

Brodo

Peperoncino, 1 pezzetto

Olio extravergine d'oliva

Sale

Vermicelli gustosi alle cozze

Lavate le cozze e lasciatele per mezzora in acqua salata. ◆ Mettetele quindi in un recipiente adatto con il vino, dell'olio, un cucchiaio di prezzemolo tritato; coprite con un coperchio e fate andare a 500 Watt per 9-10 minuti. ◆ Lasciate riposare 5 minuti. ◆ Separate i molluschi dalle conchiglie e quindi filtrate il liquido rimasto sul fondo della padella e unitelo ai molluschi. ◆ Fate aromatizzare per 1-2 minuti, a 650 Watt, qualche cucchiaiata d'olio con lo spicchio d'aglio schiacciato. ◆ Toglietelo e mettete le olive (alcune tagliate, altre intere) e l'acciuga, che farete sciogliere aiutandovi con una forchetta. ◆ Aggiungete poi i pomodori spellati e privati dei semi, un po' di sale e il peperoncino, e fate cuocere con coperchio per 10-15 minuti a 500 Watt, aggiungendo 2 cucchiai del liquido delle cozze. ◆ Se il sugo risultasse troppo liquido, togliete il coperchio gli ultimi 5 minuti. ◆ Un minuto prima della fine della cottura, unite le cozze con il loro liquido e spolverate con il prezzemolo restante. ◆ Condite con il sugo la pasta che nel frattempo avrete scolato al dente.

PASTA AL MICROONDE

Preparazione: 35 MIN. + 30 MIN.

Difficoltà: 🍴🍴

Vino: ARCOLE GARGANEGA

Cannelloni pronti,
   300 g
Champignon, 300 g
Groviera, 80 g
Prosciutto cotto,
   50 g
Besciamella, 600 g
Parmigiano
   grattugiato,
   6 cucchiai
Latte, 1 bicchiere
Burro
Sale

Cannelloni groviera e champignon

Pulite bene con un panno umido i funghi, tagliateli sottili e cuoceteli con poco burro, sale e un po' d'acqua nel microonde per 5 minuti a 500 Watt. ♦ Unite i funghi a 2/3 della besciamella (vedi pag. 107) e a 3 cucchiai di parmigiano. Distribuite 1/2 cucchiaio di questo composto in ognuno dei cannelloni. Sistemateli in un solo strato in una pirofila abbondantemente imburrata. ♦ Tagliate il groviera e il prosciutto a piccoli dadi e cospargeteli sui cannelloni. ♦ In un pirex diluite la besciamella rimasta con il bicchiere di latte e passatela in forno a 500 Watt per 2-3 minuti sciogliendola bene. ♦ Ricoprite i cannelloni con la salsa e il parmigiano, passate ancora in forno per 7-8 minuti a 650 Watt e servite.

Preparazione:
30 MIN.

Difficoltà:

Vino:
SAGRANTINO SECCO
DI MONTEFALCO

PASTA
AL MICROONDE

Sedanini melanzane e mozzarella

Tagliate le melanzane pulite a fette sottili. ♦ Intanto riscaldate il piatto per la doratura, disponetevi sopra le melanzane per 6 minuti a 650 Watt, girandole una volta a metà cottura. Oppure mettetele in un contenitore adatto con un cucchiaio d'acqua e uno d'olio, facendo andare per 3-4 minuti a 650 Watt. ♦ Affettate la cipolla. Fatela soffriggere con un po' d'olio per 2-3 minuti, alla stessa potenza. Aggiungeteci la passata di pomodoro; regolate di sale e di pepe. Cucinate a 650 Watt per 10 minuti mescolando a metà cottura. ♦ Nel frattempo cuocete i sedanini al dente nel modo tradizionale sul fornello e, una volta scolati, conditeli con il pomodoro preparato. Aggiungete il basilico fresco sminuzzato. ♦ Imburrate una pirofila. Versate uno strato di pasta, uno di melanzane e uno strato di fettine di mozzarella. Cospargete con parmigiano grattugiato. ♦ Proseguite con gli strati fino a esaurire tutti gli ingredienti. Coprite con del burro. Infornate per 8-10 minuti sempre alla stessa potenza. Fate infine riposare per 2 minuti e servite.

INGREDIENTI

Sedanini, 400 g
Passata di pomodoro, 400 g
Melanzane, 2
Burro, 80 g
Mozzarelle, 2
Parmigiano grattugiato
Cipolla piccola, 1
Basilico, 1 mazzetto
Olio extravergine d'oliva
Sale, pepe

Preparazione: 40 MIN.

Difficoltà: 🖐 🖐

Vino: COSTE DELLA SESIA ROSSO

PASTA AL MICROONDE

511

Gnocchi di patate,
400 g

Pomodorini ciliegia
ben maturi, 10

Provola affumicata,
60 g

Parmigiano
grattugiato,
2 cucchiai

Pangrattato,
2 cucchiai

Burro, 1 noce

Aglio, 2 spicchi

Basilico

Olio extravergine
d'oliva, 4 cucchiai

Sale, pepe

Gnocchi in timballo di ciliegini e provola

Lavate i pomodorini e tagliateli a metà.
Tagliate anche la provola a dadini, quindi
lavate e asciugate il basilico. ◆ Sbucciate
gli spicchi d'aglio e divideteli in due, eliminando l'anima. Fate soffriggere l'aglio
in una padella con l'olio per 2-3 minuti a
650 Watt, quindi eliminatelo e unite i pomodorini. Fate andare alla stessa potenza
per 7-8 minuti, salate e pepate. ◆ Nel frattempo cuocete gli gnocchi in acqua salata nel modo tradizionale. Scolateli e unite il basilico tagliuzzato e la provola, fate
andare in forno per un minuto ancora insieme al sugo di pomodoro. ◆ Riempite 4
stampini imburrati e passati con un misto
di parmigiano e pangrattato in parti uguali. Fate gratinare per 8-10 minuti con la
funzione grill.

Preparazione:
35 MIN.

Difficoltà: ♟ ♟

Vino:
BARDOLINO CHIARETTO

Pappardelle, 350 g

Sarde, 250 g

Cuori di finocchio, 150 g

Aglio, 2 spicchi

Uva passa, 1 cucchiaio

Pinoli, 1 cucchiaio

Prezzemolo tritato, 2 cucchiai

Pangrattato, 1 cucchiaio

Peperoncino

Olio extravergine d'oliva

Sale

Pappardelle dolci con uvetta e sarde

Pulite le sarde aprendole e diliscandole; lavatele e lasciatele asciugare su un canovaccio. ♦ Fate andare gli spicchi d'aglio schiacciati in qualche cucchiaio d'olio per 1-2 minuti a 650 Watt. Non appena avranno preso colore levateli, mettendo a cottura le sarde per 6 minuti a 500 Watt, girandole a metà cottura. ♦ Cuocete i cuori di finocchio tagliati a spicchi con 1/2 bicchiere d'acqua per 5 minuti a 500 Watt. ♦ Uniteli alle sarde con l'uva passa, lasciata ammollare in acqua tiepida, i pinoli, un cucchiaio di prezzemolo tritato e un cucchiaio di pangrattato, sale e un po' di peperoncino. Lasciate insaporire il sugo per 2-3 minuti a 500 Watt. Togliete le sarde dalla pirofila e tenetele da parte. ♦ Lessate le pappardelle al dente in abbondante acqua salata; conditele con il sugo e servite guarnendo con le sarde intere e una spolverata di prezzemolo tritato.

Preparazione: 25 MIN.

Difficoltà: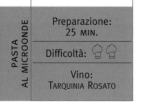

Vino: TARQUINIA ROSATO

PASTA AL MICROONDE

Fusilli zucchine e salmone

Sbucciate la cipolla, lavatela e affettatela molto sottile. ◆ Lavate il salmone, tagliatelo a pezzettini e mettetelo in un pirex, cucinandolo con un po' d'olio per 2-3 minuti alla potenza di 500 Watt. Mescolate con delicatezza almeno una volta. ◆ In un recipiente adatto mettete l'olio e la cipolla, aggiungete la panna e le zucchine tagliate a dadini. Coprite e cuocete per 7-8 minuti a 650 Watt. ◆ Aggiungete i bocconcini di salmone e lasciate quindi riposare per un paio di minuti. Lessate la pasta e scolatela al dente. ◆ Condite i fusilli con il sugo di zucchine e salmone e aggiungete un filo d'olio crudo. Rimescolate, pepate e servite.

INGREDIENTI

Fusilli, 350 g
Zucchine, 300 g
Salmone fresco, 60 g
Panna, 100 g
Cipolla, 1/2
Olio extravergine d'oliva
Sale, pepe

Preparazione: 20 min.

Difficoltà: ♙

Vino: SANT'AGATA DEI GOTI BIANCO

PASTA AL MICROONDE

INGREDIENTI

Pennette rigate,
380 g

Radicchio
di Treviso, 150 g

Asiago stagionato
grattugiato, 40 g

Cipollotti, 2

Olio extravergine
d'oliva, 3 cucchiai

Sale

Pennette trevigiane

In un recipiente dalle pareti basse, adatto al microonde, mettete l'olio insieme con i cipollotti mondati, asciugati e tagliati a fettine sottili. ♦ Passate in forno per 2 minuti a recipiente coperto a 650 Watt. ♦ Unitevi l'insalata trevigiana lavata e tagliata in 4 parti nel senso della lunghezza. ♦ Incoperchiate il tutto e infornate a 500 Watt per 6 minuti. ♦ Fate cuocere le pennette al dente in abbondante acqua salata, scolatele e versate la pasta nel recipiente di cottura della trevigiana. ♦ Mescolate insieme il formaggio, regolate di sale e lasciate insaporire a recipiente scoperto per un minuto a 650 Watt. ♦ Spegnete il forno e fate riposare la preparazione per 2 minuti prima di servirla.

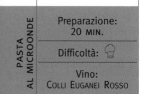

PASTA
AL MICROONDE

Preparazione:
20 MIN.

Difficoltà:

Vino:
COLLI EUGANEI ROSSO

Spaghetti, 350 g

Prosciutto cotto,
1 fetta da 120 g

Champignon, 200 g

Salsa di pomodoro,
100 g

Cipolla, 1/2

Sedano, 1 gambo

Aglio, 1 spicchio

Origano,
1/2 cucchiaino

Brodo di pollo, 2 dl

Parmigiano
grattugiato, 80 g

Burro, 50 g

Sale, pepe

Spaghetti del bosco

Pulite la cipolla e l'aglio e tritateli finemente. Tagliate il prosciutto a dadini. Pulite i funghi, lavateli in acqua corrente, asciugateli e tagliateli a fettine, lasciando interi quelli piccoli. ♦ Versate tutti gli ingredienti in un tegame adatto al microonde e piuttosto capiente, aggiungete il brodo e mettete nel forno a 650 Watt per 6-7 minuti. ♦ Aggiungete poi il sedano tritato, la salsa di pomodoro (vedi pag. 122), un po' di origano, sale e pepe. Mescolate e rimettete in forno ancora per 3 minuti circa alla stessa potenza; quindi unite il burro facendolo sciogliere nel sugo caldo. ♦ Cuocete nel frattempo gli spaghetti nel modo tradizionale. Scolateli e versateli nel recipiente del condimento. Aspettate 2 minuti. Mescolate accuratamente per amalgamare bene il tutto e portate in tavola accompagnando con il parmigiano.

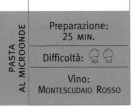

PASTA AL MICROONDE

Preparazione:
25 MIN.

Difficoltà:

Vino:
MONTESCUDAIO ROSSO

Lasagne alla crema di carciofi

Mondate i carciofi e tagliateli a piccoli spicchi. Poneteli in un recipiente con un cucchiaio d'olio, un pizzico di sale e 1/2 bicchiere d'acqua e fateli andare, coperti, per 9-12 minuti a 500 Watt. Passate i carciofi al passaverdure. ◆ Scottate le lasagne in abbondante acqua salata, scolatele e immergetele nell'acqua fredda; stendetele su un canovaccio ad asciugare. ◆ Sciogliete il burro nel microonde per meno di un minuto a 500 Watt. Unitevi la purea di carciofi e fate insaporire per 2-3 minuti alla stessa potenza. ◆ Togliete dal microonde, aggiungete il latte, la farina e un pizzico di noce moscata e continuate la cottura per altri 4-5 minuti a 500 Watt, controllando che si addensi. ◆ Imburrate una teglia, disponetevi uno strato di lasagne e ricoprite con la purea ai carciofi e il parmigiano; ripetete alternando gli strati fino alla fine degli ingredienti e terminando con la purea di carciofi. ◆ Ponete nel microonde per 7-8 minuti a 650 Watt. Togliete dal forno e fate riposare per qualche minuto prima di servire.

INGREDIENTI

Lasagne pronte, 300 g
Carciofi, 3
Latte, 1 dl
Burro, 30 g
Parmigiano, 50 g
Farina, 10 g
Noce moscata, 1 pizzico
Olio extravergine d'oliva, 2 cucchiai
Sale

Preparazione: 35 MIN.

Difficoltà: 🎩🎩

Vino:
ALTO ADIGE
RIESLING ITALICO

PASTA AL MICROONDE

Lasagne pronte,
250 g

Carne macinata,
300 g

Pancetta, 100 g

Pomodori, 400 g

Uova, 2

Mozzarelle, 2

Vino bianco secco,
1/2 bicchiere

Burro

Parmigiano
grattugiato

Olio extravergine
d'oliva

Sale, pepe

Lasagne ricche

Tagliate la pancetta a dadini e mettetela in un pirex con 200 g di carne macinata, il sale, il pepe e un cucchiaio d'olio. Cuocete per 6-8 minuti a 650 Watt. ◆ Aggiungete i pomodori pelati e tagliati a pezzetti e il vino e cuocete per 10-12 minuti a 650 Watt. ◆ Lessate le uova nel modo tradizionale, sgusciatele, lasciatele raffreddare e tritatele. ◆ Imburrate una teglia e stendete uno strato di lasagne, condite con ragù tenuto un po' liquido, mozzarella a pezzetti, uova tritate e parmigiano. Continuate fino ad esaurimento degli ingredienti. ◆ Condite l'ultimo strato con pezzetti di burro e abbondante parmigiano. Cuocete in combinazione microonde e grill per 15-17 minuti.

PASTA
AL MICROONDE

Preparazione:
50 MIN.

Difficoltà: 🍳 🍳

Vino:
SANT'ANTIMO CABERNET
SAUVIGNON

Chifferi, 380 g

Zucchine, 500 g

Trito aromatico
(aglio, basilico,
menta, origano,
prezzemolo,
sedano), 2 cucchiai

Parmigiano
grattugiato

Olio extravergine
d'oliva

Sale, pepe

Preparazione:
20 MIN.

Difficoltà:

Vino:
ISONZO DEL FRIULI
SAUVIGNON

Chifferi con trito aromatico

Lavate con cura le zucchine e tagliatele a striscioline sottili nel senso della lunghezza. ♦ Ponetele in una pirofila con il battuto di aromi, un mestolo d'acqua, sale e pepe; cuocetele coperte a 650 Watt per 10-12 minuti, mescolando due volte. ♦ Lessate i chifferi con il metodo tradizionale, scolateli al dente e uniteli alle zucchine. Coprite la pirofila e cuocete ancora per 2-3 minuti a 650 Watt. Spegnete e lasciate riposare per 2 minuti. ♦ Condite infine con abbondante olio crudo e servite con parmigiano a parte.

▨ Tritare le erbe aromatiche ▨

Per fare un bel trito di erbe aromatiche, radunate sul tagliere le foglie di un ciuffetto della varietà scelta e sminuzzatele usando la mezzaluna o un grosso coltello a lama larga e lunga, da muovere facendolo "dondolare" dalla punta al manico. Potete usare anche un piccolo tritatutto, azionandolo solo pochi secondi, altrimenti le erbe si spappolano e il trito diventa umidiccio. Sempre per evitare un trito bagnato, asciugate molto bene le foglie, dopo averle lavate.

PASTA
AL MICROONDE

Cannelloni golosi alla zucca

Rosolate uno spicchio d'aglio con dell'olio per 1-2 minuti a 650 Watt. ♦ Aggiungete il macinato e le salsicce schiacciate con la forchetta e fate andare per 3-4 minuti alla stessa potenza. ♦ Bagnate con il vino e lasciatelo evaporare con il microonde a 500 Watt per 3-4 minuti. Aggiungete un pizzico di sale e il prezzemolo tritato. ♦ Unitevi 300 g di zucca tagliata a fette sottili con 1/2 bicchiere d'acqua e fate andare per 8-10 minuti a 650 Watt. Rosolate l'altro spicchio d'aglio con dell'olio per 2 minuti, alla stessa potenza. ♦ Aggiungete la zucca restante tagliata a tocchetti piccoli. Cuocete per 4-6 minuti a 500 Watt, finché la zucca non abbia assunto una consistenza cremosa. Salate e mescolatevi del prezzemolo. ♦ Frullate metà del composto. Amalgamatelo alla parte non frullata aggiungendo la ricotta. ♦ Farcite i cannelloni con il ripieno; disponeteli in una pirofila in un solo strato e cospargeteli con il sugo. ♦ A piacere spolverate con abbondante parmigiano. Cuocete in forno per 7-8 minuti a 650 Watt.

INGREDIENTI

Cannelloni pronti, 350 g
Zucca, 600 g
Carne macinata di maiale, 250 g
Salsicce, 500 g
Ricotta, 200 g
Aglio, 2 spicchi
Prezzemolo, 1 ciuffetto
Vino bianco, 1/2 bicchiere
Parmigiano reggiano (facoltativo)
Olio extravergine d'oliva
Sale

Preparazione: 40 MIN.

Difficoltà: 🍄🍄

Vino: COLLI DI PARMA ROSSO

PASTA AL MICROONDE

Maccheroni, 350 g
Tonno sottolio,
 150 g
Piselli sgusciati,
 200 g
Pomodori maturi, 2
Cipolla, 1/4
Olio extravergine
 d'oliva, 4 cucchiai
Sale

PER GUARNIRE:
Basilico fresco,
 qualche foglia

Maccheroncini tonno e piselli

Pulite e tritate la cipolla, versatela in un recipiente di pirex, aggiungetevi l'olio, un paio di cucchiai d'acqua e i piselli. ♦ Coprite il recipiente e fate cuocere in forno a 500 Watt per 8 minuti, mescolando a metà cottura. ♦ Aggiungete quindi i pomodori sbucciati e tritati e il tonno sgocciolato e spezzettato. ♦ Aggiustate di sale, coprite e infornate per altri 3-4 minuti alla stessa potenza, mescolando nuovamente a metà cottura. ♦ Cuocete i maccheroncini al dente, scolateli e versateli nel recipiente del sugo di tonno: servite guarnendo con foglie fresche di basilico.

PASTA
AL MICROONDE

Preparazione:
 15 MIN.

Difficoltà: 🍳

Vino:
ROERO ARNEIS

INGREDIENTI

Spaghetti, 350 g

Baccalà ammollato,
300 g

Aglio, 1 spicchio

Cipolla, 1

Pomodori maturi,
200 g

Alloro, 1 foglia

Peperoncino tritato,
1 pizzico

Prezzemolo

Olio extravergine
d'oliva, 5 cucchiai

Sale

Preparazione:
30 MIN.

Difficoltà: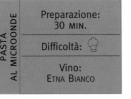

Vino:
ETNA BIANCO

Spaghetti al baccalà

Spellate e diliscate il baccalà, quindi sfilettatelo. ♦ In un pirex versate l'olio e l'aglio finemente tritato, quindi riscaldate per 2-3 minuti a 650 Watt. Aggiungete la cipolla tagliata a fettine, coprite e cuocete per 4-5 minuti a 650 Watt. ♦ Aggiungete i pomodori sbucciati e spezzati, il peperoncino, la foglia d'alloro e cuocete per 10 minuti a 650 Watt. ♦ Unite il baccalà e continuate la cottura per 15-20 minuti a 650 Watt. ♦ Intanto cuocete gli spaghetti al dente nel modo tradizionale. Aggiustate di sale e condite gli spaghetti con la salsa, aggiungendo del prezzemolo tritato.

▦ Preparare il baccalà ▦

Se non è già stato bagnato e dissalato dal negoziante, come operazione preliminare occorre metterlo a bagno per circa 2 giorni, cambiando acqua frequentemente per togliere il sale e per far ammorbidire la carne. Una volta dissalato si può procedere alla rimozione della lisca centrale, delle pinne e delle spine, facendo attenzione a non rompere la carne. Ricordatevi che il baccalà una volta bagnato e dissalato, deve essere cotto immediatamente e mai salato perché, anche dopo un lungo ammollo, rimane comunque molto saporito.

Lasagne in salsa ai quattro formaggi

In un contenitore adatto, sciogliete insieme, a 500 Watt e per 4-5 minuti, il burro, il gorgonzola, il taleggio e il mascarpone con un cucchiaio di latte. ♦ Sbollentate le lasagne e disponetene un primo strato in una teglia imburrata. Ricoprite con un velo di formaggio fuso e un po' di ricotta sbriciolata, distribuita in maniera uniforme, insaporendo con noce moscata e pepe. ♦ Fate un secondo strato di lasagne e conditelo come il precedente. Ripetete l'operazione fino a terminare gli ingredienti. Sull'ultimo aggiungete del burro e un'abbondante spolverata di parmigiano grattugiato. ♦ Infornate per 7-8 minuti a 650 Watt, e poi servite subito.

INGREDIENTI

Lasagne pronte, 300 g
Gorgonzola, 150 g
Ricotta, 150 g
Taleggio, 100 g
Mascarpone, 100 g
Noce moscata
Parmigiano grattugiato
Latte, 1 cucchiaio
Burro, 40 g
Sale, pepe

Preparazione: 20 MIN.

Difficoltà: ♟

Vino:
COLLI ETRUSCHI VITERBESI ROSSO

PASTA AL MICROONDE

527

INGREDIENTI

Tagliatelle all'uovo,
400 g

Calamari, 300 g

Scorzonera, 3 cespi

Pomodori maturi,
200 g

Patate, 2

Aglio, 1 spicchio

Prezzemolo,
1 ciuffetto

Peperoncino,
1 pizzico

Olio extravergine
d'oliva

Sale

Tagliatelle e calamari in salsa

Pulite il pesce, tagliatelo a listarelle e cuocetelo nel microonde per 4-5 minuti a 650 Watt con 2 cucchiai d'olio. ◆ Unite i pomodori, che avrete pelato, privato dei semi e grossolanamente tritato. Cuocete per 15-20 minuti a 500 Watt, mescolando 3-4 volte. Alcuni minuti prima di spegnere, condite con sale, un pizzico di peperoncino e un trito di prezzemolo e aglio. ◆ Tagliate le patate a fette di circa 1/2 cm di spessore, e la scorzonera pulita a fettine. Fate andare le verdure per 10-12 minuti a 650 Watt con 1/2 bicchiere d'acqua. ◆ Lessate nel frattempo le tagliatelle molto al dente. Unitele con il sugo di pesce alle verdure. ◆ Rimettete il tutto nel microonde per 2 minuti a 650 Watt dopo aver mescolato. Fate poi riposare 2 minuti, condite con un giro d'olio e portate in tavola.

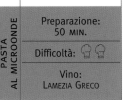

PASTA AL MICROONDE

Preparazione:
50 MIN.

Difficoltà: 🎩🎩

Vino:
LAMEZIA GRECO

Ruote, 400 g
Porcini, 400 g
Stracchino, 100 g
Cipolla, 1
Aglio, 2 spicchi
Prezzemolo tritato,
  1 cucchiaio
Latte, 1 cucchiaio
Olio extravergine
  d'oliva
Sale, pepe

Ruote con porcini e stracchino

Mettete un po' d'olio in una pirofila e fate rosolare 3 minuti nel forno a 500 Watt, gli spicchi d'aglio schiacciati e la cipolla tritata. ♦ Quando la cipolla sarà imbiondita, togliete l'aglio e unite i funghi puliti e tagliati a fettine sottili, il prezzemolo tritato e fate cuocere ancora per 4-5 minuti a 650 Watt. Lasciate riposare per 2 minuti, salate e pepate. ♦ Cuocete le ruote al dente, scolatele e unitele ai funghi. Ammorbidite lo stracchino tagliato a pezzi nel microonde a 200 Watt per 1-2 minuti con 1 cucchiaio di latte. ♦ Amalgamatelo alla pasta e funghi con un filo d'olio. Servite la pasta molto calda.

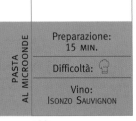

PASTA
AL MICROONDE

Preparazione:
15 MIN.

Difficoltà:

Vino:
ISONZO SAUVIGNON

Torta di pasta e sarde

Lessate la pasta nel modo tradizionale, in abbondante acqua salata e scolatela al dente. ◆ Pulite ora le sarde, apritele bene e tagliate loro la testa. ◆ Mettetele quindi aperte a strati in una pirofila adatta e leggermente unta, alternandole alla pasta. Distribuite il rosmarino che avrete tritato e condite con dell'olio. ◆ Salate appena e passate nel microonde, dopo aver chiuso la pirofila con un coperchio, e cuocete a 650 Watt per 12 minuti. ◆ Trascorso questo tempo, togliete il coperchio e lasciate riposare la pasta per circa 2 minuti. Quindi portate in tavola.

INGREDIENTI

Penne rigate, 300 g
Sarde, 700 g
Rosmarino tritato
Olio extravergine d'oliva
Sale

▓ Il rosmarino ▓

Il rosmarino è un'erba molto utilizzata per aromatizzare varie piatti e pietanze: arrosti, intingoli, piatti a base di patate, carne torte rustiche ecc. Ottimo spolverizzato su pane e focacce. Molto comune nella cucina italiana ma di raro riscontro oltre confine.

Preparazione: 25 MIN.

Difficoltà: ♀

Vino: COLLI DI IMOLA TREBBIANO

PASTA AL MICROONDE

Cannelloni spinaci e prosciutto

INGREDIENTI

Cannelloni pronti,
  300 g
Spinaci, 300 g
Prosciutto, 200 g
Uova, 2
Fontina, 150 g
Parmigiano
  grattugiato
Noce moscata,
  1 pizzico
Besciamella, 30 dl
Burro, 100 g
Sale

Pulite gli spinaci e lavateli più volte. ♦ Metteteli in una pirofila nel microonde per 6-8 minuti a 500 Watt, quindi sminuzzateli. ♦ Tagliate il prosciutto a dadini. ♦ Ammorbidite la fontina in 50 g di burro per 1-2 minuti a 500 Watt. ♦ In una terrina, amalgamate con un cucchiaio di legno gli spinaci, il prosciutto, la fontina, 3 cucchiai di parmigiano, le uova, un pizzico di noce moscata e uno di sale. ♦ Sbollentate i cannelloni, se necessario, in abbondante acqua salata bollente, scolateli e fateli asciugare su un canovaccio. ♦ Riempite i cannelloni con il composto. ♦ Imburrate una teglia e disponeteli in un unico strato, ricoprendoli con la besciamella (vedi pag. 107) e abbondante parmigiano. ♦ Aggiungete alcuni fiocchi di burro e infornateli per 7 minuti a 500 Watt. ♦ Se l'avete, usate la funzione grill per 7-8 minuti (o passate i cannelloni nel forno normale); quindi servite.

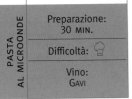

PASTA
AL MICROONDE

Preparazione:
30 MIN.

Difficoltà:

Vino:
GAVI

532

Lasagne pronte,
  300 g
Spinaci, 200 g
Bietoline, 200 g
Aglio, 1 spicchio
Besciamella, 60 dl
Rosmarino,
  1 rametto
Parmigiano
Burro, 100 g
Sale, pepe

Lasagne delicate alle erbe

Cuocete le verdure pulite e lavate per 5-6 minuti a 500 Watt con 1/2 bicchiere d'acqua. Sminuzzatele. ♦ Sciogliete il burro, insaporendolo con l'aglio e il rosmarino, per 1 minuto a 500 Watt. Se necessario, sbollentate le lasagne in abbondante acqua salata; lasciatele asciugare. ♦ Disponetene un primo strato in una pirofila adatta imburrata. ♦ Ricoprite con un velo di besciamella (vedi pag. 107), uno di verdure, cospargete di parmigiano grattugiato, bagnate con il burro fuso aromatizzato e aggiustate di pepe. ♦ Completate gli strati, l'ultimo dei quali dovrà essere di besciamella, parmigiano e burro. ♦ Infornate per 7-8 minuti a 650 Watt. Fate infine gratinare per circa 8-10 minuti e portate in tavola.

PASTA
AL MICROONDE

Preparazione:
30 MIN.

Difficoltà:

Vino:
CILIEGIOLO CONTROGUERRA

Chifferi gratinati ai formaggi

Tagliate i formaggi duri a lamelle non troppo sottili, a pezzetti quelli morbidi. ♦ Versate la besciamella (vedi pag. 107) in un recipiente abbastanza capace da poter ospitare poi anche i formaggi, e ponetela a scaldare nel microonde per 2-3 minuti, potenza 650 W. ♦ Unite i formaggi, mescolate, rimettete nel forno per 4-5 minuti, potenza 650 W, mescolando una volta. ♦ Infine unite la grappa e una buona grattatina di noce moscata. Nel frattempo avrete fatto già cuocere i chifferi in abbondante acqua salata, tenendoli molto al dente. ♦ Scolateli perfettamente e fatene uno strato sul fondo del recipiente in cui andranno a gratinarsi. ♦ Copriteli con un terzo della salsa ai formaggi; ripetete l'operazione altre due volte. Lisciate la superficie in modo che resti leggermente concava al centro, cospargetela con il parmigiano grattugiato e disseminate qualche fiocchetto di burro. ♦ Passate quindi il recipiente nel microonde per 8 minuti, potenza 750 W, accendendo anche il grill. Lasciate riposare per 1-2 minuti prima di servire.

INGREDIENTI

Chifferi rigati, 350 g

Formaggi vari (emmental, scamorza, provolone, asiago, caciotte fresche o di media stagionatura, formaggi morbidi come gorgonzola o crescenza), 300-350 g

Besciamella, 5 dl

Grappa, 2 cucchiai

Noce moscata

Parmigiano grattugiato, 1 cucchiaiata

Burro, 25 g

Sale

Preparazione: 30 MIN.

Difficoltà: ♙ ♙

Vino: COLLIO MALVASIA

PASTA AL MICROONDE

535

Profumo d'Oriente

☞ Sommario ☜

Spaghettini fritti alle verdure

Dopo averli lavati, lasciate in ammollo i funghi in acqua, in modo che possano ammorbidirsi, poi scolateli accuratamente. ♦ Dopo averle pulite, tagliate a striscioline le verdure, tranne i pomodori, che dividerete a spicchi. Lessate poi gli spaghetti e, quando sono pronti, scolateli e bloccate la cottura con acqua fredda. ♦ Friggete nel *wok* per un paio di minuti i funghi, il cavolo, le carote, i porri, i piselli, cospargendo con la salsa di soia e aggiungendo lo zucchero; unite i pomodori e fate cuocere ancora per un minuto prima di scolare bene e porre tutte le verdure in un piatto. ♦ Soffriggete quindi gli spaghetti con dell'olio, mescolandoli bene per un paio di minuti sul fuoco; aggiungetevi metà delle verdure cotte in precedenza, mescolate di nuovo con cura, lasciate sul fornello ancora per un minuto e poi versate la pasta nel piatto da portata. ♦ Infine rimettete nel *wok* il resto delle verdure, aggiungete un paio di cucchiai di vino di riso, riscaldatele e versatele ben calde sugli spaghetti (*foto della ricetta alle pagine precedenti*).

INGREDIENTI

Spaghettini, 350 g
Pomodori, 2
Porri, 2
Cavolo cinese, 100 g
Carote, 50 g
Piselli, 30 g
Funghi secchi, 10 g
Salsa di soia,
  2 cucchiai
Zucchero,
  1 cucchiaio
Vino di riso
  o sherry secco,
  2 cucchiaini
Olio di mais
  o di arachidi
Sale

Preparazione:
35 MIN.

Difficoltà: 🎩🎩

PROFUMO D'ORIENTE

Vino:
COLLI TORTONESI CORTESE

Maccheroncini,
  400 g
Pomodori, 2
Carote, 2
Scalogno piccolo, 1
Tamari, 2 cucchiai
Gomasio, 2 cucchiai
Tahin, 1 cucchiaio
Miso, 1 cucchiaio
Olio extravergine
  d'oliva
Sale

Maccheroncini energetici

Mondate e tritate lo scalogno; pulite accuratamente le carote sotto acqua corrente e asciugatele, affettatele a fiammifero, mettete tutto in un tegame con un po' d'olio e fate saltare a fiamma vivace. ◆ Pulite quindi i pomodori, privateli dei semi, tagliateli a pezzetti e versateli nel tegame, lasciandoli stufare per 15 minuti a fiamma bassa e pentola coperta. ◆ A parte lavorate il tahin, il miso e il tamari con poca acqua tiepida fino a ottenere una pasta omogenea che aggiungerete alle verdure qualche istante prima di spegnere il fuoco. ◆ Mentre il sugo cuoce, lessate la pasta in abbondante acqua salata, scolatela ancora al dente e versatela in una zuppiera calda; aggiungete quindi le verdure, condite con il gomasio, mescolate con cura e servite.

Preparazione:
35 MIN.

Difficoltà: 😀 😀

Vino:
FRIULI GRAVE
PINOT BIANCO

PROFUMO
D'ORIENTE

Taglierini al granchio con salsa di soia

Anzitutto pulite il cavolo e affettatelo abbastanza sottilmente. ◆ Poi versate un po' d'olio in una padella, scaldatelo e friggetevi il cavolo per un minuto assieme alla polpa di granchio, aggiungete la salsa di soia e il brodo e continuate la cottura per altri 3 minuti. ◆ Mettete sul fuoco una pentola con dell'acqua, portatela a bollere, salatela, cuocetevi i taglierini, scolateli e riversateli in una zuppiera. ◆ Unite il granchio e il resto, mescolate bene e guarnite con il cipollotto pulito e tritato.

INGREDIENTI

Taglierini all'uovo, 300 g
Polpa di granchio, 100 g
Cavolo cinese, 100 g
Brodo vegetale, 1/4 l
Salsa di soia, 1 cucchiaino
Olio extravergine d'oliva
Sale

PER GUARNIRE:
Cipollotto, 1

Preparazione: 15 MIN.

Difficoltà: ♨

Vino: ARCOLE GARGANEGA

PROFUMO D'ORIENTE

▮ Salsa di soia ▮

La ricetta vera della salsa di soia prevede che venga eseguita con semi di soia fermentati, frumento tostato, sale e acqua e che il processo di fermentazione duri un anno. In effetti le migliori salse di soia sono quelle fatte secondo questa tradizione, ma quelle che si trovano nei supermercati per lo più sono prodotti industriali ottenuti con processi accelerati e ridotti a 48 ore.

Fili e tocchetti cinesi

Pasta cinese
  all'uovo
  o pasta di grano
  saraceno
  o spaghetti, 350 g
Gamberetti
  già puliti, 150 g
Carne
  di maiale, 150 g
Cipolline fresche, 8
Aglio, 2 spicchi
Albume, 1
Vino di riso
  o sherry secco,
  2 cucchiai
Maizena
  o amido di mais,
  1 cucchiaio
Olio di sesamo,
  1/2 cucchiaino
Olio di arachidi
  o di mais
Sale, pepe

Per cuocere la pasta cinese mettetela in un recipiente capace e versatevi sopra acqua bollente per 3 minuti. Se invece adoperate pasta di grano saraceno (o gli spaghetti), si seguono le modalità e i tempi di cottura consueti. ◆ Sciacquate e sgocciolate i gamberetti. ◆ Tagliate a pezzetti molto piccoli la carne di maiale. ◆ Lavate le cipolline fresche e poi tagliatele a rondelle sottili. Sbucciate l'aglio e pestatelo. ◆ Nel *wok*, o in una padella profonda, scaldate l'olio di arachidi e saltatevi la pasta, mescolando continuamente. Toglietela dalla padella e tenetela in caldo. ◆ Scaldate, nella stessa padella, altro olio e rosolatevi per circa 3 minuti il maiale e i gamberetti, unitamente all'albume. ◆ Aggiungete le cipolline, l'aglio, il sale e il pepe, e saltate tutto per altri 2 minuti fino a cottura completa. ◆ Legate questi ingredienti con la maizena, sciolta bene in acqua, e spruzzate con gocce d'olio di sesamo. ◆ Unite la pasta, mescolate e aggiustate di sale e pepe. Servite ben caldo.

Preparazione:
40 MIN.

Difficoltà: 😐 😐

Vino:
VERNACCIA
DI SAN GIMIGNANO

PROFUMO
D'ORIENTE

INGREDIENTI

Spaghetti di grano
  saraceno, 300 g
Tofu fresco, 400 g
Germogli di bambù,
  150 g
Cavolo cinese, 150 g
Carote, 2
Zucchine, 2
Salsa di soia,
  1 cucchiaio
Sake, 1 cucchiaio
Salsa di ostriche,
  1 cucchiaio
Brodo di pollo,
  1/2 tazza
Maizena, 2 cucchiai
Aglio, 1 spicchio
Zenzero fresco,
  1 cucchiano
Peperoncino
  fresco, 1/2
Olio di semi di soia
Sale

Preparazione:
30 MIN.

Difficoltà: 🍲 🍲

Vino:
OLTREPÒ PAVESE CORTESE

Spaghetti con tofu e verdure in salsa

In una terrina versate la salsa di soia, quella di ostriche, il brodo di pollo e il sake. ◆ Fate sciogliere la maizena in pochissima acqua e aggiungetela al preparato, mescolando con cura. ◆ In una padella antiaderente versate l'olio, il peperoncino, l'aglio e lo zenzero grattugiato e fate soffriggere per circa un minuto. ◆ Unite anche il tofu a dadini e fatelo saltare per circa 3 minuti, poi toglietelo e mettetelo al caldo. ◆ Tagliate le carote e le zucchine a sottili listarelle e fatele saltare, insieme ai germogli di bambù e al cavolo cinese, nel condimento da cui avete tolto il tofu. ◆ Dopo circa un minuto aggiungete la salsa nella terrina, coprite e cuocete per circa 3 minuti. ◆ Spegnete, aggiungete il tofu precedentemente insaporito, mescolate e regolate di sale, se necessario. ◆ Dopo aver cotto gli spaghetti, scolateli e conditeli con il tofu e le verdure.

Tagliatelle ai cinque profumi

Tagliate la polpa di maiale in striscioline sottili e fatela marinare per circa 20 minuti in una terrina con la salsa di soia, la maizena e lo zucchero. ◆ Intanto, sbattete le uova leggermente salate con una frusta e cuocete la frittata in una padella antiaderente con un filo d'olio caldo. Appena cotta, affettatela a listarelle e mettetela in un piatto a raffreddare. ◆ Lavate le verdure e tagliate gli spinaci a listarelle, i porri a rondelle. Affettate poi anche i germogli di bambù. Scaldate un po' d'olio in una casseruola, rosolatevi la carne e tenetela da parte. ◆ In un'altra padella con dell'olio fate appassire i porri poi unitevi i germogli di bambù e gli spinaci e cuocete mescolando per 5 minuti. ◆ Quindi aggiungete la carne di maiale, i gamberetti sgusciati e la frittata affettata. Salate, mescolate e lasciate insaporire per un pochi minuti. ◆ Nel frattempo lessate le tagliatelle in abbondante acqua salata, scolatele al dente e unitele al tegame con gli altri ingredienti. Saltatela per un paio di minuti e portate in tavola.

INGREDIENTI

Tagliatelle, 350 g
Polpa di maiale, 200 g
Gamberetti sgusciati, 100 g
Germogli di bambù, 100 g
Spinaci, 100 g
Porri, 2
Maizena, 2 cucchiaini
Zucchero, 1 cucchiaino
Salsa di soia, 1 cucchiaio
Olio extravergine d'oliva
Sale

Preparazione: 45 MIN. + 20 MIN.

Difficoltà: 😃 😃

Vino: GAVI

PROFUMO D'ORIENTE

INGREDIENTI

Spaghetti, 350 g

Code di scampi,
350 g

Germogli di soia,
200 g

Cipollotti, 2

Peperone, 1/2

Salsa di soia,
1 cucchiaio

Olio extravergine
d'oliva, 3 cucchiai

Sale

Spaghetti con code di scampi e germogli

Lavate e scolate i germogli di soia. Sciacquate gli scampi, privateli del carapace, tagliateli a metà. ◆ Pulite con cura i cipollotti, lavateli e affettateli finemente. Lavate il mezzo peperone e tagliatelo a listarelle sottili. ◆ In una casseruola fate scaldare un po' d'olio, unitevi il mezzo peperone e i cipollotti precedentemente affettati e lasciate appassire a fiamma moderata per circa 4 minuti. ◆ Nel frattempo fate cuocere gli spaghetti in abbondante acqua salata. ◆ Unite al peperone e ai cipollotti anche i germogli di soia, bagnate con un po' d'acqua di cottura della pasta, incoperchiate e proseguite la cottura per 4 minuti. ◆ Aggiungete infine la salsa di soia, gli scampi e lasciate cuocere per altri 2 minuti. ◆ Scolate gli spaghetti, versateli in una zuppiera, unitevi il sugo, mescolate e servite subito.

Preparazione:
30 min.

Difficoltà:

Vino:
Friuli Latisana
Malvasia Istriana

INGREDIENTI

Penne di grano
  saraceno, 400 g
Gamberi cotti, 85 g
Maiale cotto, 175 g
Pollo cotto, 85 g
Peperone verde, 1
Cipollotti, 2
Zucchero,
  1/2 cucchiaio
Curry, 2 cucchiai
Salsa di soia,
  2 cucchiai
Olio di semi
  di arachidi
Sale

Penne con saraceno alla Singapore

Portate l'acqua a ebollizione e fatevi cuocere le penne. ◆ Nel frattempo preparate gli ingredienti per il condimento: tagliate i cipollotti a fettine sottili, sgusciate i gamberi, tagliate a listarelle il maiale e il pollo, private dei semi il peperone verde e tagliate anche questo a fettine sottili. Fate poi scaldare metà dell'olio di arachidi in una padella antiaderente. ◆ Quando è caldo, unite i cipollotti, il maiale e il pollo tagliati a pezzetti, il peperone verde, lo zucchero, il curry, un pizzico di sale e fate soffriggere per qualche minuto. ◆ Scolate le penne al dente e versatele nella padella con il condimento. Mescolate bene la pasta con gli altri ingredienti per qualche minuto a fiamma bassa. ◆ Spegnete poi il fuoco, versate la salsa di soia, mescolate e servite.

PROFUMO
D'ORIENTE

Preparazione:
20 MIN.

Difficoltà: 🍴🍴

Vino:
COLLI EUGANEI ROSSO

Soba fredda alla giapponese

Lessate la soba in abbondante acqua bollente salata: scolatela al dente e raffreddatela sotto il getto dell'acqua. Poi mettetela in frigo e lasciatela raffreddare completamente. ◆ Intanto, versate la salsa di soia in una casseruola, unite il sake e lo zucchero; portate ad ebollizione e spegnete il fuoco dopo 5 minuti, in modo da ridurre il liquido. Poi lasciate raffreddare anche la salsa preparata. ◆ Lavate con cura le verdure, poi tagliate il porro a rondelle e i pomodori a dadini e utilizzateli per guarnire la pasta, suddivisa in 4 ciotoline individuali. ◆ Cospargete con lo zenzero fresco e servite con la salsa fredda a parte.

INGREDIENTI

Soba, 400 g
Pomodori, 2
Porro, 1
Sake, 5 cucchiai
Salsa di soia, 1,5 dl
Zucchero,
  1 cucchiaino
Zenzero fresco
  grattugiato,
  1 cucchiaio

▨ Soba ▨

È una pasta molto popolare e dal sapore caratteristico, formata da una miscela di farine di grano saraceno e di frumento in proporzioni circa uguali, anche se quella con l'80% di farina di grano saraceno è, nella tradizione, considerata migliore. Si consuma asciutta, accompagnata da salse, o nel brodo caldo.

Preparazione:
25 MIN.

Difficoltà: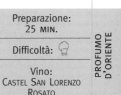

Vino:
CASTEL SAN LORENZO
ROSATO

PROFUMO D'ORIENTE

Fusilli integrali,
   400 g
Cicoria, 200 g
Cipolla, 1
Carote, 2
Zucchine, 2
Aglio, 2 spicchi
Tamari, 2 cucchiai
Tahin, 2 cucchiai
Olio extravergine
   d'oliva
Sale

Fusilli al nitukè

Affettate sottilmente la cipolla e l'aglio e fateli saltare in poco olio in un tegame antiaderente. ♦ Nel frattempo pulite le carote sotto acqua corrente, poi asciugatele e affettatele sottilmente nel senso della lunghezza; aggiungetele quindi alla cipolla. Affettate anche le zucchine nel senso della lunghezza, tagliate a striscioline la cicoria e unite queste verdure alle altre. ♦ Dopo aver coperto il tegame, fate cuocere a fuoco moderato per 20 minuti circa e, quando le verdure hanno quasi completato la cottura, aggiungete tamari e tahin diluiti in 1/2 bicchiere d'acqua tiepida e mescolate lasciando sul fuoco qualche istante. ♦ Lessate i fusilli in abbondante acqua salata, scolateli al dente e mescolateli alle verdure in una zuppiera tenuta al caldo, quindi servite in tavola.

Nitukè

È un tipico modo orientale di preparare le verdure, saltandole in poco olio senza l'aggiunta d'acqua. La verdura infatti cede la propria acqua durante la cottura e così facendo mantiene il giusto grado di umidità senza il rischio di bruciarsi.

PROFUMO D'ORIENTE

Preparazione:
35 MIN.

Difficoltà: 🍳🍳

Vino:
BARDOLINO

INGREDIENTI

Taglierini all'uovo,
350 g

Aglio, 2 spicchi

Radice di zenzero
grattugiata,
1 cucchiaino

Vino di riso
o sherry secco,
1 cucchiaio

Olio di sesamo,
2 cucchiai

Olio al peperoncino,
poche gocce

Sale

Preparazione:
20 MIN.

Difficoltà: ♔

Vino:
ELORO PIGNATELLO

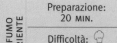

Taglierini
freddi piccanti

Mettete sul fuoco una pentola con abbondante acqua, portatela a bollore, salatela leggermente. Calatevi i taglierini e cuoceteli piuttosto al dente, scolateli e passateli sotto l'acqua fredda. ♦ Poi scolateli nuovamente con cura, metteteli in una zuppiera e conditeli con un cucchiaio d'olio di sesamo. Rimestateli bene perché non attacchino e lasciateli del tutto raffreddare. ♦ Nel frattempo mescolate bene tra loro l'aglio tritato finemente, la radice di zenzero, l'olio al peperoncino, l'olio di sesamo e il vino di riso. ♦ Versateli a questo punto sui taglierini ormai raffreddati, mescolate e portate in tavola.

▨ Radice di zenzero ▨

La radice di zenzero è utilizzata in moltissime preparazioni, soprattutto nei dolci (torte, biscotti, creme, canditi) e nelle bibite (aperitivi, sciroppi, ecc.). Molto famoso è il Gingerale, una bevanda gassata anglosassone preparata con lo zenzero. Lo zenzero si può trovare in vendita sotto forma di radice fresca, essiccata o in polvere.

Spaghetti fritti al sapore d'Oriente

Fate dorare i semi di sesamo in una padella, toglieteli e tritateli nel mixer. ◆ In una ciotola unite l'olio extravergine d'oliva con l'olio di semi di sesamo e versatene circa una metà in una padella. Fatevi cuocere i cipollotti affettati, il peperoncino, l'aglio tritato e la polpa di gamberi per circa 2 minuti, poi togliete dal fuoco e lasciateli riposare. ◆ Tagliate gli champignon a fettine sottili e il peperone a listarelle. In una padella fate dorate il tofu tagliato a dadini, levatelo e lasciatelo riposare. Aggiungete l'olio rimasto e fate cuocere le verdure per circa 3 minuti. ◆ Nella padella aggiungete l'acqua, la salsa di soia, lo zucchero e gli spaghetti spezzati in due, scuotendoli delicatamente per separarli e impregnarli bene del liquido; coprite e fate cuocere per circa 5 minuti. ◆ Unite poi i gamberi e il tofu e mescolate per 3 minuti a fuoco medio. Spolverizzate con i semi di sesamo e servite.

INGREDIENTI

Spaghetti, 400 g
Polpa di gamberi cruda, 150 g
Tofu sodo fresco, 150 g
Champignon, 100 g
Peperone rosso, 1
Cipollotti, 4
Semi di sesamo, 1/4 tazza
Salsa di soia, 2 cucchiai
Aglio, 2 spicchi
Peperoncino rosso, 2 cucchiaini
Acqua, 2 cucchiai
Zucchero, 2 cucchiaini
Olio extravergine d'oliva, 2 cucchiai
Olio di sesamo, 2 cucchiaini

Preparazione: 30 min.

Difficoltà: 👒👒

Vino: Alcamo Rosso

PROFUMO D'ORIENTE

INGREDIENTI

Penne di grano
   saraceno integrale,
   380 g
Alga kombu, 20 cm
Farina di frumento
   integrale, 50 g
Carote, 3
Cipolle, 2
Tamari, 1 cucchiaio
Noce moscata
Olio extravergine
   d'oliva
Sale, pepe

Penne al saraceno con kombu

Sciacquate molto bene l'alga sotto acqua corrente, poi mettetela ad ammorbidire per circa un'ora in acqua fredda. ◆ Tagliatela quindi a pezzetti e cuocetela nella stessa acqua dell'ammollo a fuoco moderato per mezzora, insieme con le carote pulite e tagliate a pezzettini e con le cipolle mondate e finemente affettate. ◆ A cottura avanzata amalgamatevi la farina sciolta in un po' d'acqua tiepida, aggiungete un pizzico di pepe e di noce moscata e fate cuocere ancora per qualche minuto. A cottura ultimata condite con il tamari. ◆ Lessate le penne di grano saraceno in abbondante acqua salata e, quando sono cotte al dente, scolatele, versatele in una zuppiera e mescolatele alla salsa.

Preparazione:
40 MIN. + 1 H

Difficoltà: 😛 😛

Vino:
RIESLING ITALICO

PROFUMO
D'ORIENTE

Spaghetti, 400 g

Germogli di soia,
200 g

Aglio, 3 spicchi

Prezzemolo,
1 mazzetto

Gomasio, 2 cucchiai

Peperoncino rosso, 1

Curry, 1 pizzico
(facoltativo)

Olio extravergine
d'oliva

Sale

Spaghetti
ai germogli di soia

Versate un po' d'olio in un tegame, unite
i germogli di soia, il peperoncino spezzettato e l'aglio schiacciato e fate cuocere a fuoco vivace mescolando spesso. ◆
Nel frattempo lessate la pasta in abbondante acqua salata, quando è cotta al dente scolatela e conditela con il sugo, guarnendo con il prezzemolo tritato e spolverando con il gomasio. ◆ Se desiderate dare un tocco un po' esotico a questa ricetta, potete aggiungere un pizzico di curry
al condimento.

PROFUMO
D'ORIENTE

Preparazione:
10 MIN. + 15 MIN.

Difficoltà: 🍳

Vino:
BIANCO COSTA D'AMALFI

Ravioli al vapore

Per il ripieno tagliate la carne di maiale, prima a strisce sottili, poi a dadini. ◆ Tritate le cipolline, lo zenzero e l'aglio; unite tutto alla carne. Incorporatevi sale, paprica e vino di riso, e lasciate riposare per un ora. ◆ Per la pasta: mettete la farina e il sale in una ciotola e unite 1/2 l d'acqua calda. Sopra un piano infarinato lavorate l'impasto finché non è elastico, copritelo con un panno umido e fate riposare per mezzora circa. ◆ In una casseruola scaldate l'olio di arachidi o di mais e rosolate il ripieno a fuoco vivo. Bagnate con brodo e fate cuocere a calore moderato. Quando è cotto, rendetelo più denso con la maizena sciolta in acqua. Spruzzate con qualche goccia d'olio di sesamo e ponete tutto in un recipiente. ◆ Preparate i ravioli: portate l'impasto sul piano infarinato e formate con la pasta dei dischi sottili del diametro di circa 8 cm. Disponete su ogni disco di pasta, una parte del ripieno (circa 2 cucchiai), sollevatene i bordi e chiudeteli a sacchetto. ◆ Sistemate i ravioli su un cestello per la cottura a vapore e cuoceteli per 10 minuti circa. Serviteli non appena cotti.

INGREDIENTI

PER LA PASTA:
Farina, 700 g
Acqua, 1/2 l
Sale, 1 cucchiaio

PER IL RIPIENO:
Carne di maiale,
  500 g
Cipolline, 2
Brodo, 1/4 di l
Maizena, 3 cucchiai
Aglio, 1 spicchio
Zenzero, 1 cm
Paprica, 2 cucchiai
Vino di riso
  o sherry secco,
  2 cucchiai
Olio di sesamo,
  1/2 cucchiaio
Olio di arachidi
  o di mais,
  6 cucchiai
Sale, 1 cucchiaio

Preparazione:
1 H E 45 MIN. + 1 H

Difficoltà:

Vino:
TERRE DI FRANCIACORTA
ROSSO

PROFUMO D'ORIENTE

INGREDIENTI

Bami goring,
 1 confezione
Prosciutto cotto
 1 fetta da circa 50 g
Cipolla, 1
Carota, 1
Porro, 1
Sedano, 1 costola
Prezzemolo
Brodo, 1 dl
Salsa di soia
Olio extravergine
 d'oliva, 3 cucchiai
Sale, pepe

Linguine spezzate indonesiane

Tritate la cipolla, tagliate a dadini la carota. Pulite il porro eliminando la parte verde e tagliatelo a rondelle. Riducete il sedano a lamelle e tagliate il prosciutto a dadini. ♦ Fate rosolare la cipolla in 3 cucchiai d'olio, unite la carota, il porro, il sedano, il prosciutto a dadini e soffriggete per circa un minuto. Regolate di sale, bagnate con il brodo e cuocete per 15 minuti. ♦ Preparate il bami goring come indicato sulla confezione (occorreranno circa 10 minuti), aggiungete le verdure preparate e insaporite con abbondante pepe. ♦ Condite con la salsa di soia, spegnete il fuoco, spolverizzate la preparazione con il prezzemolo tritato grossolanamente e servite subito.

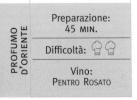

PROFUMO
D'ORIENTE

Preparazione:
45 MIN.

Difficoltà:

Vino:
PENTRO ROSATO

INGREDIENTI

Taglierini all'uovo,
400 g

Polpa di maiale,
200 g

Gamberetti
sgusciati, 50 g

Funghi secchi, 10 g

Cavolo cinese, 100 g

Porri, 2

Carote, 50 g

Germogli di bambù,
50 g

Salsa di soia,
4 cucchiai

Zucchero,
1 cucchiaio

Vino di riso,
2 cucchiaini

Olio di mais
o di arachidi

Sale

Preparazione:
30 MIN.

Difficoltà: 😋 😋

Vino:
COLLI DELLA SABINA
ROSSO

PROFUMO
D'ORIENTE

Ch'ao mien

Dopo averli lavati, lasciate anzitutto in ammollo i funghi in acqua, in modo che possano ammorbidirsi; quindi scolateli accuratamente. ♦ Pulite e tagliate a striscioline i porri, il cavolo cinese, le carote, i germogli di bambù, la polpa di maiale, i gamberetti. Poi lessate i taglierini e, quando sono cotti, scolateli e bloccate la cottura con acqua fredda. ♦ Scaldate dell'olio nel *wok*, mettetevi a friggere per un paio di minuti la carne di maiale, i funghi, il cavolo, le carote, i porri, il bambù e i gamberetti, dopo aver cosparso con la salsa di soia, lo zucchero e il vino di riso. Quindi scolate e ponete la frittura in un piatto. ♦ Nello stesso recipiente soffriggete i taglierini per un paio di minuti, non smettendo di rimestare con una paletta di legno o con gli appositi bastoncini. ♦ Aggiungetevi metà della carne e delle verdure cotte in precedenza, mescolate e lasciate sul fuoco ancora per circa 1 minuto. ♦ Da ultimo versate i taglierini nel piatto da portata, rimettete nel *wok* la carne e le verdure rimanenti, riscaldate versate il tutto ben caldo nel piatto

Linguine alla moda filippina

Tritate gli spicchi d'aglio, affettate la cipolla e tagliate il maiale a striscioline. Fate soffriggere nel *wok* l'aglio, poi unitevi la carne e fate cuocere per alcuni minuti. ♦ Quindi aggiungete la carota, il sedano e il cavolo, tagliati a listarelle sottili, e continuate la cottura fino a quando le verdure saranno appassite, ma ancora croccanti. ♦ Aggiungete 2 cucchiai di salsa di soia, la pasta di gamberi, i gamberetti sgusciati e cuocete mescolando per altri 8-10 minuti. Togliete le verdure dal *wok* e tenetele da parte al caldo. ♦ Mettete il brodo nel *wok* con un cucchiaio di salsa di soia e un po' di sale e fatevi cuocere a fuoco basso le linguine spezzate a metà. ♦ Quando il brodo è evaporato e la pasta quasi cotta e aggiungete le verdure, il maiale e i gamberi. ♦ Continuate la cottura altri 2-3 minuti, mescolando in modo da far amalgamare tutti gli ingredienti e servite.

INGREDIENTI

Linguine di grano spezzate a metà, 400 g

Gamberetti sgusciati, 200 g

Polpa di maiale, 200 g

Aglio, 2 spicchi

Cipolla, 1

Carota, 1

Sedano, 1 gambo

Cavolo, 1/2

Brodo di pollo, 3 tazze

Pasta di gamberi piccante, 1 cucchiaio

Salsa di soia, 3 cucchiai

Olio extravergine d'oliva

Sale

Preparazione: 50 MIN.

Difficoltà: 🍳 🍳

Vino: COLLI MARTANI SANGIOVESE

PROFUMO D'ORIENTE

INGREDIENTI

Soba, 500 g

<u>PER LA SALSA:</u>
Brodo *nibandashi*,
400 ml
Salsa di soia, 16 dl
Mirin (vino di riso
glutinoso), 16 dl

<u>PER IL CONDIMENTO:</u>
Porro, 1/2
Pasta di *wasabi*,
1 cucchiaino

<u>PER GUARNIRE:</u>
Alga *nori*, 2 fogli

Preparazione:
30 MIN.

Difficoltà:

Vino:
Sant'Agata dei Goti
Bianco

PROFUMO
D'ORIENTE

Spaghettini di grano saraceno

Per la salsa: mettete il *mirin* in un pentolino e fatelo bollire per un minuto, quindi aggiungete il brodo *nibandashi* (vedi box), scaldatelo e unite la salsa di soia. Cuocete per un minuto circa e poi spegnete il fuoco. ♦ In una pentola portate a ebollizione l'acqua non salata e buttateci la soba, mescolando e aggiungendo un bicchiere d'acqua fredda quando si forma la schiuma in superficie. ♦ Lessate la pasta fino a completa cottura, scolatela, sciacquatela sotto l'acqua fredda e di nuovo scolatela per evitare che diventi troppo morbida. ♦ Distribuite la soba nei piatti, guarnendola con l'alga nori tagliata a striscioline sottili. ♦ Consumate la soba intingendola prima nella salsa e aggiungendo poi il *wasabi* e il porro.

Brodo nibandashi

Ingredienti: 1 l d'acqua, 10 cm di alga kombu, 10 g di katsuobushi (scaglie di pesce secco). Ponete insieme in 1 l d'acqua fredda le quantità di alga e di scaglie indicate, portate a ebollizione a fiamma alta, poi abbassate a fiamma media, lasciate cuocere così per circa 10 minuti e infine filtrate.

INGREDIENTI

Penne, 400 g

Tofu, 200 g

Basilico, 1 manciata

Prezzemolo, 1 manciata

Mandorle pelate, 50 g

Aglio, 2 spicchi

Olio extravergine d'oliva, 1/2 bicchiere

Sale

Penne al pesto di tofu e mandorle

Sbollentate il tofu per qualche minuto e poi sbriciolatelo con le mani. ♦ Procedete tritando accuratamente in un mixer il basilico, il prezzemolo, le mandorle pelate e l'aglio, aggiungendovi, se necessario, un po' d'acqua. ♦ Prima che questi ingredienti siano completamente tritati, aggiungete anche il tofu sbriciolato. ♦ Fate lessare le penne in abbondante acqua salata, scolatele, mantenendo un po' dell'acqua di cottura, e mescolatele bene con la salsina verde preparata.

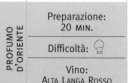

Preparazione: 20 MIN.

Difficoltà:

Vino: ALTA LANGA ROSSO

Linguine aromatiche alla cinese

Affettate gli scalogni a rondelle e dorateli in una padella con l'olio fino a quando diventeranno croccanti; scolateli e teneteli da parte. ♦ Tritate l'aglio e fatelo saltare nello stesso olio con lo zenzero e il peperoncino. ♦ Tagliate il maiale a striscioline, la carota a fiammifero e affettate sottilmente i germogli di bambù e i funghi secchi, precedentemente ammollati. ♦ Mettete in padella la carne e una alla volta le verdure, mescolando dopo ogni aggiunta; cuocete per 5 minuti. ♦ Aggiungete i gamberi tagliati a pezzi, la salsa di pesce e lo sherry, mescolate, unite poi le linguine e fate cuocere il tutto a fuoco vivace per altri 5 minuti. Spegnete il fuoco, mescolate gli scalogni fritti con la pasta e servite.

▨ Fungo shiitake ▨

È una qualità di fungo che proviene dall'estremo Oriente. Il suo nome deriva dall'unione delle due parole giapponesi shii *(quercia) e* take *(fungo), perché cresce spontaneamente sui tronchi di questi alberi. In Europa è reperibile soprattutto in forma secca nei negozi di prodotti biologici. Ha un forte sapore e un discreto apporto calorico dovuto alla quantità di proteine.*

INGREDIENTI

Linguine, 380 g
Polpa di maiale, 100 g
Gamberi, 100 g
Germogli di bambù, 100 g
Carota, 1
Funghi *shiitake*, 4
Zenzero, 1 cucchiaio
Peperoncino, 1
Aglio, 2 spicchi
Scalogni, 5
Vino di riso o sherry secco, 2 cucchiai
Salsa di pesce, 1 cucchiaio
Olio extravergine d'oliva

Preparazione: 30 MIN. + 30 MIN.

Difficoltà: 😁 😁

Vino: ALGHERO SANGIOVESE

PROFUMO D'ORIENTE

Voglia di festa

☞ Sommario ☜

Conchiglioni farciti

Mentre lessate le patate, pulite i carciofi, tagliateli a spicchi sottili e immergeteli in acqua acidulata con il succo del limone. ◆ Fateli rosolare in una padella con l'olio e uno spicchio d'aglio; salate, pepate, quindi cuocete per circa 10 minuti prima di frullare. ◆ Sbucciate le patate e dopo averle schiacciate bene, mescolatele con la crema di carciofi, il formaggio, un cucchiaio di prezzemolo, i tuorli e un po' di noce moscata grattugiata. ◆ Nel frattempo cuocete i conchiglioni, scolateli al dente, passateli sotto l'acqua fredda e scolateli di nuovo, poi farciteli con il composto ottenuto e metteteli in una pirofila unta con un po' d'olio. ◆ Scaldate un po' d'olio con l'altro spicchio d'aglio, unite i pomodori, spellati, privati di semi e tagliati a dadini, e cuoceteli per qualche minuto. ◆ Aggiungete le olive, snocciolate e tagliate a pezzetti, e i capperi spezzettati, e cuocete ancora per 2-3 minuti. Salate, pepate e profumate con altro prezzemolo. ◆ Cuocete i conchiglioni in forno già caldo a 170 °C per 15 minuti. A fine cottura, eliminate versate sui conchiglioni il condimento al pomodoro e serviteli con dei ciuffi di prezzemolo (*foto della ricetta alle pagine precedenti*).

INGREDIENTI

PER 8 PERSONE:

Conchiglioni giganti da farcire, 500 g

Patate, 800 g

Carciofi, 8

Pomodori, 8

Grana grattugiato, 80 g

Tuorli, 2

Limone, 1

Olive nere in salamoia, 25

Capperi sotto sale, 2 cucchiai

Prezzemolo tritato

Aglio, 2 spicchi

Noce moscata

Olio extravergine d'oliva

Sale, pepe

Preparazione: 1 H

Difficoltà: 🍴🍴🍴

Vino: LISON-PRAMAGGIORE ROSSO

VOGLIA DI FESTA

Spaghetti, 400 g

Aragosta di media
grandezza, 1

Passata
di pomodoro,
250 g

Aglio, 2 spicchi

Prezzemolo,
1 mazzetto

Olio extravergine
d'oliva

Sale, pepe in grani

Spaghetti romantici all'aragosta

Lessate per qualche minuto l'aragosta in acqua salata, scolatela, liberatela dal guscio e tagliatela a pezzetti. ◆ In un tegame fate dorare gli spicchi d'aglio in poco olio, unite l'aragosta e lasciatela insaporire qualche minuto; quindi unite la passata di pomodoro, un trito di prezzemolo, un pizzico di sale e fate cuocere per circa 20 minuti. ◆ Nel frattempo lessate la pasta in abbondante acqua salata, scolatela al dente e servitela con il sugo di aragosta e qualche grano di pepe macinato fresco.

▓ Aragosta ▓

La perfetta aragosta deve essere pesante (segno che è stata pescata da poco), non esageratamente grossa (gli esemplari che pesano 2 kg sono troppo vecchi) e possibilmente femmina (la si riconosce dalla doppia fila di alette sotto la coda, che servono a trattenere le uova rosso corallo che, se presenti, sono comunque una prelibatezza). Le varietà migliori sono la mediterranea, bruno-rossastra, e quella rosa atlantica (diffusa dal Nord Africa fino alla Manica).

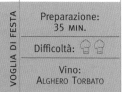

VOGLIA DI FESTA

Preparazione:
35 MIN.

Difficoltà: 🍳🍳

Vino:
ALGHERO TORBATO

Farfalline deliziose nei peperoni

Private il peperone verde dei filamenti interni e dei semi, tritatelo insieme alla parte bianca del cipollotto e fateli rosolare in una padella con poco olio, a fiamma molto bassa per 2-3 minuti, mescolando spesso. Bagnate con un cucchiaio d'acqua calda, salate, coprite e fateli appassire per 5 minuti. ◆ Frullate il tutto con un cucchiaio d'olio e versate la crema ottenuta in una ciotola; aggiungete anche la ricotta e metà della maggiorana e mescolate bene amalgamando tutti gli ingredienti; salate e pepate. ◆ Dopo averli lavati e asciugati, togliete da ciascun peperone giallo la calottina superiore e mettetela da parte; svuotateli dei semi. ◆ Nel frattempo fate cuocere le farfalline in acqua bollente salata, scolatele al dente e conditele con la crema di peperone e ricotta. ◆ Riempite i peperoni con la pasta condita, sistemate accanto la calottina e metteteli in forno. ◆ Irrorate con un po' d'olio, spolverizzate con la maggiorana rimasta e il formaggio e infornate a 190 °C per 15 minuti. Sfornate, lasciate intiepidire i peperoni, copriteli con le calottine e serviteli.

INGREDIENTI

Farfalline, 350 g
Piccoli peperoni gialli, 8
Peperone verde, 1 di 150 g
Cipollotto, 1
Ricotta, 80 g
Maggiorana fresca, 1 cucchiaio
Grana grattugiato
Olio extravergine d'oliva
Sale, pepe

Preparazione: 45 MIN.

Difficoltà: 🍳 🍳

Vino: GARDA CLASSICO ROSSO

VOGLIA DI FESTA

PER LA PASTA:
Farina 00, 100 g
Uova, 4
Olio extravergine
   d'oliva, 1 cucchiaio

PER LA PASTA VERDE:
Farina 00, 100 g
Spinaci in foglia,
   80 g
Uovo, 1
Olio extravergine
   d'oliva, 1 cucchiaio

PER IL RIPIENO:
Caprino, 100 g
Grana, 50 g
Radicchio, 250 g
Nocciole, 20 g
Uovo, 1
Scalogno, 1
Olio extravergine
   d'oliva
Sale, pepe

PER IL CONDIMENTO:
Timo, 1 rametto
Burro, 25 g

Preparazione:
1 H

Difficoltà: 🍳 🍳 🍳

Vino:
COLLI EUGANEI ROSSO

VOGLIA DI FESTA

Stelle bicolori caprino e radicchio

In una casseruola fate dorare lo scalogno tritato con poco olio, aggiungetevi il radicchio, pulito e tagliato a listarelle corte sottili. Mescolate bene, regolate di sale, pepate, mettete il coperchio e fate cuocere per circa 15-20 minuti a fiamma bassa. ♦ Togliete dal fuoco e aggiungete anche il caprino ridotto a pezzettini, metà del grana, le nocciole tritate e il tuorlo; poi lasciate raffreddare. ♦ Preparate la pasta seguendo le indicazioni fornite a pag. 25: nel caso della pasta verde aggiungete all'impasto gli spinaci cotti e tritati finemente. Stendetele in 4 sfoglie sottili e spennellate una sfoglia gialla e una verde con l'albume sbattuto. ♦ Distribuitevi sopra tanti mucchietti di ripieno distanti tra di loro due dita, ricoprite con le altre sfoglie. Premete bene intorno al ripieno, quindi ritagliate i ravioli con il tagliapasta a forma di stella. ♦ Mentre i ravioli cuociono, mettete il burro a pezzetti in una casseruola, aggiungete il timo e lasciatelo fondere a fuoco basso. ♦ Scolate i ravioli, conditeli con il burro aromatico, cospargeteli con scaglie di grana e servite.

INGREDIENTI

Farfalle, 400 g
Caviale, 10 g
Salmone
  affumicato, 1 fetta
Panna, 50 g
Aglio, 1 spicchio
Vodka, 1/2
  bicchierino
Kiwi, 1/2
Burro, 1 noce
Sale

VOGLIA DI FESTA

Preparazione:
25 MIN.

Difficoltà: 🍳

Vino:
MOLISE FALANGHINA

Delizia afrodisiaca caviale e salmone

In un tegame fate sciogliere una noce di burro e fatevi rosolare lo spicchio d'aglio. ♦ Aggiungete il caviale e il salmone tagliato a striscioline sottile. Lasciate insaporire per qualche minuto su fuoco dolce, poi bagnate con la vodka, lasciandola evaporare lentamente. ♦ Eliminate lo spicchio d'aglio, aggiungete il kiwi sbucciato e tagliato a piccoli dadini e la panna. ♦ Fate cuocere a fuoco basso, mescolando con regolarità, fino a quando il sugo avrà raggiunto la giusta consistenza. ♦ Intanto fate cuocete le farfalle in abbondante acqua salata in ebollizione, scolatele al dente e conditele con il sugo preparato. Mescolate delicatamente e servite subito, ben caldo.

Ciambella di pennette in salsa

Spremete il limone verde e ricavatene il succo che verserete in una ciotola con uno scalogno tagliato a fettine sottili e il vino bianco; lasciatelo insaporire per circa 30 minuti. Quindi versate il succo del limone aromatizzato nell'acqua salata bollente. ♦ Appena riprende l'ebollizione, versatevi anche le pennette. A cottura ultimata, scolate la pasta e raffreddatela sotto l'acqua corrente. ♦ Tritate il prezzemolo e il basilico, mescolateli con 2 cucchiai d'olio e conditevi le pennette. Versate la pasta condita in uno stampo a ciambella e pressatela leggermente. ♦ Spuntate le zucchine, tagliate a fettine e fatele cuocere in una padella antiaderente per circa 10 minuti a fuoco medio con lo scalogno rimasto tagliato a fettine e l'olio; aggiustate di sale e pepate. ♦ Fate sciogliere la farina in mezzo bicchiere d'acqua fredda, versate sulle zucchine e fate addensare. ♦ Cuocete le pennette in forno a 200 °C per 25 minuti. Sformate e irrorate con la salsa alle zucchine preparata.

INGREDIENTI

Pennette, 400 g
Zucchine, 600 g
Scalogni, 2
Limone verde, 1
Vino bianco secco, 5 cucchiai
Prezzemolo, 1 ciuffo
Basilico, 1 ciuffo
Farina, 1 cucchiaio
Olio extravergine d'oliva, 4 cucchiai
Sale, pepe

Preparazione: 1 H + 30 MIN.

Difficoltà: 😋 😋

Vino: MONREALE CHARDONNAY

VOGLIA DI FESTA

Farina 00, 500 g
Uova, 4
Olio extravergine
d'oliva, 1 cucchiaio
Sale

PER IL RIPIENO:
Crescenza, 150 g
Prosciutto crudo
affettato molto
sottile, 100 g
Zucca gialla, 400 g
Parmigiano
grattugiato, 50 g
Rosmarino, 2 rametti
Burro, 40 g
Olio extravergine
d'oliva
Sale, pepe

Preparazione:
50 MIN. + 40 MIN.

Difficoltà: 😊 😊 😊

Vino:
COLLI PESARESI BIANCO

VOGLIA DI FESTA

576

Rotolo di pasta con ripieno di zucca

Dopo aver sbucciato la zucca, privatela dei semi e tagliate la polpa a fettine sottili. ♦ In una padella con qualche cucchiaio d'olio, fate rosolare velocemente le fettine da entrambe i lati, poi salatele e pepatele. ♦ Preparate la pasta seguendo le indicazioni fornite a pag. 25. Stendetela in una sfoglia sottile e ricavatene 2 rettangoli di circa 30 x 35 cm; sistemate su un rettangolo alcune fettine di prosciutto affettato sottilmente, spalmatele con metà della crescenza e mettetevi sopra metà delle fettine di zucca. Sovrapponete l'altro rettangolo di pasta e formate un secondo strato. ♦ Avvolgete la pasta, formando un rotolo piuttosto stretto, chiudetelo bene in un telo bianco, legandolo alle due estremità e in due o tre punti. ♦ Immergete il rotolo in una pentola contenente abbondante acqua salata in ebollizione e cuocetelo per 40 minuti. ♦ Togliete il rotolo dall'acqua, scolatelo, appoggiatelo su un tagliere e lasciatelo riposare 5 minuti. Svolgetelo dal telo e tagliatelo a fette. ♦ Passatele poi in forno caldo a 190 °C per 5 minuti, spolverizzate con il parmigiano e irrorate con il burro fuso con il rosmarino.

PER LA PASTA VERDE:
Farina 00, 500 g
Spinaci
  in foglia, 80 g
Uovo, 1
Olio extravergine
  d'oliva, 1 cucchiaio

PER IL RIPIENO:
Feta, 150 g
Ricotta, 100 g
Uova, 2
Pomodori perini, 3
Menta, 1 mazzetto
Prezzemolo,
  1 mazzetto
Grana grattugiato,
  40 g
Aneto, 1 cucchiaino
Latte
Sale, pepe

Preparazione:
1 H

Difficoltà: 😊 😊

Vino:
LANGHE FREISA

VOGLIA DI FESTA

Cannelloni raffinati all'aneto

Preparate la pasta seguendo le indicazioni fornite a pag. 25, aggiungendo all'impasto gli spinaci cotti e tritati finemente. Scottate i rettangoli di pasta per circa 2 minuti in acqua bollente salata, scolateli e stendeteli su un telo. ◆ Nel frattempo frullate la feta con la ricotta, le uova, il prezzemolo, la menta e poco latte fino a ottenere una crema omogenea; regolate di sale e pepate. ◆ Mettete una cucchiaiata di crema su ogni rettangolo di pasta; arrotolateli per formare i cannelloni e distribuiteli in quattro piccole pirofile individuai imburrate. Scaldate in forno a 200 °C. ◆ Tuffate i pomodori in acqua bollente, dopo circa 15 minuti toglieteli e passateli sotto l'acqua fredda, spellateli e tagliateli a dadini. ◆ Distribuite sui cannelloni i pomodori, spolverateli con il grana, l'aneto e una manciata di pepe. ◆ Mettete i cannelloni in forno e fateli gratinare per circa 10 minuti. Completate con foglioline di menta e servite.

Involtini di pasta in gratin

Lavate le melanzane senza sbucciarle, tagliatele a fette nel senso della lunghezza; cospargete le fette di sale e fatele riposare per circa mezzora. ◆ Lavate i pomodori, asciugateli, privateli del picciolo, divideteli a metà e metteteli in una casseruola. ◆ Aggiungete l'aglio, il basilico, lo zucchero, il sale e una manciata di pepe, cuocete per 10 minuti e poi passate tutto al passaverdura. ◆ Lavate e asciugate le fette di melanzane e friggetele nell'olio caldo. Appena dorate toglietele dal fuoco e fatele sgocciolare. ◆ Fate cuocere gli spaghetti in abbondante acqua salata e scolateli molto al dente. Metteteli in una ciotola, aggiungete 3/4 del condimento a base di pomodoro preparato in precedenza e metà della ricotta salata grattugiata e mescolate delicatamente. ◆ Con le fette di melanzana formate quattro involtini con all'interno gli spaghetti tiepidi che fisserete con uno stecchino. ◆ Ponete gli involtini in una pirofila unta d'olio, irrorateli con il resto del condimento di pomodoro, cospargeteli con la ricotta restante e qualche fogliolina di basilico e gratinate in forno a 200 °C per 10 minuti.

INGREDIENTI

Spaghettini, 150 g

Melanzane lunghe, 2

Pomodori perini, 300 g

Aglio, 1 spicchio

Ricotta salata, 80 g

Zucchero, 1 cucchiaio

Basilico, 1 mazzetto

Olio extravergine d'oliva

Olio di semi di arachide

Sale, pepe

Preparazione:
30 min. + 30 min.

Difficoltà: 👐👐

Vino:
COSTE DELLA SESIA
ROSSO

VOGLIA DI FESTA

Farfalle, 350 g

Pomodorini ciliegia, 150 g

Radicchio rosso, 1 cespo

Scampi, 16

Panna fresca, 100 g

Zucchine, 3

Scalogno, 1

Brandy, 1 bicchierino

Olio extravergine d'oliva

Sale, pepe bianco

Farfalle su letto di radicchio rosso

Fate dorate lo scalogno in una padella con qualche cucchiaio d'olio, unitevi gli scampi sgusciati e tagliati nel senso della lunghezza, bagnate con il brandy e lasciate evaporare a fuoco moderato. ♦ Aggiungete i pomodorini ciliegia pelati e tagliati a listarelle e cuocete per 4-5 minuti, quindi regolate di sale e pepate. ♦ Scottate in acqua bollente le zucchine tagliate a listarelle sottili e versatele nella padella con gli scampi e i pomodorini; aggiungete quindi la panna. ♦ Tagliate il radicchio rosso a listarelle finissime e tenetelo da parte. ♦ Fate cuocere le farfalle in abbondante acqua salata, scolatele al dente e fatele saltare in padella con la salsa. ♦ Servite la pasta su un fondo di radicchio rosso crudo, aggiungendo una spolverata di pepe.

VOGLIA DI FESTA

Preparazione: 30 MIN.

Difficoltà: 🍳🍳

Vino:
OLTREPÒ PAVESE SAUVIGNON

580

INGREDIENTI

Ravioli di magro,
  400 g
Carciofi, 6
Pistacchi, 30 g
Scalogno, 1
Limone, 1
Aglio, 1/2 spicchio
Prezzemolo,
  1 ciuffo
Parmigiano, 30 g
Burro, 30 g
Olio extravergine
  d'oliva
Sale, pepe

Ravioli di magro con trito di pistacchi

Dopo aver pulito e tagliato i carciofi a fettine e immergeteli in acqua acidulata con il succo del limone. ♦ Tritate finemente lo scalogno, l'aglio e il prezzemolo e uniteli insieme ai carciofi scolati in una padella con l'olio e il burro. ♦ Fate rosolare il tutto per qualche minuto, coprite a filo con acqua bollente, salate e cuocete coperto per circa 20 minuti. ♦ Nel frattempo scottate i pistacchi per pochi secondi in acqua bollente, pelateli, tritateli finemente e mescolateli al parmigiano. ♦ Appena i carciofi saranno cotti frullatene 4 in modo da ottenere una crema e tagliate gli altri a fettine. ♦ Cuocete i ravioli, in abbondante acqua salata portata a ebollizione, scolateli e conditeli con i carciofi frullati e con quelli a fettine. ♦ Aggiungete anche il trito di pistacchi e parmigiano, mescolate e servite.

VOGLIA DI FESTA

Preparazione:
30 min.

Difficoltà:

Vino:
Grignolino d'Asti

Conchiglie esotiche

Mentre la pasta cuoce in abbondante acqua salata, preparate il condimento. ♦ Tagliate la mozzarella di bufala a dadini e le foglie di sedano a striscioline sottilissime. ♦ Dividete a metà l'avocado, privatelo del nocciolo, pelatelo, tagliatelo a cubetti e spruzzatelo subito con il succo del limone affinché non si annerisca. ♦ Scolate le conchiglie al dente, intiepiditele leggermente sotto l'acqua corrente e conditela con l'olio, emulsionato con il succo di 1/2 arancia e la scorza grattugiata dell'altra metà. ♦ Aggiungete la mozzarella, l'avocado, i filetti d'acciuga spezzettati e il sedano. ♦ Prima di portare in tavola spolverate con un po' di pepe e completate con i frutti di cappero.

INGREDIENTI

Conchiglie, 400 g
Avocado, 1
Mozzarella
  di bufala, 1
Acciughe sottolio,
  6 filetti
Frutti di cappero
  sottaceto, 12
Limone, 1/2
Foglie di sedano
  verde
Arancia
  non trattata, 1
Olio extravergine
  d'oliva
Sale, pepe

Preparazione:
25 min.

Difficoltà: 🍳

Vino:
Friuli Aquileia Riesling

VOGLIA DI FESTA

583

Tagliolini all'uovo, 250 g

Farina, 20 g

Funghi secchi, 30 g

Polpa di pomodoro, 450 g

Cardo, 1

Scalogni, 2

Fontina, 200 g

Zucchine, 2

Limone, 1

Parmigiano grattugiato, 30 g

Olio extravergine d'oliva

Sale

PER LA CROSTATA:
Farina 00, 300 g

Uova, 2

Burro, 100 g

Sale, 1 pizzico

VOGLIA DI FESTA

Preparazione:
1 H E 30 MIN.

Difficoltà: 😊 😊 😊

Vino:
VALLE D'AOSTA FUMIN

Crostata di tagliolini con funghi e verdure

Preparate la pasta per la crostata lavorando la farina con il burro a dadini, le uova e una pizzico di sale e fatela riposare in frigo, avvolta in pellicola, per 30 minuti. ◆ Ammollate i funghi in acqua tiepida e strizzateli. In una padella con poco olio fate rosolare gli scalogni tritati. Aggiungete il pomodoro e i funghi a pezzetti e cuocete per circa 15 minuti. ◆ Intanto tagliate a dadini la fontina, private il cardo dei filamenti, tagliatelo a pezzi e immergetelo in acqua acidulata con il succo di mezzo limone e la farina rimasti per 10 minuti. Poi unitelo al sugo e cuocete per 15 minuti, regolando di sale. ◆ Stendete con la pasta una sfoglia sottile e con essa foderate uno stampo da 24 cm ricoperto con carta da forno, facendo uscire un po' i bordi e ricavandone delle decorazioni. Fate cuocere per 20 minuti circa a 180 °C. ◆ Nel frattempo, affettate le zucchine e scottatele per pochi secondi. ◆ Cuocete i tagliolini al dente, conditeli con il sugo preparato e il parmigiano e versateli nello stampo. Ponete al centro la fontina e le zucchine e rimettete nel forno per 5 minuti.

INGREDIENTI

Fettuccine all'uovo,
400 g

Spinaci freschi, 150 g

Robiola, 100 g

Uova di salmone,
30 g

Limone, 1/2

Burro, 20 g

Olio extravergine
d'oliva

Sale, pepe

Fettuccine in crema con uova di salmone

Lavate e lessate gli spinaci, scolateli e metteteli nel frullatore. ◆ Unite la robiola, la scorza di 1/2 limone, 2-3 cucchiai d'acqua e frullate il tutto fino a ottenere una crema liscia e abbastanza fluida, se necessario aggiungete ancora un po' d'acqua. Regolatela di sale, profumatela con un pizzico di pepe e mantenetela calda. ◆ Fate cuocere le fettuccine in abbondante acqua salata, mescolando delicatamente per evitare che si attacchino. Appena cotte, scolatele e rovesciatele in una terrina calda. ◆ Condite la pasta con il burro morbido a fiocchetti, poi unite la crema di spinaci e mescolate bene. ◆ Alla fine aggiungete anche le uova di salmone, mescolate ancora e servite.

VOGLIA DI FESTA

Preparazione:
30 MIN.

Difficoltà:

Vino:
GAVI

586

Nidi di maccheroni alla chitarra

Tagliate a cubetti la polpa di coniglio; sbollentate i pomodori, spellateli e tagliateli a pezzetti; riducete a dadini i peperoni. ◆ Fate rosolare la carne di coniglio in una padella con l'olio caldo, lo spicchio d'aglio diviso a metà e il timo, mescolando regolarmente. Regolate di sale, pepate, bagnate con il vino bianco e lasciate evaporare a fiamma bassa. ◆ Unite i pomodori e il brodo, mettete il coperchio e cuocete a fuoco moderato per circa 20 minuti. ◆ Aggiungete i peperoni e proseguite la cottura per altri 15 minuti; alla fine unite il basilico tritato. Cuocete i maccheroni alla chitarra in abbondante acqua salata, scolateli al dente e conditeli con un filo d'olio a crudo. ◆ Sistemateli sui piatti individuali e formate dei "nidi", aiutandovi con un forchettone; Distribuite il sugo di coniglio ben caldo al centro di ogni nido e servite.

INGREDIENTI

Maccheroni
  alla chitarra, 300 g
Polpa di coniglio,
  150 g
Pomodori
  da sugo, 4
Peperone rosso,
  1 falda
Peperone verde,
  1 falda
Peperone giallo,
  1 falda
Vino bianco secco,
  1 bicchiere
Brodo di carne
Aglio, 1 spicchio
Timo, 1 rametto
Basilico, 5-6 foglie
Olio extravergine
  d'oliva
Sale, pepe

Preparazione:
1 H

Difficoltà: 🍲 🍲

Vino:
COSTE DELLA SESIA
CROATINA

VOGLIA DI FESTA

PER LA PASTA:
Farina 00, 500 g
Uova, 4
Olio extravergine
d'oliva, 1 cucchiaio
Sale

PER IL RIPIENO:
Erbe selvatiche
(cimette d'ortica,
asparagina,
tarassaco,
borragine), 500 g
Ricotta, 150 g
Tuorli, 2
Grana grattugiato,
2 cucchiai
Noce moscata,
1 pizzico
Burro, 20 g
Sale

PER IL CONDIMENTO:
Erba cipollina,
4 steli
Burro, 20 g
Sale, pepe rosa
in grani

Preparazione:
1 H

Difficoltà: 😊 😊

Vino:
TERRE D'ALTA VAL D'AGRI
ROSATO

VOGLIA DI FESTA

Caramelle
alle erbe selvatiche

Pulite le erbe selvatiche, lavatele bene e scottatele in acqua salata in ebollizione, finché si saranno ammorbidite. Scolatele, strizzatele, tritatele e fatele saltare per qualche istante nel burro. ♦ Appena raffreddate, versatele in una ciotola, unite la ricotta, i tuorli, il grana grattugiato, la noce moscata, sale e amalgamate bene il tutto. ♦ Preparate la pasta secondo le indicazioni fornite a pag. 25. Tagliatela a strisce larghe circa 6 cm, distribuite al centro di ognuna il ripieno preparato, a mucchietti distanti 5-6 cm uno dall'altro, poi ripiegate la pasta in modo da racchiudere il ripieno, premete leggermente con le dita intorno a ogni mucchietto e tagliate i ravioli con una rotella dentellata. ♦ Afferrate i ravioli alle due estremità e torceteli a vite, tirando leggermente la pasta in modo da assottigliarla nei punti dove si sovrappone. ♦ Tagliuzzate 4 steli di erba cipollina, metteteli in una larga padella, unite il burro e lasciatelo fondere. ♦ Cuocete i ravioli, scolateli, trasferiteli nella padella con il condimento, fateli saltare velocemente a fuoco vivo. Servite le caramelle con scaglie di grana e pepe rosa.

INGREDIENTI

PER 6 PERSONE:

Lasagne pronte,
250 g

Zucchine, 500 g

Polpa di pomodori,
900 g

Carota, 1

Scalogni, 2

Sedano, 1 costa

Parmigiano
grattugiato, 80 g

Maggiorana

Farina

Olio di semi
di arachide

Olio extravergine
d'oliva

Sale

Parmigiana di pasta alle zucchine

Pulite la carota, gli scalogni e il sedano, tritateli e metteteli in una casseruola. ♦ Aggiungete anche la polpa di pomodoro e fate cuocere il tutto a fiamma media per circa 20 minuti e salate soltanto a fine cottura. Lasciate raffreddare. ♦ Spuntate le zucchine, tagliatele a fette nel senso della lunghezza, passatele nella farina e friggetele in abbondante olio caldo in modo da farle dorare. Mettetele su carta assorbente e salatele. Tagliate a dadini la mozzarella. ♦ Ungete una pirofila con un po' d'olio, ponetevi una sfoglia di pasta e copritela con la salsa a base di pomodoro. ♦ Distribuite su questa le zucchine, un po' di mozzarella e di parmigiano e qualche fogliolina di maggiorana. ♦ Appoggiate un'altra sfoglia di pasta e ripetete gli strati fino a quando avrete esaurito gli ingredienti. Cuocete le lasagne in forno a 200 °C per 25-30 minuti e servite.

Preparazione:
1 H E 10 MIN.

Difficoltà: 🍲🍲

Vino:
CASTEL DEL MONTE
ROSATO

VOGLIA DI FESTA

Fettuccine raffinate con le ostriche

Aprite le ostriche privatele delle valve e conservate il frutto e il suo liquido. ◆ In una padella antiaderente con qualche cucchiaio d'olio fate dorate l'aglio, poi a doratura avvenuta, eliminatelo. ◆ Aggiungete i gamberi sgusciati e il frutto delle ostriche, tagliati a listarelle sottili, e fate soffriggere il tutto con la rucola spezzettata per qualche minuto; regolate di sale, pepate, aggiungete il liquido delle ostriche e un po' d'acqua di cottura della pasta; poi lasciate addensare. ◆ Nel frattempo fate cuocete le fettuccine, scolatele al dente e versatele nella padella con la salsa preparata. Fatele insaporire per circa un minuto a fuoco vivace. ◆ Prima di servire in tavola guarnite con le valve delle ostriche e ciuffi di rucola fresca.

INGREDIENTI

Fettuccine, 400 g
Ostriche, 6
Gamberi freschi, 6
Rucola
Aglio, 2 spicchi
Olio extravergine d'oliva
Sale, pepe

PER GUARNIRE:
Valve delle ostriche
Rucola fresca, qualche ciuffo

Preparazione:
30 MIN.

Difficoltà: 🍳

Vino:
TRENTINO SAUVIGNON

VOGLIA DI FESTA

INGREDIENTI

Spaghetti, 380 g
Avocado maturo, 1
Lime, 1
Zafferano, 1 bustina
Basilico, 1 grosso
   ciuffo
Fiori di zucca, 10
Zucchine novelle, 2
Peperoncino
   piccante in polvere,
   1 pizzico
Olio extravergine
   d'oliva
Sale

Spaghetti
con crema di avocado

Sbucciate l'avocado, tagliatelo a metà, eliminate il nocciolo, e frullatene 2/3 insieme al peperoncino e al succo del lime, fino a ottenere una crema omogenea; tagliate la parte restante a dadini ◆ Aggiungete una bustina di zafferano all'acqua bollente, salatela e versateci gli spaghetti. ◆ Lavate le zucchine, spuntatele e tagliatele a striscioline sottili. In una padella antiaderente scaldate l'olio, poi unite le zucchine e fatele rosolare per qualche istante. ◆ Pulite i fiori di zucca e tagliateli a filetti; uniteli insieme ai dadini di avocado alle zucchine e lasciate sul fuoco per qualche istante. Aggiungete il basilico spezzettato, regolate di sale e spegnete. ◆ Diluite la crema di avocado con 2 cucchiai dell'acqua di cottura della pasta; scolate gli spaghetti, conditeli prima con la salsa, poi con le zucchine, i fiori di zucca e i dadini di avocado, spolverizzate con il peperoncino e servite caldo.

Preparazione:
25 min.

Difficoltà:

Vino:
COLLINE LUCCHESI
SAUVIGNON

VOGLIA DI FESTA

INGREDIENTI

Garganelli
  gialli e verdi, 350 g
Tartufo bianco, 1
Ricotta, 200 g
Cipolla, 1
Prosciutto crudo
  tagliato grosso,
  150 g
Burro
Vino bianco secco,
  1 bicchiere
Besciamella, 3 dl
Parmigiano
  grattugiato
Uova, 2
Noce moscata
Sale, pepe

PER LA PASTA BRISÉE:
Farina, 250 g
Acqua
Burro, 150 g
Sale, 1 pizzico

Preparazione:
1 H 15 MIN.

Difficoltà: 🍲 🍲 🍲

Vino:
FRIULI ISONZO FRANCONIA

VOGLIA DI FESTA

Timballo di garganelli al tartufo

Affettate la cipolla, tagliate il prosciutto a dadini e fate soffriggere in poco burro. Irrorate col vino, pepate, profumate con la noce moscata e cuocete per circa 10 minuti. Intanto incorporate alla ricotta il tartufo pulito e tritato, il sale e il pepe. ◆ Unite metà besciamella (vedi pag. 107), 2 cucchiai di parmigiano, i tuorli sbattuti, il soffritto di prosciutto e amalgamate. ◆ Preparate la pasta brisée: setacciate la farina e versatela sulla spianatoia formando una fontana. Nell'incavo mettete il burro ammorbidito, il sale e impastate aggiungendo via via l'acqua fino a ottenere un composto omogeneo. ◆ Tirate sottilmente la pasta a forma di disco e foderate una tortiera a cerniera. Lasciate debordare la pasta al di fuori della tortiera. ◆ Lessate la pasta, scolatela al dente, conditela con il sugo e versatela nella tortiera, cospargete poi con del parmigiano e irrorate con la besciamella restante. ◆ Piegate i bordi della pasta verso l'interno a formare un cordoncino. Spennellate con gli albumi sbattuti la superficie del timballo e infornate a 200 °C per circa 20 minuti. Servite caldissimo.

594

Ravioli con polpa di scorfano alle erbe

In una padella fate dorare l'aglio schiacciato in abbondante olio, poi toglietelo e mettete a cottura la polpa del pesce, condendola con una presa di sale e poca scorza di limone grattugiata (solo la parte gialla). Lasciate insaporire per qualche minuto, poi spegnete. ◆ Sminuzzate la polpa dello scorfano e amalgamatela con cura al mascarpone, unite un trito di erbe aromatiche, il tuorlo d'uovo, sale e pepe. ◆ Preparate la pasta seguendo le indicazioni a pag. 25 e ritagliate dei quadrati di circa 5 cm di lato. Al centro di ognuno disponete un cucchiaio di ripieno e sigillate con un identico quadrato vuoto, premendo ai bordi. ◆ Mettete sul fuoco una pentola con dell'acqua e, quando questa bolle, salatela e versatevi i ravioli. Lessateli al dente e infine spadellateli nel burro fuso e spolverateli con un trito di erba cipollina.

INGREDIENTI

PER LA PASTA:
Farina 00, 500 g
Uova, 4
Olio extravergine d'oliva
Sale, 1 pizzico

PER IL RIPIENO:
Polpa di scorfano, 400 g
Erbe aromatiche, 1 mazzetto
Aglio, 1 spicchio
Limone, 1
Mascarpone, 2 cucchiai
Limone, 1
Olio extravergine d'oliva
Sale, pepe

PER IL CONDIMENTO:
Burro, 50 g
Erba cipollina, 1 ciuffetto

Preparazione: 1 H

Difficoltà: 🍴🍴

Vino: COLLINE LUCCHESI BIANCO

VOGLIA DI FESTA

595

Attenti alla linea!

☞ Sommario ☜

Mafaldine in crema di olive verdi

Fate soffriggere la cipolla nell'olio, aggiungete le olive verdi snocciolate e fate cuocete per 2 minuti; unite poi il latte e frullate. Aggiustate la crema ottenuta con il sale e il pepe bianco. ♦ Scottate in acqua calda i pomodorini ciliegia, pelateli e dividerli in quattro parti. Tagliate le carote a *julienne* e cuocete per breve tempo in padella con poco d'olio. ♦ Nel frattempo lessate le mafaldine in abbondante acqua salata, scolatele al dente e fatele saltare in padella con i pomodorini e le carote, aggiungendo, se necessario, un po' d'acqua di cottura della pasta. ♦ Disponete con un cucchiaio la crema di olive alla base del piatto, quindi versateci le mafaldine e completate con le scaglie di parmigiano. Prima di servire aggiungete un po' di pepe bianco macinato.

INGREDIENTI

Mafaldine, 320 g
Olive verdi, 150 g
Latte, 0,10 dl
Pomodorini ciliegia, 120 g
Carote, 80 g
Cipolla, 20 g
Parmigiano a scaglie, 40 g
Olio extravergine d'oliva
Sale, pepe bianco

Preparazione: 30 MIN.

Difficoltà: 🍳🍳

Vino: ALCAMO ROSATO

ATTENTI ALLA LINEA!

INGREDIENTI

Linguine, 320 g

Fave sgranate, 300 g

Ricotta romana,
   100 g

Cipolla rossa, 1

Menta, 8 foglioline

Pecorino romano,
   40 g

Olio extravergine
   d'oliva

Sale, pepe

Preparazione:
   35 MIN.

Difficoltà: 🍐

Vino:
GUARDIOLO FALANGHINA

Linguine con fave e scaglie di ricotta

Sbucciate la cipolla, tagliatela a fettine molto sottili e fatela soffriggere per circa 5 minuti a fuoco basso in una padella con poco olio. Unite le fave e fatele insaporire per 2-3 minuti a fiamma vivace. ◆ Bagnatele con 2 dl d'acqua calda, coprite e proseguite la cottura per circa 15 minuti, finché saranno diventate tenere. Regolate di sale. ◆ Nel frattempo fate cuocete la pasta in abbondante acqua salata, scolatela al dente, versatela nella padella con le fave e lasciatela insaporire per qualche secondo. ◆ Completate con la menta spezzettata, la ricotta ridotta a fiocchetti, il pecorino e un'abbondante manciata di pepe e servite.

Penne
al profumo di limone

Mondate il peperone, tagliatelo nel senso della lunghezza, privatelo di torsolo, filamenti e semi, quindi tagliatelo a striscioline. Affettate a velo la cipolla. ♦ In un tegame con l'olio, versate la cipolla e il peperone, salate e bagnate con il succo filtrato dei limoni, quindi fate cuocere per 20 minuti, mescolando spesso. Lessate intanto le penne in acqua salata. ♦ Scolate la pasta al dente e conditela con il sugo di cipolla e peperone, mescolando velocemente. ♦ Spolverate con il formaggio grattugiato, decorate con scorzette di limone e portate in tavola in una zuppiera calda.

INGREDIENTI

Penne, 320 g
Limoni, 2
Peperone verde, 1
Cipolla, 1
Parmigiano grattugiato, 20 g
Olio extravergine d'oliva
Sale

Preparazione: 35 MIN.

Difficoltà: ♙♙

ATTENTI ALLA LINEA!

Vino:
CASTEL SAN LORENZO ROSATO

INGREDIENTI

Ruote, 320 g

Carote, 2

Porri, 2

Zucchine, 2

Brodo vegetale

Peperoncino
in polvere

Zafferano,
1/2 bustina

Maggiorana, alcune
foglioline

Mandorle tritate,
2 cucchiai

Sale

Ruote aromatiche con verdure

Mondate le carote, pulite i porri, eliminando le radici alla base e asportando le parti verdi, e spuntate le zucchine. Lavate co cura le verdure e tagliatele a rondelle. ◆ Fatele cuocere in una casseruola con un mestolo di brodo bollente a fuoco medio per circa 5 minuti, finché saranno tenere ma ancora croccanti. ◆ Regolate di sale e aromatizzate con lo zafferano diluito in 2 cucchiai di brodo e con un pizzico di peperoncino. ◆ Unite le mandorle tritate e profumate con foglioline di maggiorana. ◆ Dopo aver lessato la pasta in abbondante acqua bollente salata, scolatela al dente, mescolatela con le verdure e servite.

Preparazione:
30 MIN.

Difficoltà:

Vino:
COLLI MACERATESI RIBONA

Spaghetti ai ciliegini

Lavate i pomodorini, eliminate il picciolo e tagliateli a metà. Fateli cuocere in una grande padella antiaderente con l'olio e lo spicchio d'aglio. ◆ Profumate con del prezzemolo tritato, eliminate l'aglio e continuate la cottura per qualche minuto. ◆ Riunite in una pentola 3 litri d'acqua con un cucchiaio d'origano tritato il cipollotto, pulito e lavato, e il vino bianco. Portate l'acqua a ebollizione e lessatevi gli spaghetti. Scolateli al dente e metteteli nella padella con il condimento. ◆ Fateli saltare per qualche istante a fuoco vivo, aromatizzando con un'abbondante macinata di pepe e servite.

Fusilli con trota e spinaci in salsa

INGREDIENTI

Fusilli, 320 g

Trota affumicata
a filetti, 100 g

Spinaci, 100 g

Scalogno, 1

Limone, 1/2

Brodo vegetale,
1,5 dl

Olio extravergine
d'oliva

Sale, pepe rosa

Eliminate le lische dalla trota e tagliatela a dadini; mettetela in una ciotola a marinare con il succo di mezzo limone e un cucchiaio d'olio. ◆ Sbucciate lo scalogno, tritatelo e fatelo appassire in una casseruola con un po' d'olio. Aggiungete il brodo vegetale bollente e fatelo restringere su fuoco alto. ◆ Unite poi gli spinaci puliti e lavati, cuoceteli per pochi minuti e frullate il tutto nel mixer fino a ottenere una crema omogenea. ◆ Lessate i fusilli, scolateli al dente e conditeli con la salsa di spinaci. ◆ Suddividete la pasta nei piatti, disponetevi sopra la trota marinata e profumate con il pepe rosa.

▨ Spinaci ▨

Oggi gli spinaci sono una delle verdure più usate, non solo per le loro caratteristiche di sapore, ma anche perché le loro qualità nutrizionali (ricchezza di ferro e di vitamina A e C) sono state confermate dalla moderna dietologia. Le preparazione è semplice: bisogna staccare le foglie dalla parte della radice, che deve essere eliminata, poi, eliminate quelle rotte e ingiallite, bisogna lavarle molto bene, cambiando l'acqua più volte.

Preparazione:
25 min. + 20 min.

Difficoltà: ♟ ♟

Vino:
Soave

ATTENTI
ALLA LINEA!

Farfalle leggere con verdure dell'orto

INGREDIENTI

Farfalle, 320 g

Patate, 5 di circa 100 g

Cipolla, 5 spicchi

Fagiolini, 200 g

Cavolfiore, qualche cimetta

Cavolo verza tagliato a strisce

Pomodoro rosso, 5 spicchi

Parmigiano grattugiato, 25 g

Olio extravergine d'oliva, 10 cucchiai

Sale

Mettete le patate sbucciate e tagliate a pezzi, la cipolla e i fagiolini spezzettati in abbondante acqua salata già portata a ebollizione. ◆ Lasciate cuocere per un quarto d'ora, quindi buttate anche la pasta, le cimette di cavolfiore, la verza tagliata a striscioline e gli spicchi di pomodoro privato della buccia e dei semi. ◆ A cottura ultimata, scolate tutto insieme, conservando un cucchiaio dell'acqua di cottura: servirà, insieme all'olio e al parmigiano, per condire pasta e verdure tutte insieme.

Preparazione: 30 MIN.

Difficoltà:

Vino: CIRÒ ROSATO

ATTENTI ALLA LINEA!

INGREDIENTI

Pipe, 320 g
Zucchine, 5
Scalogno, 1
Brodo vegetale,
2,5 dl
Maggiorana,
2 rametti
Pecorino romano,
20 g
Limone, 1/2
Olio extravergine
d'oliva
Sale

Pipe pecorino e crema di zucchine

Lavate le zucchine, spuntatele e asciugatele. ◆ Tenetene una intera da parte per decorare il piatto, tagliatele invece le altre a rondelle sottili e fatele rosolare in una casseruola con l'olio insieme allo scalogno affettato. Versateci il brodo bollente, mettete il coperchio e cuocete a fuoco medio per 5-6 minuti. ◆ Frullate le zucchine con il brodo di cottura e le foglioline di maggiorana fino a ottenere una salsa cremosa; unite il succo di mezzo limone, regolate di sale e tenete la salsa in caldo. ◆ Cuocete la pasta in abbondante acqua bollente salata, scolatela e conditela con la crema di zucchine. ◆ Distribuitela nei piatti, decorate con la zucchina rimasta, tagliata a listarelle sottili, cospargete con il pecorino a scaglie e servite.

ATTENTI
ALLA LINEA!

Preparazione:
25 min.

Difficoltà:

Vino:
Cerveteri Bianco

608

Caserecce
alla casertana

In una pentola capiente portate a ebollizione abbondante acqua, salatela, unite la
pasta e lessatela. ♦ Nel frattempo tagliate i carciofi a fettine molto sottili e metteteli a bagno in acqua acidulata con il
succo del limone. ♦ In una padella con un
po' d'olio fate rosolare lo spicchio d'aglio
tritato; poi unite i carciofi. Regolate di sale, pepate e cuocete a fiamma vivace per
circa 10 minuti. ♦ In una terrina sbattete
le uova con il grana e il prezzemolo tritato finemente. ♦ Scolate le caserecce, conditele prima con i carciofi, poi con il composto di uova e portatele in tavola calde.

INGREDIENTI

Caserecce, 320 g
Carciofi, 4
Limone, 1
Uova, 2
Prezzemolo, 1 ciuffo
Aglio, 1 spicchio
Grana grattugiato,
  20 g
Olio extravergine
  d'oliva
Sale, pepe

Preparazione:
25 MIN.

Difficoltà: 🎩

Vino:
FRASCATI

ATTENTI
ALLA LINEA!

Trenette alle erbe

INGREDIENTI

Trenette, 320 g
Santoreggia
Maggiorana
Basilico
Prezzemolo
Erba cipollina
Timo
Olio extravergine
  d'oliva
Sale

Preparate il trito di erbe in modo da ottenere un cucchiaio di miscuglio per perso-
na (la santoreggia potrà essere usata con
più abbondanza rispetto alle altre erbe;
timo ed erba cipollina andranno invece
usate con parsimonia). ◆ Nel frattempo
cuocete la pasta e scolatela al dente. Condite con il trito d'aglio e l'olio, mescolate
e servite. ◆ Potete utilizzare sia le erbe
fresche che secche (in questo caso le farete ammorbidire nell'olio per 15 minuti circa, dopo averle ben tritate).

ATTENTI ALLA LINEA!

Preparazione:
20 MIN.

Difficoltà: ♟

Vino:
TERRE D'ALTA VAL D'AGRI
ROSATO

Pennette rucola e prosciutto crudo

Mettete la pasta a cuocere in abbondante acqua salata. ♦ Nel frattempo lavate la rucola e tagliatela a striscioline sottili. Riducete a listarelle anche il prosciutto crudo. Lavate i pomodorini e tagliateli a spicchi. ♦ Fate rosolare l'aglio con l'olio e il peperoncino, unite i pomodorini e cuocete per qualche minuto. Eliminate poi lo spicchio d'aglio e il peperoncino. ♦ Scolate la pasta al dente e conditela con l'olio aromatizzato e i pomodorini. ♦ Versate la pasta nei piatti di portata e completate con le fogliolne di rucola, il prosciutto e una manciata di pepe.

ATTENTI ALLA LINEA!

Preparazione: 20 min.

Difficoltà: ⬤

Vino: Torgiano Bianco

▨ Rucola ▨

È una pianta erbacea coltivata negli orti le cui foglie basali sono succose e aromatiche e, se strofinate, emanano un profumo forte e deciso. Ha un sapore amarognolo a fondo piccante, simile a quello della rughetta, anche se molto meno intenso.

612

Orecchiette verdi con fave e asparagi

Mettete le fave in acqua bollente, scolatele dopo un minuto e toglietegli la pellicina. Nella stessa acqua tuffate anche gli asparagi privati del gambo e scolateli dopo circa 5 minuti. ♦ In un tegame fate soffriggere lo scalogno tritato fine con l'olio, aggiungete gli asparagi, mescolate, bagnate con qualche cucchiaio di brodo, mettete il coperchio e cuocete a fuoco basso per 3-4 minuti, finché le verdure diventeranno tenere; se necessario, unite ancora un po' di brodo. ♦ A cottura ultimata, schiacciate qualche fava con la forchetta. Appena cotte, scolate le orecchiette nel tegame, mescolate bene e unite la maggiorana, il pecorino e un filo d'olio a crudo; pepate e servite.

INGREDIENTI

Orecchiette, 320 g

Fave sgranate, 300 g

Asparagi piccoli, 300 g

Brodo vegetale, 1 dl

Maggiorana fresca tritata, 1 cucchiaio

Pecorino grattugiato, 4 cucchiai

Olio extravergine d'oliva, 5 cucchiai

Sale, pepe

Preparazione:
50 MIN.

Difficoltà: ♟

Vino:
MOLISE NOVELLO

ATTENTI
ALLA LINEA!

Caserecce al vino aromatizzato

INGREDIENTI

Caserecce, 320 g
Spinaci, 200 g
Peperone giallo, 1/2
Peperone rosso, 1/2
Scalogno, 1
Vino bianco secco,
 2 cucchiai
Pasta d'acciuga,
 1 cucchiaio
Timo fresco,
 1 cucchiaino
Olio extravergine
 d'oliva
Sale

Lavate con cura gli spinaci, asciugateli e tritateli grossolanamente. Private i peperoni dei filamenti bianchi interni, ripuliteli dai semi e tagliateli a tocchetti. ♦ In una terrina condite i peperoni e gli spinaci con la pasta d'acciuga fatta stemperare con un cucchiaio d'acqua e uno d'olio. ♦ Sbucciate lo scalogno, tritatelo fine, avvolgetelo in una garza e mettetelo a bagno nel vino bianco. ♦ Nel frattempo lessate la pasta in abbondante acqua salata, scolatela al dente e conditela con il vino aromatizzato, quindi rovesciatela calda nella terrina con gli spinaci e i peperoni. ♦ Mescolate delicatamente, cospargete con il timo fresco e portate in tavola.

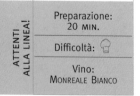

ATTENTI ALLA LINEA!

Preparazione:
20 MIN.

Difficoltà:

Vino:
MONREALE BIANCO

INGREDIENTI

Bucatini, 320 g
Vongole veraci, 1 kg
Fagiolini, 250 g
Vino bianco,
 1 bicchiere
Fumetto
 di pesce, 2 l
Aglio, 1 spicchio
Basilico
Olio extravergine
 d'oliva, 3 cucchiai
Sale, pepe

Bucatini leggeri vongole e fagiolini

Fate spurgare le vongole per un'ora nell'acqua salata, poi sciacquatele più volte nell'acqua corrente. ◆ Scolatele e fatele aprire in una padella con metà olio e lo spicchio d'aglio. Bagnate con il vino, lasciatelo evaporare, salate, pepate ed eliminate l'aglio e 2/3 dei gusci. ◆ Pulite i fagiolini, tagliateli a pezzetti e cuoceteli per circa 7-8 minuti; poi scolateli al dente e uniteli alle vongole. ◆ Frullate il basilico con l'olio rimasto e due cucchiai di fumetto di pesce (vedi pag. 121). Al fumetto di pesce rimasto aggiungete 1 l circa d'acqua bollente, regolate di sale e fatevi cuocere i bucatini. ◆ Scolateli e saltateli in padella con le vongole e i fagiolini. Condite il tutto con l'olio profumato al basilico, pepate e portate in tavola.

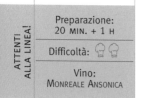

ATTENTI
ALLA LINEA!

Preparazione:
20 min. + 1 h

Difficoltà:

Vino:
Monreale Ansonica

Farfalle con dadini di pollo e melanzana

Tagliate il petto di pollo a dadini, eliminando l'eventuale grasso. ♦ Tritate la cipolla e fatela cuocere a fuoco lento in una casseruola con 1/2 bicchiere d'acqua. Appena diventa trasparente, unite l'olio e il rametto di rosmarino legato. ♦ Aggiungete anche i dadini di pollo e cuocete per un paio di minuti. Bagnate poi con l'aceto balsamico, fatelo evaporare quasi completamente ed eliminate il rosmarino. ♦ Tagliate la melanzana a fette abbastanza sottili e cuocetele su una griglia già calda per un paio di minuti da ogni lato. Quindi mettetele nella casseruola con il pollo. ♦ Fate cuocere le farfalle in abbondante acqua salata, scolatele al dente e conditele con i dadini di pollo e le melanzane.

INGREDIENTI

Farfalle, 320 g
Petto di pollo, 200 g
Melanzana, 1
Aceto balsamico, 1 bicchierino
Cipolla, 1
Rosmarino, 1 rametto
Olio extravergine d'oliva, 3 cucchiai
Sale, pepe

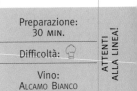

Preparazione: 30 MIN.

Difficoltà:

Vino: ALCAMO BIANCO

ATTENTI ALLA LINEA!

Penne rigate, 320 g

Pomodori perini
 ben maturi, 5

Cipolla, 1/4

Salvia, 3 foglie

Basilico, 7 foglie

Prezzemolo,
 3 rametti

Mentuccia, 3 foglie

Maggiorana fresca,
 2 cucchiai

Timo in foglie,
 1 cucchiaio

Aghi di rosmarino
 fresco, 1 pizzico

Peperoncini rossi
 piccanti

Olio extravergine
 d'oliva, 4-5 cucchiai

Sale, pepe nero
 macinato grosso

Penne
alle erbe odorose

Tuffate per un minuto i pomodori perini in acqua bollente, spellateli e tritateli. Raccoglieteli in una ciotola, unite sale e pepe a gusto, mescolate, aggiungete l'olio e mescolate di nuovo. ◆ Tritate finemente, tutti insieme: aglio, cipolla, salvia, basilico, prezzemolo, mentuccia, maggiorana, timo e rosmarino. Potete anche passarli al mixer, ma badando che non si formino in una poltiglia: deve risultare un trito morbido e leggero. ◆ Unite gli aromi ai pomodori, mescolando brevemente. Versatelo poi sulla pasta ben scolata, cotta in abbondante acqua salata bollente cui avrete aggiunto i peperoncini piccanti, che eliminerete all'ultimo.

Preparazione:
25 MIN.

Difficoltà: ♟

Vino:
ISONZO DEL FRIULI
SAUVIGNON

ATTENTI
ALLA LINEA!

Mezze maniche cipollotti e taccole

INGREDIENTI

Mezze maniche,
  320 g
Taccole, 250 g
Cipollotti piccoli, 12
Speck, 70 g
Pomodori
  a grappolo, 3
Basilico, 10 foglie
Grana grattugiato,
  4 cucchiai
Olio extravergine
  d'oliva, 4 cucchiai
Sale, pepe

Pulite i cipollotti, eliminando la parte verde e le radici, e lavateli. Tagliate lo speck a strisciline. Tuffate i pomodorini in acqua bollente, scolateli e spellateli. Dopo averli tagliati a metà, togliete i semi e tagliateli a dadini. ♦ Spuntate le taccole, eliminate l'eventuale filo centrale e tagliatele in 2-3 pezzi. ♦ In un largo tegame scaldate l'olio, aggiungete i cipollotti interi e fateli soffriggere a fiamma bassa, mescolando con un cucchiaio di legno. ♦ Dopo pochi minuti unite le strisciline di speck, fatele rosolare, quindi aggiungete la polpa dei pomodori. Regolate di sale, pepate e cuocete per circa 15 minuti, fino a ottenere un sugo piuttosto ristretto. ♦ Portate l'acqua a ebollizione e fatevi cuocere le mezze maniche e le taccole; scolatele al dente, versatele nel tegame contenente il sugo caldo, cospargete con il grana e il basilico tritato, mescolate e servite.

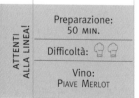

ATTENTI
ALLA LINEA!

Preparazione:
50 MIN.

Difficoltà: 🍴🍴

Vino:
PIAVE MERLOT

Ruote con tonno fresco e ananas

Fate rosolare in una padella con poco olio il tonno fresco tagliato a listarelle insieme al gambo di sedano e i cipollotti affettati; aggiungete anche le bustine di zafferano e aggiustate di sale e pepe. Versate un mestolino d'acqua calda e cuocete il tutto per circa 10 minuti. ◆ Unite poi l'ananas tagliato a dadini e cuocete ancora per circa 5 minuti. ◆ Fate cuocere la pasta in abbondante acqua salata, scolatela al dente e conditela con tutti gli ingredienti, mescolate bene e servite.

INGREDIENTI

Ruote, 320 g
Tonno fresco, 250 g
Ananas, 200 g
Cipollotti, 2
Sedano, 1 gambo
Zafferano, 2 bustine
Olio extravergine
  d'oliva
Sale, pepe

Preparazione:
20 MIN.

Difficoltà:

Vino:
GAVI

ATTENTI
ALLA LINEA!

INGREDIENTI

Farfalline, 320 g

Chicchi
  di melagrana,
  7 tazzine

Porri, 200 g

Vino rosé secco,
  3 cucchiaio

Olio extravergine
  d'oliva

Sale, pepe

Farfalline ai chicchi di melagrana

Frullate metà dei chicchi di melagrana al mixer (tenendo da parte l'altra metà che vi servirà per guarnire). ◆ Pulite i porri, privandoli delle radici alla base e delle parti verdi, dopodiché tritateli e fateli rosolare con un filo d'olio. ◆ Bagnate con il vino rosé, fatelo evaporare a fiamma bassa e aggiungete poi il sugo ottenuto dai chicchi di melagrana frullati. ◆ Nel frattempo lessate in abbondante acqua salata le farfalline. Scolatele al dente e conditele con il sugo di melagrana e porri. ◆ Servite guarnendo la pasta con i chicchi rimasti e insaporendola con del pepe.

ATTENTI
ALLA LINEA!

Preparazione:
25 MIN.

Difficoltà:

Vino:
ALTA LANGA ROSATO

622

Bavette, 320 g

Bietole a costa,
150 g

Cipollotti, 2

Carote, 2

Salsa di soia,
1 cucchiaino

Olio extravergine
d'oliva, 5 cucchiai

Sale, pepe

Bavette delicate con le bietole

Pulite e mondate le bietole, separando la costa bianca dalle foglie. ◆ Immergetele in abbondante acqua salata portata a ebollizione; dopo circa 7-8 minuti scolatele e tagliate le coste a striscioline. Tagliate a filetti i cipollotti, le carote e le foglie delle bietole. ◆ In una larga padella antiaderente scaldate l'olio, unite i cipollotti e le carote e fateli appassire a fuoco basso, poi aggiungete le foglie di bietola. Mettete il coperchio e cuocete per circa 5-6 minuti. Insaporite con il sale, pepe e la salsa di soia, mescolate bene e cuocete per pochi minuti. ◆ Fate cuocere le bavette, scolatele al dente, versatele nella padella con le verdure, mescolate e cospargete con il formaggio tagliato a scagliette; mettete il coperchio, lasciate riposare per un minuto e servite.

ATTENTI
ALLA LINEA!

Preparazione:
30 MIN.

Difficoltà: 🍶🍶

Vino:
CONTROGUERRA CILIEGIOLO

Linguine dolci alla cipolla

La preparazione della salsa consigliata in questa ricetta richiede una macerazione piuttosto prolungata e dunque bisogna programmarla con un adeguato anticipo. ♦ Mondate, lavate, asciugate e tagliate a pezzi o a cubetti i pomodori, versateli in una zuppiera con il loro sugo e aggiungete le cipolle sbucciate e affettate molto sottilmente, una generosa presa di origano e l'olio, lasciando quindi macerare il tutto per almeno 8 ore al fresco. ♦ Trascorso questo tempo, mettete sul fuoco la pentola per la cottura della pasta, portate l'acqua a bollore, salate e calatevi le linguine. ♦ Portatele a cottura, scolateli accuratamente, riversateli nella zuppiera del condimento e mescolateli, in modo da amalgamare bene i sapori, aggiungendo eventualmente un filo d'olio.

INGREDIENTI

Linguine, 320 g
Pomodori maturi e sodi, 5
Cipolle, 3
Origano
Olio extravergine d'oliva, 6 cucchiai
Sale

Preparazione:
20 MIN. + 8 H

Difficoltà:

Vino:
VALLE D'AOSTA PINOT BIANCO

ATTENTI ALLA LINEA!

INGREDIENTI

Eliche, 320 g
Broccoli, 150 g
Zucchine, 150 g
Carote, 80 g
Cipolla, 40 g
Basilico
Olio extravergine
  d'oliva
Sale, pepe

Eliche vegetariane profumate al basilico

In una padella con dell'olio caldo fate soffriggere la cipolla affettata sottilmente e le carote pelate e tagliate a *julienne*. ◆ Spuntate le zucchine, tagliatele a bastoncini e dopo qualche minuto aggiungetele alla cipolla e alle carote. ◆ Frullate il basilico nell'olio extravergine e aggiungete anche le verdure rosolate. ◆ Sbollentate i broccoli e aggiungeteli alla salsa di basilico all'ultimo momento. Regolate di sale e aggiungete un pizzico di pepe. ◆ Fate cuocere le eliche in abbondante acqua salata, scolatele al dente e fatele saltare in padella con la salsa di verdure croccanti; aggiungete un po' d'acqua di cottura, se necessario. ◆ Guarnite con foglie di basilico e olio aromatizzato e servite.

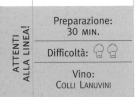

ATTENTI
ALLA LINEA!

Preparazione:
30 MIN.

Difficoltà: 🍳🍳

Vino:
COLLI LANUVINI

Mezze penne in salsa di sedano

Lavate e mondate il sedano; affettatelo e lessatelo in un tegame con poca acqua salata e un pizzico di farina (per evitare che si annerisca). ◆ Appena diventa tenero, frullatelo con il latte, la cipolla, tritata e rosolata appena nell'olio bollente, un pizzico di sale, una spolveratina di pepe, un po' di noce moscata finemente grattugiata e il resto della farina. ◆ Versate il composto ottenuto nel tegame di cottura del sedano, ponetelo sul fuoco e lasciate che raggiunga lentamente l'ebollizione, mescolando con regolarità. ◆ Nel frattempo fate cuocere le mezze penne, scolatele al dente e versatele nel tegame della salsa. Mescolate il tutto, cospargete con il parmigiano e il pepe e servite subito.

ATTENTI ALLA LINEA!

Preparazione:
25 MIN.

Difficoltà:

Vino:
MONFERRATO CHIARETTO

Farfalle ai cipollotti con le erbe

Private i cipollotti delle radici e delle foglie. Lavate i bulbi, asciugateli e tagliateli a rondelle non troppo sottili. ◆ Lavate i pomodori, divideteli in 4 parti ed eliminate i semi e l'acqua di vegetazione. Riducete la polpa a dadini. ◆ Passate alla preparazione della salsa: in un tegame scaldate l'olio, unite i cipollotti tagliati a rondelle e regolate di sale. Cuocete a fuoco vivace per circa 3 minuti, mescolando spesso. Unite poi i pomodori a dadini e cuocete ancora per 2 minuti a fuoco vivace. ◆ Lessate le farfalle in abbondante acqua salata. Aggiungete alla salsa il timo e la maggiorana e versatevi anche 3 cucchiai dell'acqua di cottura della pasta per farla addensare; fate consumare a fuoco vivace. ◆ Scolate le farfalle e versatele nel tegame con le verdure aromatizzate; fatele insaporire a fuoco vivace, mescolando bene. ◆ Prima di servire cospargete la preparazione con una spolverata di pecorino grattugiato.

INGREDIENTI

Farfalle, 380 g
Cipollotti, 3
Pomodori maturi, 2
Timo, 1 pizzico
Maggiorana, 1 pizzico
Pecorino grattugiato
Olio extravergine d'oliva, 4 cucchiai
Sale

Preparazione: 30 MIN.

Difficoltà:

Vino:
RIVIERA DEL GARDA BRESCIANO BIANCO

ATTENTI ALLA LINEA!

Spaghetti, 320 g
Cavolo verza, 100 g
Olive nere, 30 g
Erbe di Provenza,
 1 pizzico
Aglio, 1 spicchio
Olio extravergine
 d'oliva
Pepe rosa in grani,
 20 g
Sale

Spaghetti alle erbe con verza e olive

Pulite la verza, eliminando le foglie esterne più dure, e lavatela accuratamente. Tagliate le foglie della verza a striscioline,
tenendone un po' da parte per la decorazione. ◆ Versate gli spaghetti e le listarelle di verza in una pentola capiente con abbondante acqua salata bollente. ◆ Fate
scaldare per un minuto l'olio con l'aglio
in una padella antiaderente. Eliminate l'a-
glio, unitevi le olive snocciolate, il pepe
rosa, le erbe di Provenza e lasciate cuocere ancora per un paio di minuti. ◆ Scolate la pasta e la verza e condite il tutto con
l'olio profumato alle erbe. Mescolate e
servite decorando il piatto con le foglie di
verza tenute da parte.

ATTENTI
ALLA LINEA!

Preparazione:
25 MIN.

Difficoltà:

Vino:
SCAVIGNA ROSATO

Fusilli prezzemolo e basilico

Farfalle, 320 g

Prezzemolo,
1 mazzetto

Basilico, qualche
foglia

Pomodori, 400 g

Mozzarella, 150 g

Aglio, 2 spicchi

Radice di zenzero
(o zenzero
in polvere),
1 pezzetto

Peperoncino, 1

Olio extravergine
d'oliva

Sale

Sbollentate i pomodori, pelateli, taglia-teli a pezzi e privateli dei semi, quindi metteteli in un tegame con qualche cuc-chiaio d'olio e fateli asciugare a fiamma bassa per 15-20 minuti. ◆ Nel frattempo lessate la pasta e preparate un trito con prezzemolo, basilico, aglio, peperoncino e zenzero (usatene una presa generosa, preferibilmente grattugiando la radice al momento dell'uso). ◆ Quando il sugo è sufficientemente addensato unitevi il tri-to di odori, aggiustate di sale e subito do-po aggiungete anche la pasta scolata al dente. ◆ Alzate la fiamma, unite agli spa-ghetti la mozzarella tagliata a dadini e mescolate in modo che il calore ne facili-ti lo scioglimento. ◆ Togliete poi dal fuo-co, versate la pasta in una zuppiera e por-tate in tavola cospargendo ancora con prezzemolo tritato.

ATTENTI
ALLA LINEA!

Preparazione:
30 MIN.

Difficoltà:

Vino:
POMINO BIANCO

632

Indice

INDICE
PER INGREDIENTI

Orecchiette rosse e verdi

Lavate i broccoletti e lessateli al dente in abbondante acqua salata che avrete poi cura di conservare. ♦ In un tegame fate scaldare un po' d'olio; aggiungetevi l'aglio affettato sottilmente e la polpa dei pomodori, che avrete preventivamente lavato, pelato e tagliato a pezzetti. ♦ Quindi coprite con un coperchio e lasciate cuocere a fiamma bassa per circa 15-20 minuti, aggiungendo, verso fine cottura, il prezzemolo tritato, una presa di sale e una di pepe. ♦ A questo punto fate lessare la pasta nell'acqua di cottura dei broccoletti che avevate conservato, scolatela al dente e versatela in una zuppiera calda. Conditela con la salsa pronta e una spolverata abbondante di pecorino e servite.

INGREDIENTI

Orecchiette, 320 g
Pomodori perini, 500 g
Broccoletti, 500 g
Aglio, 1 spicchio
Prezzemolo, 1 mazzetto
Pecorino grattugiato
Olio extravergine d'oliva
Sale, pepe

Preparazione: 40 MIN.

Difficoltà: ♙ ♙

Vino: COLLINE SALUZZESI PELAVERGA

ATTENTI ALLA LINEA!

REFERENZE FOTOGRAFICHE

Tutte le immagini appartengono all'Archivio Giunti/foto G. Valsecchi, Firenze
ad eccezione delle seguenti:
Archivio Giunti/foto G. Petronio, Firenze pp. 429, 437, 445, 453;
Corbis: © P. Hussenot p. 8; © Grivet p. 15; © Schramm p. 23;
Stockfood/Olycom, Milano: © Marcialis, Ren. p. 6; © Koeb, Ulrike p. 634.

*L'editore si dichiara disponibile a regolare eventuali spettanze
per quelle immagini di cui non sia stato possibile reperire la fonte.*